ORTHODOXE SPIRITUALITÄT:

RESET

SKIZZEN ÜBER DEN INNEREN WANDEL

Erzpriester Vjačeslav Rubskij

Titel der Originalausgabe:

Протоиерей Вячеслав Рубский
**Православная духовность: перезагрузка.
Наброски внутренней реформы**

© 2021 Vjačeslav Rubskij

Deutsche Erstausgabe

© Übersetzung: 2021 Hans-Peter Arnold

Bibliografische Information der Deutschen Nationalbibliothek: Die
Deutsche Nationalbibliothek verzeichnet diese Publikation in der
Deutschen Nationalbibliografie; detaillierte bibliografische Daten
sind im Internet über dnb.dnb.de abrufbar.

Herstellung und Verlag:
BoD – Books on Demand, Norderstedt

ISBN 978-3-75573-347-8

INHALT

VORWORT

„Was dieses Buch enthält, ist für die einen notwendig und für die anderen absolut unnütz", schreibt sein Verfasser in seiner Einführung. Wer gerade frischverliebt in die Orthodoxie oder das Christentum überhaupt ist, oder wer seine Liebe über lange Jahre frisch bewahren konnte, der kann vielleicht nicht viel damit anfangen. Es ereilt aber zuweilen auch ernsthafte und rechtgläubige Christen: das Gefühl, nach jahrelangem Fasten, Beten, Beichten in einer Sackgasse angelangt, lauwarm geworden, gottfern zu sein. Die heiligen Kirchenväter verlangen scheinbar Unmögliches, und nicht an jeder deutschen Straßenecke wartet ein kluger geistlicher Altvater, um dem Herzen wieder auf die Sprünge zu helfen. Nicht in jeder Gemeinde findet man sogleich verständnisvolle Glaubensschwestern und -brüder. Weltliche Lebenshilfe-Literatur hilft kaum weiter: Der gläubige Christ erkennt sich nicht darin wieder, weil er nicht bereit ist, selbst sein eigener Gott zu sein ... Diese „Skizzen über den inneren Wandel" können ihm wahrscheinlich aus der Sackgasse heraushelfen. Allerdings muss man durchhalten bis zum Schluss. Erzpriester Vjačeslav Rubskij rüttelt an vielen liebgewonnenen Denkgewohnheiten und stürzt tradierte christliche Ersatzgötter vom Sockel, um anschließend gangbare Auswege zu entwickeln – gangbar für jeden, auch ohne Mönchsgelübde und Theologiestudium. Mut reicht. Ob das alles auch orthodox genug ist? Nun – Vater Vjačeslav versteht seine „Skizzen" als Diskussionsangebot, nicht als Katechismus. Kritik ist erlaubt und erwünscht. Man ist nach der Lektüre näher bei Gott. Und das ist nicht wenig.

Der Übersetzer

5

SKIZZEN ÜBER DEN INNEREN WANDEL

EINFÜHRUNG

Ziel der vorliegenden Arbeit ist es, Überlegungen zur Qualität des orthodoxen geistlichen Lebens anzuregen.

Vertieft man sich in die Problematik, führt es zu nichts, wenn man Meinungen aufeinanderprallen lässt und versucht, „richtige" und „falsche" zu definieren. Binär denkende Christen tun dies schon seit langem und begnügen sich mit dem „Richtigen".

Das menschliche Bewusstsein ist jedoch heterogen, unlogisch. Daran ist nichts Beschämendes, ebenso wie an der Tatsache, dass viele Christen an viele Bestimmungen ihrer Religion gar nicht glauben und dennoch weiterhin denken, dass sie es tun. In uns koexistieren zwei und zuweilen auch drei Orthodoxien und beunruhigen uns mit ihrer Vielfalt. Erst die reale Verbundenheit mit dem Herrn Jesus Christus macht das offensichtlich und gibt uns den Mut, diese Tatsache anzuerkennen.

So habe ich immer mal wieder frommen orthodoxen Christen für einen bestimmten Betrag angeboten, ihren gesamten Besitz posthum an meine Nachkommen zu vererben. Natürlich hat niemand zugestimmt. Natürlich – denn die Frage an sich ist Narrheit: „Wie erwarten Sie einerseits Seine unmittelbar bevorstehende Wiederkunft, wenn Sie andererseits nicht bereits sind, selbst später, nach Ihrem Tod, Ihr Eigentum an andere abzugeben?" Wie wollen wir an den Heiligen Geist glauben, wenn wir uns keine Situationen vorstellen können, in denen Er spürbaren Einfluss auf unseren Alltag hätte? Stellen Sie sich vor, ein Seminarist, der zum Unterricht zu spät kommt, würde zum Dozenten sagen: „Entschuldigen Sie, der Heilige Geist hat mich zurückgehalten." Das dürfte wohl nur für Gelächter sorgen.

Die Sakramente und Gottesdienste, deren Grundlage das Wirken Gottes ist, sind so beschaffen, dass sie in gleicher Weise auch ohne Gott vollzogen werden könnten. Wir haben uns schon vor langer Zeit angewöhnt, über Gott zu denken: Nichts würde sich ändern, wenn Er nicht dabei wäre. Wir haben nicht einmal ein Kriterium für die Präsenz Christi in Seinen furchteinflößenden Sakramenten (d. h. für die *Kommunion*), und wir könnten geistlich einen ungeweihten Kelch nicht von einem geweihten unterscheiden, ebenso wie wir einen rechtmäßigen Priester nicht von einem unterscheiden können, der suspendiert ist.

Mir scheint, dass mit der geistlichen Ordnung unseres Handelns etwas nicht stimmt. Es hat sich von Gott, seiner wichtigsten Komponente, weitgehend unabhängig gemacht. Unsere Art des geistlichen Lebens ist allzu vorsichtig, die Manifestation Gottes darin auf ein Minimum zurückgeführt – auf lediglich noch den Einklang der eigenen Stimmung mit den gelesenen Gebeten.

Die kostbare Erfahrung der Gemeinschaft mit Gott muss sich heutzutage ihren Weg bahnen wie eine Blume durch den Asphalt. Die orthodoxe Tradition ist lebendig, sie hat viele Saiten, die in der Geschichte der Beziehung zwischen Gott und Mensch als eine einzige Melodie klingen. Die Orthodoxie hat das Beste aufgenommen und als ihr Eigenes anerkannt. Denn die polyphone Natur der Orthodoxie, ihre innere Vielfalt ist ein Heiligtum, das großen Seelen die Freiheit und den Raum dafür gibt, andere

Arten von Orthodoxie zu akzeptieren und sich in der Wärme und im Licht des Herrn geistlich zu entfalten.

Bei Gott sind alle Menschen verschieden. *Im Haus meines Vaters gibt es viele Wohnungen*, spricht der Herr (Joh 14,2). Ich glaube, dass es bei Gott nicht nur viele Wohnungen, sondern ebenso viele Wege zu ihnen gibt. Die Orthodoxie als lebendige und tiefe Tradition eröffnet uns diese vielen Wege.

Es gibt Bücher, die von Enttäuschung, Neugier, neuen Entdeckungen usw. motiviert sind. Das vorliegende Buch entstand aus dem Glauben an Christus und aus der Hoffnung, die Einsamkeit derer zu überwinden, die einen ähnlichen Weg gehen; jene zu unterstützen, die es annehmen und verstehen werden; den Versuch zum Dialog mit denjenigen orthodoxen Christen zu unternehmen, die ganz anders denken.

Einige Kapitel mögen nihilistisch oder zu radikal erscheinen, aber ich bitte Sie, bis zu jenen Kapiteln weiterzulesen, in denen die Liebe zu Gott, zu den Menschen, zur Anbetung und zu den Ritualen begründet wird, wenn auch aus einer etwas ungewohnten Sicht.

Das menschliche Bewusstsein neigt dazu, allem Neuen einen natürlichen Widerstand entgegenzusetzen. Vom Neuen wollen wir nur das annehmen, was uns gefällt und erhebt. Aber das Leben ist komplizierter. Zum Beispiel erschien Christus nach der Auferstehung einigen Jüngern, später dann vielen, sowohl solchen, die an Ihn glaubten, als auch solchen, die zweifelten (vgl. Mt 28,17). Uns erscheint es sinnlos, dass Er auch jenen Zweiflern erschienen ist, denn sie zweifelten schließlich auch nach Seiner Erscheinung noch immer. Die Weisheit Christi besteht darin, dass Er auch in der Ablehnung von etwas einen Sinn erkennt. Ablehnung ist für die Persönlichkeitsbildung ebenso wichtig wie Akzeptanz.

Der rechtschaffene Hiob stimmte nicht mit den orthodoxen theologischen Ansichten seiner Freunde überein, Gott aber sagte, dass Hiob mehr recht habe als seine Freunde. Aus dieser Sicht liegt eher derjenige Christ richtig, der nicht mit der Mehrheit des Christentums einverstanden ist. Bestimmte Ideen, Umstände und Praktiken werden von Gott gegeben, um sie abzulehnen, so wie im Fall von Hiob. Manchmal erwartet Gott genau dies.

Ablehnung prägt uns ebenso wie Akzeptanz: Wir müssen diese Weisheit bei unserer Bildung obenan stellen. Würde Gott uns nicht im Laufe des Lebens auch das geben, was wir nicht akzeptieren, könnten wir uns nicht vollständig ausprägen, sondern wären wie ein Fluss, der alles, was ihm zufließt, passiv aufnimmt.

Was dieses Buch enthält, ist für die einen notwendig und für andere absolut unnütz. Aber wenn man ihm auf einer Seite zustimmt und auf einer anderen wiederum nicht, dann möge man sich daran erinnern, dass beide Seiten im Kopf des Verfassers die eine Wahrheit des Lebens widerspiegeln.

Im Bewusstsein eines Schlafenden fügt sich das Klingeln des Weckers in die Traumbilder ein. So fügen auch wir auf natürliche Weise alle Phänomene der Welt in die uns vertraute Situation ein, um weiterzuschlafen. Menschen denken zumeist in Stereotypen, und das ist richtig so. Stereotypisierung spart Energie, ermöglicht die Automatisierung von Routinevorgängen (Licht ein- und ausschalten, sich in der Wohnung bewegen, Geschirr spülen usw.). Aber stereotypes Denken widersetzt sich dem Neuen, dem Überdenken, es nimmt Neues als Gefahr wahr. Es will gar nicht „wiedergeboren" werden.

Die orthodoxe Erfahrung der Teilhabe ist zu kostbar, um sie nur aufzuschreiben und sich dann über Jahrhunderte zur Ruhe zu begeben, wie es uns unsere Ängstlichkeit diktiert. Wir möchten die rechte Erfahrung des wahren Gottes ein für alle Mal festhalten, protokollieren und besiegeln. Leider aber werden diese Weinschläuche, in die wir den jungen Wein des Christentums gießen, mit der Zeit alt. Im Laufe der Jahrhunderte verändern die menschlichen Ideen und Konzepte ihren Klang und Inhalt.

Die Basis jeder innovativen Idee ist es, Akzente zu setzen. Sie hängt direkt von anderen Ideen ihrer Zeit ab; die Innovation lehnt diese Ideen ab, stützt oder korrigiert sie. Es ist nicht so, dass einige Ideen falsch und andere wahr sind, so dass wir nur die richtigen auswählen müssten. Der in der Luft kreisende Schwarm von Ideen und Konzepten schafft eine fließende Leinwand, auf die wir das rettende Wort der Wahrheit malen müssen. Wir können eine Idee nicht in einem Vakuum verbreiten. Daher überarbeitet die orthodoxe Theologie ständig ihren Katechismus, und Prediger wählen die jeweils angemessene sprachliche Form, mit der sie das Herz ihrer Zeitgenossen erreichen können. Getreue Wiederholung uralter Wortformeln und -praktiken aber wird dabei mehr und mehr zu einer eigenständigen, lobenswerten, doch fernab vom Alltag liegenden Beschäftigung.

Innere Transformation, Wandel durch Krise, Wiedergeburt und Auferstehung sind die Essenz des Christentums, ein Zeichen seines Lebens. Es lohnt sich, darüber froh zu sein und unsere Zeit zu segnen. Ich möchte meine einleitende Betrachtung daher mit dem Zitat eines weltlichen Denkers beenden, der ständig über Gott und das Christentum schreibt: *Dies gerade ist die Heldentat, die das Christentum vollbringen muss: Um seinen Schatz zu retten, muss es sich opfern, wie es Christus getan hat, Der sterben musste, damit das Christentum entstehen konnte"*.[1]

[1] Žižek, Slavoj: *Die Puppe und der Zwerg* (dt. Berlin 2003)

GLAUBE, GOTT UND MENSCH

GLAUBE ALS BEGEGNUNG

Glaube ist, wenn Gott mich berührt hat und ich mit Ihm / in Ihm lebe. Für mich ist das wichtiger als die Frage, wer über Ihn geschrieben hat, und was. Wenn ich doch wieder nach dem Geschriebenen greife, was für einen Sinn hatte es dann, dass Gott mich berührt hat? Ich werde eine heilige Schriftrolle gegen eine andere eintauschen.

Jedes Format unseres Lebens ist vergänglich, jedes Mal muss der Mensch neu geboren werden. Jeder Glaubensschritt ist wahr, wunderbar, notwendig, aber es ist jedes Mal notwendig, von diesem Schritt aus den nächsten zu tun. Dies nicht etwa, weil der Mensch in einer Lüge zu stehen kommt – wenn er aufhört, wiedergeboren zu werden, stirbt er einfach. Innerhalb von ein oder zwei Jahren wird er von der Gesellschaft aufgesogen, und er wird alles so betrachten, wie es alle tun – der Mensch hört auf zu sein. Was aber bedeutet „wiedergeboren"? Das bedeutet, die Welt mit einem freien, frischen Blick zu betrachten, sozusagen frisch-ketzerisch. So sah Christus die Welt an und schien ebenfalls ein Ketzer zu sein, weshalb Nikodemus auch lieber nachts zu ihm kam.

Jeder von uns muss ständig „neustarten". Wie machst man das? Der erste Weg ist der apostolische: Lebe einfach, schaue möglichst aufmerksam Gott an und Er wird Sich offenbaren. Und jedes Mal, wenn Er etwas

Unerwartetes tut, nimm es am besten als an dich persönlich adressiert an.

Nun ist nicht jeder so aufmerksam und hingebungsvoll wie die heiligen Apostel; es gibt deshalb einen zweiten Weg: den des Nikodemus, den Weg des Fragens. In der Orthodoxie gibt es Gebete des Lobpreises, des Flehens, der Buße, aber völlig verloren gegangen sind die fragenden Gebete, in denen also eine Frage an Gott gestellt wird. Wir wissen, dass die Frage genauso wichtig ist wie die Antwort, und dass jede Frage es schon an sich wert ist, ausgesprochen zu werden. Wenn wir Gott etwas fragen, bekommen wir eine Antwort – wie PAULUS, der fragte: „Warum brauche ich diesen Stachel im Fleisch?" (vgl. 2 Kor 12,7), oder wie Nikodemus.

Der Weg von Nikodemus besteht auch darin, in diese undurchdringliche, nicht enden wollende Nacht hineinzugehen, in das Unbekannte unserer Erfahrung einzutauchen, sein geistliches Leben zu riskieren. Nikodemus – der Lehrer, der Rabbiner, eine angesehene Person – riskierte die Unversehrtheit seines geistlichen Lebens, das reich an spiritueller Erfahrung und Wissen war. Naturgemäß erhielt er den Ratschlag zum Neustart.

Wenn wir Gott fragen, müssen wir aufmerksam und zu jeder Antwort bereit sein. Dann wird uns alle anderthalb oder zwei Jahre garantiert genau solch ein Neustart zuteil. Wir werden das orthodoxe Gotteshaus und den Gottesdienst, unsere Seele, unsere Persönlichkeit und die Person Gottes und auch alles andere neu betrachten. Menschen müssen viele Male überdenken, was sie haben, sonst können sie nicht mit dem leben, womit sie leben müssen.

Nehmen wie ein junges Ehepaar – sie schauen einander an und sind froh. Aber lassen wir zehn Jahre vergehen, so werden sie sich anschauen und denken: „Was sehe ich vor mir? Es ist nicht mehr das, was vor zehn Jahren war, es ist viel schlechter." Da es keinen Neustart gab, haben sich diese beiden nicht neu erblickt. Sie haben Groll, Vorwürfe und Argumente angesammelt, die nicht immer gerechtfertigt sind. Wenn wir nicht lernen, einander, die Welt, Gott neu zu betrachten, sind wir als Christen ungeeignet.

Die Geschichte von Nikodemus gilt auch für uns. Dieser Mann war es wert, das Wort der Wahrheit zu hören. Die Wahrheit aber ist, dass man nicht an einem Ort verharren darf, sondern ständig Risiken eingehen muss. Viele unserer Heiligen standen im Konflikt mit den Kirchenführern. BASILIUS DER GROßE wurde fast eingesperrt, GREGOR DER THEOLOGE wurde, wie man heute sagen würde, nach Sibirien geschickt, JOHANNES CHRYSOSTOMUS kam praktisch durch die Verbannung zu Tode, ATHANASIUS wurde fünfmal inhaftiert, GREGOR PALAMAS wurde exkommuniziert, MAXIM DER GRIECHE verbrachte 25 Jahre im Gefängnis … Vielen Menschen kamen sie absonderlich vor, und mehr noch: Auch sie selbst hielten sich dafür, was sie in ihren Gebeten zum Ausdruck brachten. Sie wussten nicht, was ihr Fragen, ihr Experimentieren im geistlichen Leben bewirken würde. Aber ohne ein solches ist Orthodoxie unmöglich – es bliebe nur eine Art standardisierte Religion. Jeder Standard auf diesem Gebiet aber neigt zum Heidentum, zum Hohepriestertum.

Wie weit war Christus doch von den Hohepriestern entfernt! Einst brachten Seine Mutter und Sein Ziehvater zu

Ehren Seiner Geburt zwei Tauben zum Jerusalemer Tempel. Als Er aufgewachsen war, hat Er dann die Tische mit den Tauben umgeworfen, ein recht radikales Verhältnis zu diesen Opfertieren erwiesen. Es gibt viele andere Beispiele, in denen Christus nicht nur einen Neustart predigte, sondern Selbst das sich verändernde Leben überdachte. Seine Freude kann sich bei Ihm in Enttäuschung wandeln; wir lesen etwa: *Ich preise Dich, Vater, Herr des Himmels und der Erde, weil Du das vor den Weisen und Klugen verborgen und es den Unmündigen offenbart hast* (Mt 11,25). Weiter aber sagt Er zu diesen Unmündigen: *Glaubt ihr jetzt? Siehe, die Stunde kommt und sie ist schon da, in der ihr versprengt sein werdet, jeder in sein Haus, und Mich alleinlassen werdet* (Joh 16,31f). Es gibt Stellen im Evangelium, an denen wir sehen, dass Christus unterschiedliche Einstellungen zu denselben Dingen hat, und dies nicht, weil eine Ansicht wahr und die andere falsch wäre. Wir dürfen nicht erstarren, denn dann sind wir nicht bereit, Gott zu begegnen, Der *weht, wo er will; du hörst sein Brausen, weißt aber nicht, woher er kommt und wohin er geht. So ist es mit jedem, der aus dem Geist geboren ist* (Joh 3,8). Er kann von einer Seite her wehen, die für uns tabu ist, so wie für die Juden des 1. Jahrhunderts … Bei allem Wunsch, die Wahrheit zu festzunageln, Gott einzufangen wie einen Goldfisch und Ihn sich zu unterwerfen, wissen wir doch nicht, woher der Wind wehen wird, wie wir auch nicht wissen, was Gott morgen tun wird. Bei einer solchen Gottessicht ist es nicht leicht, zwischen Falsch und Wahr zu unterscheiden. Gerade hast du dein geistliches Segel nach der einen Seite gewendet, schon bläst Er von der anderen oder von allen Seiten gleichzeitig, wie es auch manchmal vorkommt. Gott erwartet von uns, dass wir wachsam sind und nicht denken, wir hätten bereits Gewissheit erlangt, dass Gott hier oder da ist. Orthodoxe Christen müssen wie ein Steuermann ständig die ganze Umgebung im Auge haben, um Gott zu erblicken.

Der Apostel JOHANNES DER THEOLOGE, der sich beim letzten Abendmahl an Jesus anlehnt, fragt: „Herr, wer verrät Dich?" (vgl. Joh 13,25). Später in seinem Brief schreibt er: *Gott ist Liebe, und wer in der Liebe bleibt, bleibt in Gott und Gott bleibt in ihm* (1 Joh 4,16). All diese Fragen: Wer genau ist der Verräter? Was tun mit ihm? Was sind Wunder? Ist Er der Sohn Gottes oder nicht? usw. verlieren ihr Gewicht im Angesicht der späteren und reifen These des Apostels. Wir sehen einen anderen JOHANNES – nicht den geliebten Jünger vom Ende oder der Mitte des Evangeliums, geschweige denn den JOHANNES vom Anfang des Evangeliums, wo Christus ihn und seinen Bruder „Donnersöhne" nannte (so eine Art persönlicher Spitzname – sie waren wohl am Anfang ihres christlichen Weges harte Männer). Aber JOHANNES ging diesen Weg nicht als getreuer Arbeiter, der sich der Parteilinie verschrieben hat, sondern als lebendiger Mensch, der seine Vision von Gott ständig erneuerte.

Daher sehen wir im Evangelium auch, dass die Apostel nicht nur einmal, sondern mehrmals Glauben gefasst haben – PETRUS und JOHANNES letztmalig gar erst nach der Auferstehung (Joh 20,8). Und auch wir können Gott viele Male nacheinander annehmen. Zuerst fassten wir Glauben daran, dass es da Jemanden im Himmel gibt. Dann, dass Gott mich persönlich ansieht und etwas mit mir zu tun hat. Später gewannen wir den Glauben, dass Er mich nicht anklagt, nicht nachtragend ist wie ein kleinlicher Mensch, sondern mich großmütig in Sein Herz aufnimmt. Und schließlich die Erkenntnis, dass Gott mich so geschaffen hat, dass ich mich und einen anderen Menschen annehmen kann. Er offenbarte mir diesen Akt als unseren gemeinsamen, synergistischen Akt, Er offenbarte mir die Metaphysik der Annahme eines anderen durch Sich Selbst.

DER GLAUBE AN ETWAS

Der Glaube an das Orthodoxe als ein gewisses Etwas ist nicht Glaube an Christus. Das gnadenhafte Feuer kann, selbst wenn es wirklich vom Himmel herabkommt, keineswegs irgendetwas bezeugen; es ist ein Wunder, es ist „Etwas", mit dem man nicht auf persönlicher Ebene in Berührung kommen kann. Der Glaube an die Richtigkeit des Evangeliums, der Dogmen usw. ist nicht Glaube an den Gekreuzigten. Die Schrift ist richtig – ihre Prophezeiungen erfüllen sich textgetreu. Der Gekreuzigte ist dagegen nicht richtig, Er hat nicht die prophezeite Kraft erwiesen, hat keine Rache an Seinen Verfolgern genommen, keine Ordnung wiederhergestellt, weder in Israel noch in uns.

Tradition ist „Etwas", Gott ist eine Person. Deshalb gerade bezeugt mein Glaube an „Etwas" – an das Priestertum, an das Sakrale, an Wunder oder Entrückung – in keiner Weise meinen Glauben an Christus. Ich glaube an Gott, und verglichen mit Ihm glaube ich weder an Philosophie noch Theologie, weder an die Schrift noch an nette Überlieferungen. Dies alles war und ist ein

beeindruckendes Reich der Worte, doch es ist nicht Er.
Es ist nur Umgebung, nahebei.

DIE VERKÜNDIGUNG DES ORTHODOXEN GLAUBENS DER ANDEREN

In der großen Mehrheit der Fälle stellt die Predigt, die
der Priester vom Ambo aus verkündigt, nicht dessen eigenes Denken, persönliches Empfinden und eigene Ein-
gebung dar. Nach „schweigender Übereinkunft" würde
man solches als eitles Von-sich-aus-Gerede interpretieren. Nein, die Predigten werden im Namen der „Orthodoxie" selbst gehalten. Ohne Gesicht, entpersönlicht
aber kann solche Orthodoxie nicht wahrhaftig sein.

Im Kern steckt hinter der Anreicherung der eigenen Predigt mit Zitaten aus den Kirchenvätern und aus der
Schrift ein ängstliches Verbergen des eigenen „Ich"; nur
dieses allein aber könnte irgendetwas bezeugen. Hieraus
entspringt die oft mangelnde Einbezogenheit der Gottes-
dienstbesucher in die Lehre der Kirche: Die Pastoren haben sie davon überzeugt, dass Orthodoxie nicht von dem
ausgehen kann, der neben einem steht. Orthodoxie wird
als etwas vermittelt, das von den heiligen Vätern und den
Ökumenischen Konzilien ausgeht, so als habe es im
Schaffen der Väter oder in der Rezeption der Konzilien
keine Freiheit gegeben. Auf diese Weise wird die lebendige Wahrheit Gottes als Museumsstück dargeboten,
denn dem Zuhörer stellt sie sich als unbeweglich und leb-
los dar, als Götze, als vollendetes, abgespieltes Lied.
Wenn Wahrheit nicht mehr erfordert, dass man sie zu
Ende denkt und singt, wenn sie in ihrer Tiefe nicht mehr

ratend erlangt werden muss, dann ist ihre Erschöpftheit Tod. Wahrheit ist Leben, ein als Verpflichtung auferlegtes wahres Dogma ist Lüge.

Kein Mensch kann die „Orthodoxie" als reines Konzept predigen. Dies wäre gerechtfertigt, würde es sich bei der Orthodoxie lediglich um ein theologisches System handeln – doch ein solches gibt es nicht ohne die Menschwerdung! Richtig wäre es daher zu sagen: Orthodoxie besitzt ein theologisches und philosophisches System, lässt sich jedoch nicht darauf zurückführen, sie lässt sich lediglich damit erklären.

Wäre Orthodoxie nur die geistliche Erfahrung allein der heiligen Väter, so bliebe sie deren Sache, nicht meine. Ein Prediger kann nicht ausschließlich Fremdes predigen, selbst wenn dieses Fremde wunderbar erscheint, denn das wäre nicht frei von Falschheit. Orthodoxie ist Teilhabe an Gott, daher kann man auch nur sich selbst predigen als den sichtbaren Teil dieser Teilhabe. Nicht von ungefähr predigte Christus Sich Selbst und nicht irgendeine Lehre. Nicht nur, weil Er Gott ist, sondern auch, weil dies die einzig reale Predigt ist.

Ihr seid das Licht der Welt (Mt 5,14). Es fällt uns schwer, unserem Lehrer zu folgen und zu sagen: „Ja, ich bin das Licht der Welt!" Wir ziehen es vor, uns hinter den Heiligen zu verstecken: „Nein, nicht ich, ein anderer; da, diese Heiligen von der Ikonstase gewiss, aber ich bin weder Licht noch Salz!" Nicht so „wie die Schriftgelehrten" zu predigen heißt aber gerade, sich selbst in Christus zu verkündigen, ohne dabei das eigene Leuchten den eigenen Tugenden zuzuschreiben. *Doch durch Gottes Gnade bin ich, was ich bin, und Sein gnädiges Handeln an mir ist nicht ohne Wirkung geblieben. Mehr als sie alle habe ich mich abgemüht - nicht ich, sondern die Gnade Gottes zusammen mit mir* (1 Kor 15,10).

CHRISTENTUM UND ENTTÄUSCHUNG

Das Christentum kann als gutes Märchen verstanden werden und ähnelt ihm stellenweise. Bei einer solchen Auffassung wird Skepsis auf jede erdenkliche Weise vermieden, sonst ist das Märchen aus. Es gibt viele kluge Menschen, die kritisches Denken auf dem Gebiet des Glaubens nicht zulassen, weil es für sie mit der Religion unvereinbar ist. Ein erwachsenes Christentum jedoch, das der Absurdität und Sinnlosigkeit sowohl des Alltagslebens als auch aller Ideologien furchtlos entgegensieht, steht jenseits der Skepsis.

Wenn jemand das Christentum aus Naivität angenommen hat und jetzt fürchtet, „den Glauben zu verlieren", dann muss er, um seine Angst zu überwinden und im Christentum standhaft zu bleiben, durch äußerste Skepsis hindurchgehen. Für die hellen und reinen Seelen der Atheisten aber bleibt es bei dem fast kindlichen Glaube an den „Weg des Guten", die „Gerechtigkeit", die „Menschlichkeit", beim „das darf man nicht" und dem „gesunden Menschenverstand". Im Anschluss an überzeugende Vorträge darüber, dass das Universum aus mehreren Arten von Energie und Fluktuationen von Quantenfeldern besteht und der Mensch eine Proteinmasse mit einer Reihe von Neuronen ist, legen kluge Biologen und Astronomen ein aufrichtiges Bekenntnis zu Sinn und zu hohen Werten des Menschen ab.

Nur wer sich der Bedingtheit aller Werte und Meinungen deutlich bewusst ist, kann fest an Gott glauben. Andernfalls wird sein Glaube an den „Weg des Guten", an die „Gerechtigkeit" usw. Gott zwingen, Sich um diese Götzen zu drehen und ihnen zu dienen: Akzeptiert wird Er dann nur in dem Maße, in dem Er ihnen entspricht.

DOSTOJEWSKI bemerkte, dass der Weg des Nihilismus aus der Enttäuschung bezüglich einer einzelnen und, wie es scheint, kleinen, unbedeutenden Sache seinen Anfang nimmt. Wenn aber ein Mensch erst einmal in einer seiner Lebensansichten desillusioniert worden ist, erkennt er, dass auch andere Positionen seiner Weltanschauung instabil sind. Wer sich an Milch den Mund verbrannt hat, der wird auch beim Kaffee vorsichtig. Daher ist die Erfahrung der Enttäuschung äußerst wichtig: Sie kann durch den Schock, den sie hervorruft, jegliche Selbsterkenntnis zum Erliegen bringen, sie kann aber auch zum konstruktiven Anfang des Erwachens werden. *Ich zweifle, also bin ich*, sagte AUGUSTINUS.

Enttäuschung kann dabei um sich selbst kreisen und zur Leidenschaft werden, die sich selbst nährt und gefällt. Der Enttäuschte glaubt dann, in eine höhere Stufe der Wahrnehmung der Welt einzutreten – dies ist ein latenter romantischer Narzissmus. Höchstwahrscheinlich tritt er nur auf der Stelle und bleibt derselbe wie vorher. Deshalb sage ich, dass man Ent-täuschung nicht nur in Bezug auf den Rausch der Verzückung, sondern auch in Bezug auf die Enttäuschung selbst erfahren muss, denn diese ist nicht weniger berauschend.

Der berühmte „Philosoph des Verdachts" des 19. Jahrhunderts hatte den gleichen Gedanken: *Freund, alles,*

22

was du liebtest, hat dich enttäuscht: Die Enttäuschung wurde endlich deine Gewohnheit: Und deine letzte Liebe, die du „Liebe zur Wahrheit" nennst, ist vielleicht eben die Liebe zur Enttäuschung[2] – ein Beispiel für die Fixierung auf das Enttäuschtsein. Ich versuche, Christen vor dieser Fallgrube zu schützen. Bald kommt die Zeit – und sie bricht bereits an – der großen und kleinen Enttäuschungen im Lager der Kirche. Und viele werden nicht zynisch genug sein, nicht menschenfeindlich genug, um dem subtilen Charme der enttäuschten Gefühle zu widerstehen.

Das romantische Selbstverständnis hat den kirchlich Naiven eine Grube gegraben, und diese Grube wird sich mit den kirchlich Enttäuschten füllen. Um den drohenden Sturm der großen und kleinen Enttäuschungen zu überleben, muss man in der Nähe von jemandem sein, der Gott liebt, dagegen die Theologie, Psychologie, Philosophie, Hermeneutik usw. nur schätzt, jedoch bereits jetzt an sie nicht glaubt – weil er, nach FREUD, Begehren mit Worten darin sieht: das Vergnügen daran, den erstrebten Gegenstand auf der Zunge zu tragen, als eine Form des Besitzes. Denn die sogenannte Desillusionierung hinsichtlich Gott und der Kirche ist meistens eine Enttäuschung in Bezug auf die Fähigkeit dieser Objekte, die Wahrheit zu garantieren. Wenn wir die intellektuelle Selbstbefriedigung von vornherein als die eigentliche Rolle der Geisteswissenschaften betrachten, dann

---

[2] Nietzsche, Friedrich: *Nachgelassene Fragmente* (Digitale Kritische Gesamtausgabe Werke und Briefe, eKGWB/NF-1882,3[1])

23

werden ihr Fall und ihre Rebellion für einen Christen gleichermaßen unterhaltsam sein.

Die Liebe zu Gott sollte auf vielen Dingen basieren. Aber zwei fundamentale Grundlagen scheinen mir die wichtigsten zu sein: die Offenbarung der Begegnung, oder Berührung, mit Gott und ein besonnenes Misstrauen gegenüber allen Formen Seiner Darstellung in der Welt. Wenn es weder das eine noch das andere gibt, dann ist auch der Anfang zum Christentum nicht gelegt, sondern es herrscht nur heiliger Glaube an einen Weihnachtsmann namens Jesus, Allah, Vishnu, Perun usw.

GLAUBE UND ANTIKLERIKALISMUS

Als Element des besonnenen Misstrauens und Teil des orthodoxen Kerygmas (der Verkündigung) wäre heutzutage ein nüchterner Antiklerikalismus von Nutzen. Es ist kein Zufall, dass der Erlöser Selbst einen ansehnlichen Teil Seiner Verkündigung dieser Frage widmete (Mt 23). Es ist ja nicht so, dass die Pharisäer zu Seiner Zeit besonders schlecht gewesen wären – nein, es immer und überall dasselbe. So wie sich das Volk von seinen Abgeordneten unterscheidet, so muss auch zwischen Gott und Seinen Delegierten unterschieden werden. Um also die Schönheit Gottes zu predigen, muss ein Priester zumindest teilweise antiklerikal sein.

Die Entwicklung einer Kultur der Selbstkritik ist ein unschätzbares Anzeichen dafür, dass die Kirche reift. Die Asketen der Antike haben immer wieder ihre Bereitschaft unter Beweis gestellt, sich auch mit äußerst unfreundlicher Kritik auseinanderzusetzen. Toleranz ist zu wenig – man muss bereit sein, die Situation aus der Sicht des Gegners zu hören, zu analysieren, zu berechnen.

Die meisten Anhänger der Orthodoxie zeigen leider immer noch unbewusst Misstrauen gegenüber der Wahrheit und tabuisieren ängstlich die Position des Antiklerikalismus selbst innerhalb des Klerus selbst. *Persönlich gesehen ist, wie ich meine, der Klerus etwas Wunderbares. Aber gerade in seinen goldenen Gewändern, in seinem Ikonenhaften ist er schrecklich, weil irreparabel, unverbesserlich, reuelos*, schrieb WASSILI ROSANOW.[3] Ein Verhältnis zur Kirchlichkeit wie zu einer heiligen Kuh erweist der Verkündigung der Orthodoxie keinen Gefallen. Aus fehlender Offenheit und dem Verbot der Antiklerikalität entwickelt sich ihre geschlossene Form. Mit Blick auf ihre Entwicklungsperspektiven im 21. Jahrhundert ist das ein strategischer Fehler.

Das Beispiel Christi und der Propheten bezeugt, dass Heiligkeit und offener Widerstand gegen etablierte Kirchlichkeit und Volksfrömmigkeit sich nicht ausschließen. Die Heiligkeit des Glaubens ist nicht weniger scharfsichtig als die Skepsis des Materialismus. Daher sollte das Vorrecht der freien Kritik an „allem, was heilig ist", nicht leichtfertig Agnostikern und Atheisten eingeräumt werden.

Das odiöse Bild des Klerikers zog gesunde Kritik nicht nur von Seiten der Kirchenfeinde, sondern auch seitens ihrer Heiligen nach sich. Aus den Tagebüchern des

---

[3] Rozanov, Vasilij: *Über das Priestertum, über die alten und neuen Opfer* [*O svjaščenstve, o drevnich i novych žertvach*] (Vortrag, St. Petersburg 1903)

heiligen JOHANNES VON KRONSTADT: *Aber wer glaubt den Gefühlen unserer Mitbrüder – der Erzpriester? Alles beruht bei ihnen auf einem einzigen Interesse, dem Geld, und für Geld sind sie bereit, ihren Bruder hundertmal zu verkaufen: Auf dich geben sie keinen Groschen. Gott möge sie richten. Manchmal geben sie auf uns keinen Groschen, weil auch wir diejenigen nicht respektieren und keinen Groschen auf sie geben, die uns nicht respektieren. Dies geschieht zum größten Teil unter solchen, die gemeinsamen Dienst tun. Und leider zwischen den geistlichen Mitbrüdern; und die größte Feindschaft unter der Geistlichkeit herrscht wegen des Geldes. Geld, Geld betrübt diejenigen, die doch stets aufwärts schauen und in gegenseitiger Liebe leben sollten – in Demut und Sanftmut, in Geduld und Langmut.*[4] NIETZSCHE nannte das Priestertum *Gottes Truthähne*[5], das ist beleidigend; aber noch viel weniger schmeichelhaft ist die Zoologie des heiligen GREGOR DES THEOLOGEN, der über seine Mitbischöfe schrieb: *Du kannst einem Löwen vertrauen, ein Leopard kann zahm werden, und sogar eine Schlange kann vor dir davonlaufen, obwohl du Angst vor ihr zeigst; aber hüte dich vor einem – vor schlechten Bischöfen, und lass dich durch die Würde ihres Bischofsstuhls nicht beirren ... Es sind unglückliche, verabscheuungswürdige Würfel des Schicksals; zweideutig in Glaubensfragen; Verehrer der Gesetze des vorübergehenden Gewinns anstelle der göttlichen Gesetze. Ihre Worte schwanken wie biegsame Äste hin und her. Sie sind eine Versuchung für*

---

[4] Ioann Kronštadtskij, hl.: *Tagebuch* [*Dnevnik*] Bd. 16, am 2. April 1871 (z.B. Tver 2008, S. 61)
[5] *Der Antichrist* § 13

die Frauen; sie sind ein Gift, das gut schmeckt; sie sind Löwen gegenüber den Schwächeren, aber Hunde gegenüber den Mächtigen; sie sind Raubtiere mit einem wunderbaren Gespür für jeden Leckerbissen. Sie putzen die Klinken der Türen der Mächtigen, nicht aber die der Weisen; sie denken nur an ihren eigenen Nutzen, aber nicht an den öffentlichen Nutzen, um ihren Nächsten Böses anzutun.[6]

Man könnte weitere Zitate der Heiligen anführen. Die Alten haben viel zu diesem Thema gesagt, ich aber sage euch: Liebt eure Popen, segnet diejenigen, die euch segnen, tut Gutes jenen, die euch sonntags nicht immer sehen, gebt Geld, wo ihr nichts zurück erhoffen könnt! Und ihr werdet die Söhne des Höchsten sein; denn auch Er ist gütig gegen die undankbaren und bösen Popen ☺ (Anspielung auf Lukas 6,35).

GLAUBE UND TRADITIONALISMUS

Wie authentisch ist die Orthodoxie? Authentizität ist die alte Vorbedingung der Wahrheit, ein bemoostes Götzenbild, das an die Stelle Christi tritt. Um es anzubeten, muss die Kirche ihrer Vergangenheit ähneln, ihre Texte wiederholen, auf alte Ängste zurückblicken, tote Gegner besiegen und antike Siege feiern (vgl. den „Triumph der Orthodoxie" über die Ikonenverehrung).

Ich denke, wenn alle ihre Texte über Nacht vergessen würden, würde die Kirche ihre Authentizität nicht verlieren: Sie würde sie, gezwungenermaßen in anderer Form,

---

[6] Hl. Gregor von Nazianz: *Über mich selbst und über die Bischöfe*

mit anderen Akzenten, aber mit dem gleichen Zweck reproduzieren.

Strukturell besteht jede Predigt aus einer Antithese zu einer Idee (Invektive, Diatribe), etwas Neuem und dem Zweck der Äußerung selbst. Die Antithese - das, wogegen die Idee behauptet wird, kann sich verändern und wird sich verändern. Auch das Neue muss sich ändern, denn die Menschen lieben Neues. Der Zweck der Äußerung aber ist immer mit sich selbst identisch, schließlich ist es das Einzige, was wir bekennen. So ist zum Beispiel der Averroismus in der Geschichte nicht mit Aristoteles und selbst nicht mit dem Aristotelismus gleichzusetzen, und der Neuplatonismus ist nicht dasselbe wie Platon – doch ohne diese späteren philosophischen Strömungen würden wir kaum etwas über die antiken Philosophen wissen. Fazit: Um die christliche Botschaft zu transportieren, muss sie immer wieder überdacht werden. Ja, sie hört dabei auf, ganz authentisch zu sein, aber anders ist es unmöglich, sie mit ganzer Seele zu vermitteln. DOSTOJEWSKIS Dialog zwischen dem Großinquisitor und Christus ist eine brillante Illustration und, wenn man so will, eine Apologie dieser Unausweichlichkeit. LUTHERS Urteil „Sie haben es verzerrt, also haben sie es verraten" ist falsch, nein: Indem sie es verzerrten, haben sie es überliefert!

Der orthodoxe Philosoph und Theologe CHRISTOS YANNARAS bewertet die Beziehung zwischen Traditionalismus und Spiritualität so: *Die Menschen versuchen, sich durch ihre individuellen Tugenden zu bestätigen ... Auf diese Weise verwandeln sie die frohe Botschaft der Kirche – einmal die Schrift, ein andermal die Tradition, zuweilen* auch beides gemeinsam – in eine objektive „Autorität", aus der sie metaphysische und sittliche Wahrheiten schöpfen, von denen sie ihre egozentrische Selbstgewissheit nähren. Sie machen aus der Kirche eine „Religion", verwandeln sie in eine von einer Bürokratie getragene Institution, die über den Glauben regiert, als ob der Glaube eine Ideologie sei. Die Autorität der Institution und das der Ideologie innewohnende Gewicht garantieren die Richtigkeit der individuellen Wahl des „Glaubens" ... Die Eucharistie hört auf, die Verwirklichung des evangelischen Daseinswegs, eine Manifestation des wahren Lebens zu sein, und wird zu einer individuellen Verpflichtung, am gemeinsamen Gebet teilzunehmen. Das Dogma, das die allgemeine kirchliche Erfahrung ausdrückt, wird zu einem autonomen ideologischen Inhalt, zu einem rationalistischen Verhaltenskodex, der den Einzelnen vor Unwissenheit und Fehlern schützt. Theologie wird dem Vorrang der Methodik unterworfen und verwandelt sich in eine „Wissenschaft", die auf Beweisführung beruht und intellektuell gesicherte Fakten bietet. Die Askese der Gläubigen – der Akt und die Praxis der Teilhabe an der Dynamik der Beziehungen, welche die Kirche ausmachen – wird in Gesetzesregeln und Prinzipien individueller Moral kodifiziert. So verwandelt sich die Tradition, anstatt eine Überlieferung und Übernahme lebendiger Erfahrung zu sein, in eine Sammlung versteinerter Formeln der „Rechtgläubigkeit" (Orthodoxie), die eine individuelle Selbstgenügsamkeit nährt, welche leblosen Schemata ergeben ist.[7]

---

[7] Die Authentizität des orthodoxen Traditionalismus § 3 (orig. in: The Challenge of Orthodox Traditionalism, in: Consilium Special/

GLAUBE UND RISIKO

Die Schultheologie teilt die Offenbarung in „natürlich"
und „übernatürlich" ein. Niedergeschrieben wurde dies
in einer Zeit, als der Positivismus als neue Richtung der
Wissenschaftsmethodik in der Blüte stand (Positivismus
erkennt als einzige Quelle für wahres Wissen das mate-
riell-sensorisch Gegebene an). Die Orthodoxen spielten
unbewusst mit, indem sie die oben erwähnte Einteilung
der Offenbarung in der Tradition ausgruben. Mit „natürlicher" Offenbarung war eine Schlussfolgerung gemeint,
die auf überprüfbaren Beobachtungen (über Natur und
Mensch) basiert, als „übernatürlich" dagegen galt, wenn
Gott direkt zum Menschen spricht. Durch welche Art der
Offenbarung aber wurde die christliche Religion geboren?

*Als Abram neunundneunzig Jahre alt war, erschien der
Herr dem Abram und sprach zu ihm: Ich bin Gott, der
Allmächtige. Geh vor Mir und sei untadelig!* (Gen 17,1); *und
der Herr sprach zu Mose: Komm herauf zu Mir auf den
Berg!* (Ex 24,12). Im Neuen Testament: *Der Geist sagte zu
Philippus: Geh und folge diesem Wagen!* (Apg 8,29). *Während Petrus noch über die Vision nachdachte, sagte der
Geist zu ihm: Siehe, da sind drei Männer und suchen dich*
(Apg 10,19). *Der Geist aber sagte mir, ich solle ohne Bedenken mit ihnen gehen* (Apg 11,12) usw. Hier ist Gott der Han-
delnde, und Er handelt, wobei Er die positivistischen Anforderungen voll erfüllt. Erst sprach der Geist, dann
schenkte Er Wunder, breitete das Meer zu den Seiten aus

Fundamentalism as an Ecumenical Challenge, Ed. Hans Küng und
Jürgen Moltmann, London 1992)

– das ist das Feld der Sinneswahrnehmung der Welt: Alles ist verständlich, beobachtbar und sogar gefährlich. Wenn die Materialisten des 19. Jahrhunderts bei dem Reigen der machtvollen Wunder des Alten Testaments dabei gewesen wären, hätten sie aufgehört, Atheisten zu sein – doch Positivisten wären sie geblieben.

Aber wenn wir in der modernen Realität keine biblischen Wunder wie etwa die Aufnahme von Datan und Abiram in den Schoß der Erde (Num 16,32), die Auferstehung der Toten usw. sehen, dann bleibt einem positivistisch begründeten Atheismus nur übrig zusammenzufassen: Es gibt keinen Gott, denn Er flüstert mir nichts ins Ohr, heilt nicht auf wundersame Weise die guten Menschen und begräbt nicht auf wundersame Weise die schlechten. Der Glaube wird sich dann beeilen zu versichern, dass Gott *nicht im Schall der Hörner* ist (vgl. Ps. 46/47,6 russ.), sondern tief in der Seele, sehr tief – und leugnet so die wahre Grundlage des Katechismus-Christentums – die „übernatürliche Offenbarung".

Wir haben schon lange Furcht vor der eigenen spirituellen Erfahrung gefasst. Ängstlich geworden durch die Gefahr der „Selbsttäuschung"[8] fallen wir in das entgegengesetzte Extrem – den Positivismus im spirituellen Leben. Heutzutage wird der Satz „Gott hat mir gesagt ..." gerade bei Orthodoxen ein spöttisches Lächeln hervorrufen. Die Fülle solcher Formulierungen in der Heiligen Schrift haben wir, nach positivistischer Auslegung, zu beinahe sinnleeren Floskeln degradiert. Es erscheint uns seltsam,

---

[8] Russ.: prelest; bei den Kirchenvätern die Verführung durch illusorische Inspirationen und schöne Trugbilder sündigen/satanischen Ursprungs, die der Mensch aus Eitelkeit Gott zuschreibt. (Anm. d. Üb.)

dass PETRUS oder PAULUS ihre persönliche Erleuchtung in der Schrift selbst als Stimme Gottes bezeichnen. Und wenn es nicht Gott Selbst gewesen sein sollte, Der Seinen Meißel über die Steintafeln getrieben hat, dann würde das in den Augen jener Gläubigen, die der spirituellen Erfahrung misstrauen, fast schon die Wahrhaftigkeit des Dekalogs infrage stellen: Sollten es etwa wirklich persönliche Vermutungen sein, die Moses vierzig Tage lang auf dem Berg Sinai in Gebote gefasst hat? „Nein", werden die gläubigen Positivisten antworten. „Nur so ist es möglich", sagen dagegen die intuitiven Gläubigen.

Natürlich besteht eine „Gefahr von links" – von Seiten des alles leugnenden Nihilismus – aber warum sehen wir keine symmetrische „Gefahr von rechts" – seitens eines materialistischen Verständnisses der biblischen Geschichte? Der ehrwürdige DOROTHEOS VON GAZA schreibt: *Ich weiß keinen größeren Sturz eines Mönchs als den, dass er seinen Gefühlen vertraut,*[9] rät aber selbst zum Gehorsam gegenüber einem Altvater, der seinen Gefühlen vertraut. Es gibt kein Entkommen aus unserem riskanten Vertrauen in unsere religiösen Gefühle. Gutgemeinte Versuche, sich hinter der Schrift oder den Werken der heiligen Väter zu verstecken, entbinden nicht von der Notwendigkeit, die Frage „Was war das?" zu beantworten, und auf die Stimme Gottes, Der Seinen Adam sucht, zu erwidern: „Herr, bist Du es?"

Wir stehen vor der Notwendigkeit, den intuitiven Charakter der Erkenntnis aller Arten der Offenbarung Gottes

---

[9] *Unterweisungen und Briefe* 5,66 (dt. Prodromos, Nauen 2018)

anzuerkennen und gleichzeitig damit ihre Authentizität, die in der Schrift und bei den heiligen Vätern offenbart wird. Als Beispiel für das frühchristliche Verhältnis zur intuitiven Offenbarung will ich ein Fragment aus dem Väterbuch[10] anführen: Drei Väter kamen zu Altvater SILUANOS, um Einsiedler in ihren Kellien zu sehen, und als sie einen von ihnen nicht vorfanden, beklagten sie sich. *Sobald die Väter gegangen waren, ging Abbas Siluanos, mit sich selbst über das Geschehene nachdenkend, zu diesem Bruder und sagte zu ihm: „Du weißt, dass ich mein Kellion nur samstags und sonntags verlasse, aber jetzt bin ich mitten unter der Woche herausgegangen, denn mein Gott hat mich zu dir gesandt."* Jener heilige Narrenmönch offenbarte dem Abbas sein asketisches Werk, worauf der Abbas SILUANOS sprach: *„Wahrlich, die Väter, die gekommen sind, waren heilige Engel, die die Tugend des Bruders verkünden wollten, denn bei ihrem Kommen geriet ich in große Freude und geistliche Erhebung.*[11] In dieser Geschichte sehen wir, dass das Erkennen der Stimme Gottes und der Engelserscheinungen nicht empirisch, sondern völlig intuitiv, also als eine Variante der persönlichen Interpretation, geschah.

GLAUBE, ÜBERZEUGUNGEN UND ARGUMENTE

Der Hauptgegner des Glaubens ist nicht der Atheismus, sondern die quasireligiösen Fesseln, die dem religiösen Glauben Abbruch tun. Sie entstehen ursprünglich in

---

[10] dt.: *Das Große Gerontikon* (Chania 2009) bzw. *Apophthegmata Patrum* (Graz 1963, Beuron 2012) (Anm. d. Üb.)
[11] *Gerontikon* 8,31 (dt.: 8,32)

Form eines zusätzlichen Arguments, treten anschließend als integraler Bestandteil des Glaubens auf und beginnen, die Frage „Gibt es Gott?" zu beherrschen.

So wurde etwa im 19. Jahrhundert das Gilgamesch-Epos entziffert, in dem es eine Geschichte über eine Flut gibt, die sehr an die Bibel erinnert. Im viktorianischen England wurde dies zu einem starken Argument gegen den Glauben, und die religiösen Briten erlitten einen Nervenzusammenbruch. Heute gilt diese Erzählung umgekehrt als Argument für die Geschichtlichkeit der Bibel.

Für viele waren auch die Entdeckungen liberaler christlicher Textgelehrter über die Autorenschaft der Tora ein Schlag gegen die Autorität der Bibel, das heißt gegen den Glauben. Heute ist es uns aus verschiedenen Gründen egal, wer genau den Pentateuch verfasst hat. Das gleiche gilt für die Bibelkritik im Allgemeinen und für den Kreationismus und Evolutionismus ebenso.

Um die Vorstellung von der Unverweslichkeit der Heiligenreliquien zu widerlegen, haben die Bolschewiki Anfang des 20. Jahrhunderts absichtlich deren Schreine geöffnet und dort verweste Gebeine vorgefunden. Für vorrevolutionäre orthodoxe Christen war dies ein sehr gewichtiges Argument gegen Gott. Ende des 20. Jahrhunderts war es der Glaube an die Echtheit des sogenannten fünften Evangeliums, des Turiner Grabtuchs, der erschüttert wurde. Zu diesem Zeitpunkt waren orthodoxe Christen und Katholiken im Allgemeinen bereits darauf vorbereitet, dass weitere „unwiderlegbare Zeugnisse" scheitern würden, dennoch bedeutete dies eine weitere schwere Glaubensprüfung.

Vergleichbare Erschütterungen waren die ungelöste Theodizeefrage, ein Modethema in der christlichen Dogmatik des 20. Jahrhundert – das Problem der guten Gottheit in der Welt des Bösen, oder auch die Undefiniertheiten in der Beziehung zwischen Wissenschaft und Glaube. Am Anfang des 21. Jahrhunderts wurden die Orthodoxen dann von Problemen umgetrieben wie etwa der Annehmbarkeit von Steuernummern, der rechten liturgischen Sprache, des kirchlichen Kalenderstils und, nicht zu vergessen, des wundergewirkten „gnadenhaften Feuers" als verlässlichem Indikator für Orthodoxie.[12]

Natürlich wären all diese Glaubensverwirrungen nicht nötig, hätte unser Glaube als Fundament Gott – anstelle künstlicher Konstruktionen zur Versicherung der Gegenwart / Existenz Gottes für diejenigen, die keine Ohren haben, um Ihn selbst zu hören.

GLAUBE NACH INNEN UND GLAUBE NACH AUSSEN

Der Verlust des Glaubens und sein Fanatismus sind Dinge gleicher Ordnung. Fanatismus ist immer einfach, für seinen Träger offensichtlich, engagiert in seiner Haltung. Man erreicht ihn durch Leugnung der Komplexität des Lebens und der Heterogenität der Menschheit. Wenn religiöser Fanatismus starke Liebe und

---

[12] Das in der Jerusalemer Grabeskirche jährlich am Ostersamstag vom Patriarchen in der Grabkammer empfangene und an die Gläubigen verteilte „Heilige Feuer" gilt insbesondere bei russischen Orthodoxen als sich jährlich wiederholendes Wunder; sein Ausbleiben würde das nahe Weltende ankündigen. Zugleich dient es als Beweis dafür, dass die orthodoxe Kirche das Osterdatum korrekt bestimmt (Anm. d. Üb.).

Anteilnahme zeigt, haben wir es jedoch nicht mit Menschenliebe zu tun, sondern mit der Liebe zu einem Konzept. Nicht weit davon entfernt steht auch die Liebe zu dem Ebenbild Gottes im Menschen oder die Liebe zum Nächsten dergestalt, dass in diesem Nächsten der unerkannte Christus wahrgenommen wird (eine häufige Art des Bildes von Jesus Christus in der Weltliteratur).

Den völligen Verlust des Glaubens aus Sicht der geistlichen Praxis bildet die Wahrnehmung Gottes als heilige Abstraktion. Er hört auf, das persönliche „Du" zu sein, das dem Subjekt in der Erfahrung gegeben wird, und wird zu einem erhabenen Begriff wie etwa „Harmonie", „Größe" usw., zu etwas, wofür man sterben und töten kann. Die Natur dieses Verblassens Gottes entspricht vollkommen dem, wie man geliebte Menschen vergisst: Wenn wir einen Menschen lange Zeit nicht sehen, wird sein Bild allmählich verwischt und reduziert sich auf einige seiner Charakterzüge.

Im Innenraum einer menschlichen Seele, die Anteil an Gott hat, sind Fanatismus und Atheismus Erscheinungen äußerer Ordnung, also etwas „für andere". Existenzieller, echter Glaube ist in diesem Zusammenhang die Betrachtung Gottes aus dem eigenen Chaos und dem der Welt heraus. Ein solcher Glaube offenbart sich in seiner Bereitschaft, einen unberechenbaren Gott anzunehmen (vgl. das Bild des Windes in Joh 3,8).

Es wäre angebracht, hier einige Belege für den Glauben von Existenzphilosophen anzuführen. Für den dänischen Denker SØREN KIERKEGAARD beispielsweise ist Glaube das Streben nach einem unerreichbaren Gott. Der Philosoph definiert Existenz als „Zwischensein": Die menschliche

Existenz hat einen Zwischencharakter zwischen der Verzweiflung an der Sinnlosigkeit und dem Sprung des Glaubens über den Rand der Absurdität hinaus. Ein Glaubenssprung akzeptiert die Sinnlosigkeit der Welt und entfernt sich von der Bequemlichkeit autoritativer Dogmen. Es bleiben nur Gott und die Menschheit, die sich in Seinen Augen widerspiegelt.

Der bekannte Philosoph und Psychologe KARL JASPERS predigte den von Dogmen freien sogenannten philosophischen Glauben. Über ihn schrieb er auf bestechend einfache Weise: *Eigentlicher Glaube aber ist ein Akt der Existenz, in dem Transzendenz in ihrer Wirklichkeit bewusst wird.* [13] ☺

Der bekannte Philosoph und Theologe MARTIN BUBER betonte die extreme Bedeutung der Gleichwertigkeit von „Ich" und „Du" sowie die Ereignisse einer lebendigen „Begegnung" und des „Dialogs mit dem Anderen". In jeder Begegnung von „Ich" und „Du" anerkannte BUBER die Gegenwart Gottes. Gott erscheint durch andere Menschen, wenn zwei Menschen sich als einzigartige, außergewöhnliche Individuen wahrnehmen. In diesen Momenten können die Menschen die Heiligkeit des Seins spüren.

Der Theologe und Philosoph PAUL TILLICH sah das Wesen des Glaubens in seiner Ungewissheit – er ist insoweit unzuverlässig, wie „Endlichkeit" und „Unendlichkeit" vom Menschen akzeptiert werden. Die Unsicherheit des Glaubens lässt sich nicht beseitigen, sie kann nur akzeptiert werden – mit Mut. Wo die Möglichkeit des

---

[13] *Der philosophische Glaube*, München 1948, S. 20

Scheiterns besteht, ist ein Risiko notwendig, jedes Risiko wird von Zweifeln begleitet, also schließt der Glaube Zweifel ein; TILLICH schlägt vor, Zweifel nicht als Verleugnung des Glaubens zu betrachten, sondern als ein Element davon.[14]

Der russische Religionsphilosoph SEMJON FRANK schrieb: *Der Glaube ist ein bestimmter Zustand des Herzens, nicht irgendein Gedanke unseres Geistes.*[15] Laut Frank existiert vor der „Begegnung" mit dem „Du" überhaupt kein vollwertiges „Ich".

Der amerikanische Psychotherapeut JAMES BUGENTAL, einer der Begründer der existenziellen Psychologie, fasste zusammen: *Wir alle suchen nach Gott, Atheisten und Agnostiker nicht weniger als die Pilger. Wir können diese Suche ebenso wenig aufgeben, wie wir den Strom unseres Bewusstseins anhalten können. Unsere Gedanken lassen unweigerlich das, was ist, mit dem kollidieren, was wir uns wünschen, und schon nach kurzer Zeit gewinnen wir eine Vorstellung davon, wer wir sein könnten, und auf diese Weise betreten wir den Weg der Suche nach Gott. Ich glaube daran, dass die Suche nach Gott mit den tiefsten Sehnsüchten des Menschen in Bezug auf seine eigene Existenz zusammenfällt.*[16]

---

[14] Vgl. Tillich, Paul: *Offenbarung und Glaube* (in: *Gesammelte Werke* Bd. VIII, Stuttgart 1970, S. 123f.)

[15] Frank, Semen Ljudvigovič (1877-1950): *Licht in der Finsternis: Versuch einer christlichen Ethik und Sozialphilosophie* (Werke, Bd. 5, Freiburg/München 2008)

[16] Bugental, James: *Die Kunst lebendig zu sein* [*Nauka byt' živym*], Moskau 2007 (orig.: *The Search for Existential Indentity: Patient-Therapist Dialogues in Humanistic Psychotherapy*, San Francisco 1976)

GLAUBE UND RISIKO

„Glaube" ist ein Schlüsselbegriff für Christen. Im Evangelium hören wir oft die Worte: „Dein Glaube hat dich gerettet!" Beim Apostel PAULUS, dem Prediger des Glaubens, lesen wir: *Abraham glaubte Gott und das wurde ihm als Gerechtigkeit angerechnet* (Röm 4,3). Damit Glaube an und Gehorsam gegenüber Gott als Gerechtigkeit angerechnet werden können, muss der Gegenstand des Glaubens hinreichend verborgen sein. Für Abraham als Glaubensvater war der Auszug aus Harran und das Abkommen mit Jahwe keine offensichtliche Wahrheit: Er vertraute Gott, verließ sich auf Ihn, und dieses Risiko ist wahrer Glaube. Jesus versuchte auch nicht, überzeugend zu sein, und der Glaube an Ihn ist für diejenigen seliger, denen keine entscheidenden Argumente zugunsten ihrer Wahl zuteilgeworden sind. Glaube ist Risiko, und Unglaube ist Risiko. Aber Unglaube, der sich hinter der Macht der Argumente versteckt, ist Feigheit. Ebenso der Glaube, der lautstark unumstößliche Beweise verkündet.

Ohne im Glauben schwach zu werden, bedachte er, Abraham, *der fast Hundertjährige [nicht]*[17], *dass sein Leib und auch Saras Mutterschoß schon erstorben waren. Er zweifelte aber nicht im Unglauben an der Verheißung Gottes, sondern wurde stark im Glauben* (Röm 4,19-20). Theologen argumentieren: Soll das heißen, dass ein Gläubiger nicht auf die Realität achten sollte, in der er lebt? Aber in alten Handschriften und in anderen

---

[17] „… bedachte nicht" gemäß der russ. Synodalübersetzung der Heiligen Schrift; der ksl. Text lässt beide Varianten zu: „Weder wurde er im Glauben schwach noch bedachte/beachtete er …" (Anm. d. Üb.)

Bibelübersetzungen gibt es kein Wörtchen „nicht" zu dem Wort „bedachte", das heißt, Abraham wusste sehr wohl, dass er ein alter Mann war und Sarah eine alte Frau – aber er glaubte. Glaube ist eine sehende und mutige Haltung gegenüber der Realität. Der Glaube schottet sich nicht ab, sondern berücksichtigt alle Argumente „dagegen".

Wie recht der Apostel auch haben mag, bleiben doch alle Versuche, das naive urchristliche Glaubensverständnis wiederzubeleben, sinnlos. Einziger Grund dafür ist der Ratiozentrismus, der jedes mystische oder intuitive Phänomen auffrisst und in eine These, einen Syllogismus, ein Konzept verwandelt.

Glaube ist allgemein kein spekulativer Glaube. Er kann auf die eine oder andere Weise in Glaubenssätzen ausgedrückt werden, hat aber ein nur mittelbares Verhältnis zu den logischen Konstruktionen der Lehre. Der Apostel PAULUS wählt hier die ratio-zentrierte Logik der Urteilsbildung, und daraus folgt, dass der Glaube ein beharrliches Bekennen dessen ist, was ich hinter all dem mir Sichtbaren nicht sehe. Das ist aber nicht der Glaube, sondern nur einer seiner Aspekte - die Absurdität. Allein damit kommt man nicht weit; TERTULLIAN hatte recht, Absurdität ist ein Anzeichen der Wahrheit und eine Eigenschaft des Glaubens, aber nicht die Wahrheit und nicht der Glaube selbst.

Schlussendlich ergibt sich aus einem rationalen Glaubensmodell die banale These: Glaube an die Erlösung und du wirst erlöst, nur glaube mit aller Kraft! Dieses Modell bleibt ratio-zentriert, wie die gesamte Epoche der Neuzeit und der Aufklärung. Aber selbst, wenn wir keine

Alternative hätten, wäre dieser Ansatz nicht wahr. Glaube, über den man mit anderen sprechen kann, ist eine allgemein akzeptierte und verbalisierte Gotteserfahrung. Der gesellschaftliche Konsens bezüglich der Bedeutung geistlicher Begriffe ersetzt fast das Wesen der diskutierten Erfahrung (vgl. L. WITTGENSTEINS bekanntes Beispiel vom „Käfer in der Schachtel"[18]: Wir denken, wir meinen dasselbe, wenn wir von Liebe, Schmerz, Angst usw. reden, aber das ist nicht so – jeder hat andere Erfahrungen und andere „Käfer in der Schachtel"). Wenn also der Glaube in Worte gefasst wird, stellt sich heraus, dass mein Reden, etwa über mein Morgengebet, meine Erfahrung nicht angemessen wiedergeben kann. Glaube ist kein verbaler Code, sondern ein aktives intuitives Spüren Gottes und Seiner Welt. Dabei spielt es dann auch keine Rolle, ob du Rhetoriker oder Stotterer, Wissenschaftler oder Einfaltspinsel bist. Der Glaube ist ein Grenzzustand des Irrationalen, er ist die allerpersönlichste Erfahrung der einen Sekunde, bevor die Rationalisierung einsetzt. Und der Glaube kann kein Trumpf in theologischen Disputen sein, etwa: Wenn du glaubst, bist du ein Held, wenn du nicht glaubst – ein Narr, und falls du falsch glaubst – ein blasphemischer Narr! In dieser Verwendung wird der Begriff „Glaube" zu einer Kategorie (vom aristotelischen Typus) mit immer weiter wuchernden Prädikaten.

---

[18] *Philosophische Untersuchungen* § 243

GLAUBE AN DIE EXISTENZ GOTTES

Der existenzielle Denker des frühen 20. Jahrhunderts LEW SCHESTOW schrieb: *Ein jeder Metaphysiker ist viel mehr damit beschäftigt, sich darin zu vergewissern, dass Gott existiert, als mit Seiner Existenz an sich. Hat er einmal Glauben gefasst, reicht ihm das völlig aus, selbst wenn sich herausstellte, dass er falsch liegt. Er hat Trost gefunden – mehr suchte er nicht. Sonst würde er verstehen, dass die Tatsache, dass er glaubt, nicht im geringsten als Beweis der Realität seines Glaubensgegenstandes gelten kann. Er würde verstehen, dass es überhaupt keine Rolle spielt, ob er glaubt oder nicht glaubt, dass die ganze Frage nur darin besteht, ob es ein höheres bewusstes Prinzip gibt oder wir, lebende Menschen, ewige Sklaven und Tributpflichtige toter Gesetze der Notwendigkeit sind.*[19] Ja – der Glaube an Gott als den Höchsten, Weisesten und Freundlichsten ist an sich schon gut, nützlich und angenehm, selbst wenn Gott gar nicht existieren würde. Daher sagte SCHESTOW, dass selbst ein eifriger Glaube nicht im geringsten als Beweis der Realität Gottes dienen kann.

Der Glaube an die Existenz Gottes hat seinen eigenen (tröstenden) Wert. Diese Art des Glaubens braucht die Praxis Gottes nicht. Aus existentialistischer Sicht bleibt diese Art von Gläubigen auf halbem Weg stehen, denn Gott Selbst ist nicht gleichsetzbar mit dem Trost. In diesem Sinne wird der Glaube an Gott zu einem Opium für

---

[19] Šestov, Lev: *Apotheose der Grundlosigkeit* [*Apofeoz bespočvennosti*] 2,41 (dt. in: *Apotheose der Grundlosigkeit und andere Texte*, Berlin 2015)

die Menschen, zu einem geistlichen Kaugummi. Gebet, innere Einkehr, Buße und all das, worin Gott offenbart wird, ist für die Anhänger einer solchen Trostreligion überflüssig.

Gott ist vielmehr aber Ammoniak für den Menschen, denn Er will ihn von solchem Glauben auferwecken.

GLAUBE UND UNGLAUBE ALS MARKER

Einmal sagte Jesus, das Pathos des Glaubens etwas zurücknehmend, zum Apostel Thomas: *Weil du Mich gesehen hast, glaubst du* (Joh 20,29). Aber ist blinder Glaube möglich? Gibt es Menschen, die an Gott glauben, Ihn aber noch nie „gesehen" haben? Ja, sie existieren, und sie predigen. Haben sie einen Vorteil gegenüber denen, die die Gegenwart Gottes, Seine Ansprache an sich selbst, „gesehen", das heißt erlebt haben? Nein.

Wenn wir aufgrund der Tatsache der Begegnung mit Ihm glauben (a posteriori, aus Erfahrung), dann tun diejenigen, die nicht glauben, gerade dasselbe. Derjenige, der Gott begegnet ist, bezeugt die Begegnung, und derjenige, der Ihn nicht getroffen hat, bezeugt ihr Nichtstattfinden oder sogar ihre grundsätzliche Unmöglichkeit.

Wenn *Selig sind, die nicht sehen und doch glauben* (ebd.) sich auf diejenigen bezieht, die nicht sehen, sondern vermuten (Glaube als Annahme), dann steht auch dieser Glaube auf den gleichen Grundlagen wie der Unglaube (mit einem einzigen Unterschied: Für Atheisten gilt die Summe der Annahmen über die Existenz Gottes als unzureichend). Somit sind Glaube und Unglaube gleichermaßen in der Natur des Wissens verwurzelt. Sowohl

Atheisten als auch Theisten folgen den gleichen Prinzipien für Glauben und Glaubensverweigerung.

Die traditionelle Identifikation als Gläubige / Ungläubige ist zu voreilig, schematisch, oberflächlich. Im Evangelium finden wir Sätze wie: *Wer an den Sohn glaubt, hat das ewige Leben; wer aber dem Sohn nicht gehorcht, wird das Leben nicht sehen, sondern Gottes Zorn bleibt auf ihm* (Joh 3,36), oder: *Wer glaubt und sich taufen lässt, wird gerettet; wer aber nicht glaubt, wird verurteilt werden* (Mk 16,16). Heutzutage scheinen solche Urteile allerdings eine zu kategorische Vereinfachung zu sein, da sie die intrinsische Motivation des Glaubens und Unglaubens nicht berücksichtigen. Viele „Gläubige" folgen dem pragmatischen Prinzip von Profit und Angst, „Ungläubige" dagegen den hohen Idealen des Sinns, der Ehre, Freiheit usw. Daher bleibt die Identifikation Gläubige / Ungläubige unbefriedigend. Sie funktioniert gut als ideologischer Marker, aber auf religiöser Ebene machte sie von Anfang an Probleme. Deshalb bindet Jesus seine Nachfolger nicht durch Glauben, sondern durch die Liebe. Der Apostel JOHANNES macht zum Kriterium des Christentums gerade die Liebe zu Gott und nicht den Glauben: *Gott ist Liebe, und wer in der Liebe bleibt, bleibt in Gott und Gott bleibt in ihm* (1 Joh 4,16); *wir wollen einander lieben; denn die Liebe ist aus Gott und jeder, der liebt, stammt von Gott und erkennt Gott* (1 Joh 4,7). *Wenn jemand sagt: Ich liebe Gott!, aber seinen Bruder hasst, ist er ein Lügner* (1 Joh 4,20).

Wenn wir also weiterhin die Kategorien Glaube / Unglaube verwenden wollen, müssen wir diese Konzepte deutlich vertiefen.

Die Religion der Massen ist immer nur Frömmigkeit, Ehrfurcht, Schutz und Nachahmung überlieferter Kultformen. Es ist eine Anbetung der Anbetung, für die Form und Tradition wichtiger sind als der Inhalt. Der Laie ist in der Lage, die heilige Dimension zu erfassen, aber nicht in der Lage, Gott zu erkennen, Dessen Gegenwart unter anderem die Eigenschaft hat, zur Umwertung von Werten zu führen. Dem Unfähigen, Gott zu erkennen, bleibt nur die Anbetung der sakralen Form selbst, und daher unterscheidet sich seine Anbetung im Wesentlichen nicht von beliebigen anderen Akten der Offenlegung des Sakralen, sei es im Heidentum, im Islam, im Judentum, im Christentum ... Im partizipierenden Typus des Christentums aber wird der Anbeter Gottes nichts sonst anbeten (Joh 4,21.23). Jesus brachte diese These mit der Anbetung des Menschen ins Gleichgewicht: Wer Gott kennt, wird Ihn nicht mehr gegen einen Fetisch, ein Symbol oder eine Allegorie eintauschen. In der Menschwerdung führt Jesus diese Praxis durch Sich Selbst ein: Wer Gott kennt, kann Ihn im Menschen anbeten, da Gott für Sich die Menschheit angenommen hat. Die Kinder Gottes können die Fußwaschung von Christus gleichberechtigt annehmen, um so jede Machtvertikale zu zerstören. Der Widerstand des PETRUS in der Situation der Fußwaschung war der Widerstand eines Menschen alten Formats.

Diejenigen aber, „denen es nicht gegeben ist", glauben nicht so sehr an Gott, sondern vielmehr an den Glauben an Gott. CARL SAGAN hat einmal das Gleichnis *Der Drache ist in meiner Garage* erzählt:

„Ich habe einen feuerspeienden Drachen in meiner Garage!" – „Zeigen Sie ihn mir", werden Sie sagen. Ich bringe Sie in meine Garage, Sie schauen sich um und sehen: eine Leiter, leere Farbdosen und ein altes Dreirad. Nirgends ein Drache. „Wo ist der Drache?", fragen Sie. „Oh, er ist gleich hier", sage ich und wedele mit der Hand durch die Luft. „Ich habe vergessen Sie zu warnen, dass dies ein unsichtbarer Drache ist." – Sie schlagen vor, Mehl auf den Garagenboden zu streuen, um seine Spuren zu finden. „Gute Idee!", sage ich, „aber dieser Drache schwebt immer in der Luft." Dann entscheiden Sie sich, einen Infrarotsensor zu verwenden, um sein unsichtbares Feuer zu erkennen. „Gute Idee! Aber dieses unsichtbare Feuer brennt auch nicht." Sie möchten Farbe auf den Drachen sprühen und ihn sichtbar machen. „Gute Idee! Aber dies ist ein körperloser Drache, und die Farbe wird nicht haften." usw. Auf jeden Ihrer Vorschläge zu einem physikalischen Experiment antworte ich mit einer speziellen Erklärung, warum es kein Ergebnis haben wird.

Diese Person glaubt also an die Möglichkeit, an den Drachen zu glauben, nicht aber an den Drachen selbst, denn sie präsentiert diesen mal als unsichtbar, mal als durchlässig usw. Was macht einen solchen „Glauben an den Drachen" möglich? Der Grund dafür ist, dass allein schon der Akt des Glaubens in unseren Köpfen eine zufriedene Bewertung auslöst. Der Glaube ordnet, er tröstet usw. Der eigentliche Gegenstand des Glaubens bleibt unangenommen. Daher wird allein der psychologische Akt des Glaubens mit seinen materiellen Ausprägungen wertgeschätzt.

Die Realität des menschlichen Bewusstseins ist viel komplexer als Akte des Glaubens oder des Unglaubens. Wenn wir diese Terminologie weiterhin verwenden wollen, so glauben wir und glauben zugleich nicht. Das klassische Paradoxon von GEORGE EDWARD MOORE („Es regnet vor dem Fenster, aber ich glaube es nicht") wird dadurch aufgelöst, dass sich „glauben" und „nicht glauben" auf unterschiedliche Objekte beziehen: einerseits auf den Akt des Glaubens, andererseits auf Gott. Somit bleibt CARL SAGANS Vorwurf des latenten Unglaubens nur für Gläubige relevant, die die Anbetung anbeten (d. h. die Tradition und die Ideologie).

Die Essenz von MOORES Paradoxon: Es ist unmöglich zu glauben, dass der Himmel gleichzeitig komplett blau und komplett grün ist – es ist unklar, was genau man glauben soll. Hier wird der Glaube an den Glauben abgelehnt, nicht der blau / grüne Himmel selbst. Sie können, wie es die Physikalisten tun, zugleich daran glauben und nicht daran glauben, dass es keinen freien Willen gibt. Der Kognitionswissenschaftler DANIEL DENNETT nennt dies „Glauben an die Überzeugung".

Außerdem verwirrt auch das Wertesystem das Bild: Einer, der an seine Überzeugung glaubt, kann sich das schließlich nicht eingestehen, denn als Wert gilt nicht „an den Glauben glauben", sondern „an Gott glauben". Wenn ein Mensch zwischen diesen Begriffen nicht unterscheiden kann, dann ist sein Glaube eine Folge der axiologischen Prämisse der Tugend des Glaubens, also des Glaubens an den Glauben.

Um die Glaubenskomponenten richtig einzuschätzen, müssen wir unterscheiden zwischen:

- der Wahrnehmung Gottes;
- dem Wunsch nach Gott;
- dem Wunsch, an Gott zu glauben, weil es tugendhaft ist;
- der Liebe zu den emotionalen und rationalen Grundlagen unseres Glaubens.

Lassen Sie uns diese vier Punkte betrachten. Der Wert des Phänomens der *Gotteswahrnehmung* liegt im Phänomen selbst. Es braucht keine zusätzlichen Rechtfertigungen für sich und andere – ebenso wie der Schmerz in seiner Realität für das Subjekt keiner äußeren Bestätigung bedarf. Wir kommen nicht durch die Summe anderer Erkenntnisse zum Gottesbegriff, er ist eine primäre Gegebenheit unserer Introspektion, ähnlich wie der freie Wille, der auch schon lange diskutiert wird.

Das *Verlangen nach Gott* an sich trägt zur Nachahmung der Gotteswahrnehmung, zum symbolischen Wunschdenken bei. Dies ist der Hauptgrund für den nachahmenden Typus des Christentums mit all seinen schwergewichtigen Attributen, Symbolen und Konventionen.

Der *Wunsch, an Gott zu glauben*, ist ein noch weiter entferntes Modell der Verwirklichung des Dürstens nach Gott. Jeder Mensch möchte tugendhaft sein. Da er den Glauben an Gott als Tugend betrachtet, sucht er zu glauben und nimmt alle äußeren Erscheinungsformen des Glaubens an, besonders gerne die negativen (die Empörung über Blasphemie). Hier nur einige Beispiele für die Unterscheidung zwischen dem Wunsch nach einem Objekt und dem Objekt selbst. Ein Christ dieser Art zum

Beispiel wünscht sich, dass ihm die Schrift ausgelegt wird, ermüdet aber schnell dabei, die Auslegungen zu lesen, weil er die Befriedigung des Verlangens braucht und nicht die ausgelegte Schrift selbst. Genauso ist es mit den Werken der heiligen Väter: Nur wenige Menschen lesen sie, aber jeder findet die Idee „Lest die heiligen Väter!" gut; ebenso verhält es sich mit dem Kanon und den Dogmen: Nur wenige Menschen lassen sich von dogmatischen Werken mitreißen, aber fast jeder mag die Idee von dogmatischer Präzision und kanonischer Korrektheit.

Die *Liebe zu den emotionalen und rationalen Grundlagen des eigenen Glaubens* ist oft die Grundlage der christlichen Identität. Das Pathos einer großen Sache, die Schönheit christlicher Thesen über Liebe, Vergebung usw. sind als solche dem Verstand wohlgefällig. Der Mensch strebt danach, Teil der anmutigen und mächtigen orthodoxen Tradition zu werden. Deren integraler Bestandteil ist das Bekenntnis zu Gott, der Glaube an Ihn, die Einhaltung von Gesetzen und Gebräuchen. Für eine solche Art des Christentums stehen diese Komponenten alle auf gleicher Stufe, da sie nur eine Bedingung für die Zugehörigkeit zur Orthodoxie als der fundamentalsten und harmonischsten Grundlage des Lebens sind.

ÜBER DEN GLAUBEN AN GOTT

Existiert Gott? Diejenigen, die begriffen haben, wer Er ist, haben auch gelernt, dass Gott tiefer geht als unsere Rationalisierung. Für alle übrigen existiert er entweder oder auch nicht.

Wir orthodoxe Christen glauben in unterschiedlichem Maße an die Menschwerdung Gottes. Wenn Gott nur in einem Gotteshaus oder Sakrament wohnt, ist dies gut, aber es ist besser, wenn Seine Menschwerdung auch die Straße und die Passanten und das Herbstlaub unter Ihren Füßen erreicht – nicht im pantheistischen, sondern im personalistischen Sinne (die Blätter sind nicht Er, sondern Er hat sie zerstreut). Noch besser ist es, in den Worten und Meinungen einer anderen Person, selbst wenn sie falsch redet, die Bewegungen des in ihr gefesselten Gottes sowie des in uns gefesselten Gottes zu sehen. Gott ist immer und überall – das ist die Maxime des orthodoxen Gläubigen. Wer Gott nicht hinter einer missglückten, falschen oder gar häretischen Meinung sieht, hat wenig Glauben, denn sein Gott hat sich weder im Gesprächspartner noch im Vorübergehenden noch im Samariter inkarniert. Ein solcher sucht sein Vergnügen in rationalen Konzepten und in der Kommunikation mit einem Spiegel (Gleichgesinnten). Wer Gott als Vergnügen definiert, der wird auch dem Teufel das schlechte Wetter zuschreiben.

Wenn wir schon nicht zulassen, dass Gott in uns regiert, müssen wir Ihm zumindest erlauben, Partisan zu spielen – um zu sehen, wie Er das in uns und in anderen tut.

Geistlicher Ratschlag

Bitten Sie Gott morgens, Sich an der Liste Ihrer Angelegenheiten und Ereignisse zu beteiligen und beobachten Sie, wie Er es den ganzen Tag tun wird. Segnen Sie am Abend den gelebten Tag und Abend (d.h. bewahren Sie ihn vor Ihrem verächtlichen Urteil). Das ist orthodoxer Glaube!

GLAUBE ALS ANFANG

Das Alltags-Christentum hat sich fest im allgemeinreligiösen Kult etabliert, das heißt in dem, was in allen Religionen immer war und ist: Fasten, Festtage, Rituale, Vorschriften, Tabus. Alle spezifisch christlichen Ideen haben sich leise in die Geschichte verabschiedet. Der von der ersten christlichen Generation erwartete bevorstehende Weltuntergang hat offensichtlich nicht stattgefunden. Somit hat Sich Jesus nie als Christus manifestiert – als der Messias des Alten Testaments. Der spätere Traum von einem christlichen Staat (und sogar Imperium) wurde wahr, erwies sich aber in seinen Regierungsmethoden nicht besser als die anderen. Die Idee der christlichen Liebe und Einheit ist durch den Gigantismus des Kirchensystems, durch Konflikte um Finanzen und durch Rivalität erschüttert.

In seinem letzten Vortrag sagte Erzpriester ALEXANDER MEN optimistisch: *Nur kurzsichtige Menschen können sich vorstellen, dass das Christentum schon vorbei ist, dass es bereits stattgefunden hat – sei es im dreizehnten Jahrhundert, im vierten Jahrhundert oder sonst wann. Es hat nur die ersten, ich würde sagen, zaghaften Schritte in der Geschichte der Menschheit getan. Viele Worte Christi sind für uns noch immer unverständlich, weil wir noch Neandertaler des Geistes und der Moral sind, weil der Vektor des Evangeliums auf die Ewigkeit zielt, weil die Geschichte des Christentums gerade erst beginnt und alles, was vorher war, das also, was wir heute Geschichte des Christentums nennen, zur Hälfte unfähige und erfolglose Versuche waren, es umzusetzen.*[20] Dem Gedanken MENS folgend ist es wichtig zu erkennen, dass das in der Geschichte beschriebene Christentum vorbei ist und wir nichts haben, worauf wir zurückblicken könnten, kein Objekt der Nachahmung, das wir authentisch verstehen würden.

Nur ein solcher Mensch kann ein Christ wie Apostel PAULUS sein, der nach jenem wiederholen könnte: *Ich hatte mich entschlossen, ... nichts zu wissen außer Jesus Christus, und zwar als den Gekreuzigten* (1 Kor. 2,2). Bis dahin aber sind wir eine Braut Christi, die sich vor Ihm nicht ausziehen will und dafür lieber alte Kleider und altmodischen Schmuck trägt. Wir weigern uns hartnäckig zu erkennen, dass das, was wir nachahmen wollen, nicht zufällig endete; nicht weil es schlecht war, sondern weil es mit den vergangenen Epochen zusammen verblasst, zur Reife gelangt und vorüber ist. Christ ist derjenige, der versteht, dass er bei Null beginnt, die anderen wählen die Nachahmung der Nachfolge.

Der gläubige Schriftgelehrte strickt sich aus Angst, ein eigenes Wort hervorzubringen, Kleider aus gelesenen Seiten, er versteckt sich im dichten Gebüsch der Überlieferungen und Traditionen vor einem Gott, Der durch die Tradition gekreuzigt worden ist. Glaubenssätze und Bräuche führen zu Gott, aber man kann sich darin auch verfangen. Wir können nur alles aufgeben, woran wir geglaubt haben, wenn unser Glaube auf der Erfahrung vom Ende aller Glaubenssätze basiert.

---

[20] Men', Aleksandr, Vortrag vom 8. September 1990 (in: *Christ sein* [*Byt' christianinom*], Moskau 1994, S. 361)

Nur wer weiß, dass es keinerlei wirkliche Rechtfertigung für diese Tat gibt, kann ein Kind aus seinem Glauben an Gott heraus taufen. Ansonsten wird er, weil er sich in der Unumgänglichkeit und im Rituellen verloren hat, bloß ein unumgängliches Ritual vollziehen. Nur wer vollständig sehen und fühlen kann, dass Gott schon vor unserer Bitte alles weiß, kann beten (vgl. Mt 6,8). Nur wer erkennt, wie absurd es ist, im Namen des Gekreuzigten sein Schnitzel gegen ein Fischfilet zu vertauschen, kann fasten.

Die Grenze des Menschlichen zu sehen ist eine sehr wichtige Voraussetzung für den Glauben; nicht die Hälfte der menschlichen Eigenschaften zu dämonisieren, sondern bereits ganz an ihrem Anfang, wenn sie gerade erst noch Befriedigung versprechen, zu erkennen, dass sie ihre Schranken gefunden haben. Dies ist der Sieg des unendlichen Gottes über die endlichen menschlichen Leidenschaften. Nur wer der Unzucht nie überdrüssig war, kann sie träumerisch verabsolutieren, nur wer die Grenze der Macht des Geldes nicht aus Erfahrung kennt, kann für Geld alles verkaufen, nur wer die Bedingtheit und Konstruiertheit aller menschlichen Ideen noch nicht bemerkt hat, kann eine solche Idee bis zum Umfallen verteidigen.

Weisheit liegt in der Stille. Der Schweigende ist schon insofern klüger, als er keine Bestätigung / Widerlegung seiner Weltanschauung sucht, keine Wirkung erzielen will, keine Tilgung von Schulden erwartet (wie KONFUZIUS und KANT). Er glaubt wirklich an den anderen wie an sich selbst und sieht daher keinen Grund, seine eigene Idee statt der Idee eines anderen aufzuzwingen. Alle anderen Wege bedeuten Rivalität.

ZWEI AUFFASSUNGEN VON ORTHODOXIE

Die Frage nach den Grenzen des Begriffs „Orthodoxie" stellte bereits 1907 der russische Philosoph NIKOLAJ BERDJAEV. *Unter „Orthodoxie", schrieb er, kann man die Universalkirche verstehen, oder man kann darunter die historische Ortskirche verstehen, man kann die Fülle der religiösen Wahrheit darunter verstehen oder auch nur einen Teil der offenbarten Wahrheit, man kann alles Authentische und Gerechte in der christlichen Religion als „Orthodoxie" bezeichnen, aber auch eine historische Verirrung oder Lüge so nennen. Ich wünschte, dass endlich jemand klar und verbindlich sagt, was die orthodoxe Kirche ist, sei es als Objekt der Anbetung oder des Angriffs. Möge mir jemand ein Gebäude mit einer solchen Bezeichnung zeigen, die materiellen Grenzen eines solchen Anwesens offenlegen. Welche Merkmale sind inhärent, gehören substanziell zur Orthodoxie, und welche können weggenommen oder hinzugefügt werden, ohne ihr Wesen zu verändern? Wie lange wird man alles, was immer man mag oder nicht mag, ungestraft Orthodoxie nennen können?*[21]

Allerdings lässt sich die Orthodoxie nicht mit einem Maßstab messen und über einen Kamm scheren; alles Ernsthafte ist komplex und auf den ersten und zweiten Blick unverständlich. Manchmal ist die Polarität der Aussagen orthodoxer Heiliger atemberaubend. Im 13.

---

[21] *Zur Frage der Haltung des Christentums gegenüber der Gesellschaft* (russ. in: *Die spirituelle Krise der Intelligenz* [*Duchovnyj krizis intelligencii*], St. Petersburg 1910, S. 209 f.)

Kapitel der Schrift *Aufklärer*[22] des heiligen JOSEPH VON VOLOKOLAMSK lesen wir zum Beispiel: *Wenn wir sehen, dass die Ungläubigen und Ketzer die Orthodoxen verführen wollen, dann ist es nicht allein angebracht, sie zu hassen oder zu verurteilen, sondern auch, sie zu verfluchen und sie zu verwunden, wodurch wir unsere Hand heiligen ... Es gehört sich, sie nicht nur zu verurteilen, sondern auch grausam hinzurichten, und dabei nicht nur die Ketzer und Abtrünnigen: Auch die Orthodoxen selbst, die von Ketzern oder Abtrünnigen erfahren und sie nicht den Richtern überantwortet haben, unterliegen der Todesstrafe ... Daher ist es wahrhaftig vollkommen klar und einleuchtend für alle Menschen, dass es Angelegenheit sowohl der Bischöfe als auch Priester und Mönche und gewöhnlichen Menschen ist, aller Christen also, Ketzer und Abtrünnige zu verurteilen und zu verfluchen, für die Könige, Fürsten und weltliche Richter aber gehört es sich, solche ins Gefängnis zu werfen und unbarmherzig hinzurichten. Ehre sei unserem Gott jetzt und immerdar und in alle Ewigkeit. Amen.* In der gleichen orthodoxen Überlieferung finden wir folgende, nicht weniger orthodoxen Worte des ehrwürdigen Abbas AMMON: *Die Liebe kann niemanden hassen, wer immer es sei, sie kann niemanden verdammen, verfluchen, betrüben oder Abneigung zu ihm empfinden. Dies gilt sowohl für Gläubige als auch für Untreue, für Andersgläubige, Sünder, Unzüchtige und überhaupt für jeden Ehrlosen; überdies entfacht sich die wahre Liebe sogar stärker um die Seelen der Sünder, um die Schwachen in der Frömmigkeit und die*

---

[22] Iosif (Volockij), hl. (1439-1515): *Der Aufklärer [Prosvetitel']*, Kazan 1857

Nachlässigen, sie klagt mehr über sie und trauert und beklagt sie mehr als die Gerechten, sie erweist Mitgefühl mit den Bösen und Sündern und ahmt darin Christus Selbst nach, Der jene als Erster zu Sich rief und mit ihnen aß und trank. So lehrte Er uns, was wahre Liebe ist, indem er sagte: „Seid gut und barmherzig wie euer Vater im Himmel." Und so wie Er es regnen lässt auf die Guten und die Bösen und der Sonne befiehlt, für die Gerechten und die Ungerechten zu scheinen, so wird auch derjenige, der wahrhafte Liebe hat, mit allen mitfühlen und für alle beten.[23] Hier weiß man wirklich nicht, wo man im Klassiker „Hinrichten keinesfalls begnadigen" das Komma setzen soll.

Um einen Schlüssel zum Verständnis des religiösen Phänomens „Orthodoxie" zu haben, müssen wir seine Heterogenität als eine notwendige Randbedingung seiner Lebendigkeit annehmen. Es können fünf oder zehn Arten von orthodoxem Bewusstsein unterschieden werden, aber der Einfachheit und Klarheit halber werde ich nur zwei gleichberechtigte und gleichgewichtige Richtungen herausgreifen. Nennen wir sie *logos* und *praxis*, oder einfacher: die theoretische und die praktische.

Der erste Typ zeichnet sich durch rechtes Wissen (logos) als Hauptkriterium der Orthodoxie aus: Für ihn ist das korrekte Bekenntnis am wichtigsten. Für die andere Richtung der Orthodoxie ist das Hauptkriterium die Praxis – der spirituelle Zustand des Asketen.

---

[23] Zitiert nach: Kalomiros, Alexander: *Der Fluss aus Feuer* [*Reka ognennaja*], Moskau 2003 (vgl. dt. in: *Der schmale Pfad* 12/2005).

Nach der Ära der ökumenischen Konzilien und theologischen Auseinandersetzungen gewann die erste Richtung
für die orthodoxe Identität den Vorrang; dennoch haben
in der Tradition die Stimmen beider Systeme überlebt,
und jedes von ihnen betrachtet sich als das wichtigere.

In den *Sprüchen der ägyptischen Väter* lesen wir zum
Beispiel über Abbas AGATHON: *Einige kamen zu ihm und
hörten, dass er große Unterscheidungsgabe besaß. Sie
wollten prüfen, ob man ihn erzürnen könne, und sagten
zu ihm: „Du bist Agathon. Wir haben über dich gehört,
dass du ein Unzüchtiger und ein Stolzer bist." Der aber
sagte: „Ja, so verhält es sich." Dann sprachen sie zu ihm:
„Du bist Agathon, der Schwätzer und Verleumder." Der
aber sagte: „Ich bin es." Dann sprachen sie: „Du bist A-
gathon, der Häretiker." Und er antwortete: „Ein Häretiker bin ich nicht." Und sie baten ihn und sagten: „Warum
hast du das angenommen, was wir über dich sagten, dieses Wort jedoch nicht ertragen?" Er sprach zu ihnen:
„Ersteres schreibe ich mir selbst zu, denn so ist es nützlich für meine Seele. Der Häretiker aber, das ist eine
Trennung von Gott …" Als sie das hörten, bewunderten
sie seine Unterscheidungsgabe und gingen erbaut hinweg.*[24] Das Gerontikon vermittelt uns also, dass die rationale (logos-gemäße) Identifikation des wahren Christentums entscheidend ist. Du magst viele Sünden haben,
aber das ist nicht so wichtig wie deine falsche Aussage
über Gott. Die Häresie übertrifft in diesem System der
Beziehungen zu Gott alle Tugenden und Sünden an Bedeutung.

---

[24] *Gerontikon* (Agathon 5)

Eine Aussage über Gott kann nur dann so wichtig sein, wenn kein Kontakt zum Gegenstand der Erörterung besteht. Wenn wir über Winnie the Pooh sprechen (der ja nicht existiert), dann ist die Geschichte über ihn alles, was uns gegeben ist, und Winnie the Pooh ist mit der Geschichte über ihn identisch. Wenn wir dagegen die Erfahrung der Gemeinschaft mit Gott haben, dann ist die Geschichte von Gott nur eine der möglichen Beschreibungen Gottes, das heißt wie sich das göttliche Licht gerade in dieser oder jener Seele spiegelt. Gott ist nicht mit der Erzählung über Ihn identisch. Daher macht es keinen Sinn, zu wetteifern, wer von uns Gott richtiger beschreibt: Richtig für mich bedeutet nicht richtig für alle; das Gespräch Christi mit der Samariterin ist eines, das mit PETRUS ein anderes, das mit PILATUS ein drittes.

Die heiligen Väter, die versuchten, ihre Erfahrung der Teilhabe an Gott in theologische Konstruktionen einzubringen, verloren sich in der apophatischen, negativen Theologie (welche die Angemessenheit jeglicher verbaler Aussagen über Gott verneint: Man kann von Ihm nicht sagen, dass Er *so* ist, da dies ein menschlicher Begriff wäre, der nicht auf Gott anwendbar ist). Konsequenter Apophatismus ließ jegliche Äußerung über Gott angesichts Seiner Unendlichkeit bedeutungslos werden. Es ist schwer, sich apophatische Theologie in einer logischen Argumentationskette über Gott vorzustellen; sie durchbricht diese Kette und stellt die Gültigkeit der Übertragung selbst solcher Kategorien wie *Existenz* oder *Liebe* auf Gott in Frage. Die bevorzugte Art und Weise bedeutender Theologen, apophatische Formeln an das Ende ihrer Argumentation über Gott zu stellen, macht diese Argumentation bedeutungslos. Der heilige GREGOR

VON NYSSA zum Beispiel geht bis an die Grenze zur Nicht-Theologie und überschreitet sie mit der Aussage: *Jedes Urteil über Gott ist ein Anschein, ein falsches Abbild, ein Götzenbild; es offenbart nicht die Wahrheit über Gott Selbst.*[25] Und in einem anderen Aufsatz: *Das wahre Sehen und Verstehen des Gesuchten liegt gerade in der Blindheit, wenn du erkennst, dass dein Ziel höher als jedes Wissen und von allen Seiten durch das Dunkel der Unwissenheit von dir getrennt ist.*[26] Wenn tatsächlich jedes Urteil über Gott ein falsches Abbild ist, was waren die dem vorangehenden Passagen in diesem Fall wert?

Die Rückkehr zu kataphatischen Aussagen jedoch offenbarte das Problem: Der Wettstreit in Worten kann nur dort Bedeutung haben, wo die Gotteserfahrung fehlt. *Komm und sieh!* (Joh 1,46) – dies ist der einzige Glaubensgrund. Für die meisten Anteillosen, aber Durstigen, ist er einfach unverständlich. Sie können nicht sehen, obwohl sie es genau gehört haben, und weil sie dem Gehörten treu sind, werden sie selbst leiden und andere leiden lassen. Treue zu dem Gehörten ist die Treue eines heiligen Blinden, der heilige Erzählungen überliefert.

Wie oben erwähnt, waren beide Wahrheitskriterien im Christentum von Anfang an präsent. Schon beim Apostel PAULUS finden wir den Vorrang der rationalen Formel gegenüber dem geistlichen Zustand: *Jedoch, auch wenn wir selbst oder ein Engel vom Himmel euch ein anderes Evangelium verkündeten als das, das wir verkündet haben - er sei verflucht* (Gal 1,8). Diese Linie weiterführend

---

[25] *Contra Eunomium* Lib. 3 (Migne PG 45,571)
[26] *De Vita Moysis* 2 (Migne PG 44,298)

behauptete der heilige Märtyrer POLYKARP VON SMYRNA: *Wer das Zeugnis des Kreuzes nicht bekennt, ist aus dem Teufel; und wer die Reden des Herrn nach seinen eigenen Begierden verkehrt ..., der ist der Erstgeborene Satans.*[27] JOHANNES CHRYSOSTOMUS glaubte, dass die Sünde der Häresie und des Schismas nicht einmal durch das Blut des Märtyrers reingewaschen wird[28], und dass *bei den Häretikern diejenigen, welche die Jungfräulichkeit bewahren, demselben Gerichte verfallen wie diejenigen, welche Unzucht treiben.*[29] Im seiner Schrift über die Jungfräulichkeit erklärt er: *Ja, die Enthaltsamkeit der Häretiker ist schlimmer als jegliche Wohllust.*[30]

Diese Art der Definition von Orthodoxie rückt Askese und jegliche Spiritualität als sekundäres Phänomen unweigerlich in den Hintergrund. Dafür finden wir auch beim heiligen THEOPHAN DEM KLAUSNER ein beredtes Beispiel: *Ein Häretiker-Nestorianer gab einmal einem Altvater, der gerne heilige Bücher las, das Buch eines berühmten heiligen Vaters, in das er jedoch am Ende mit Absicht Blätter mit seiner eigenen häretischen Lehre eingeheftet hatte, in der Hoffnung, dass der Altvater in seinem einfachen Gemüt es nicht bemerken und die häretische Schrift lesen würde. Tatsächlich wäre der Altvater auf diese Weise versucht worden, doch hat es die allerheiligste Gottesgebärerin nicht zugelassen: Einmal sah er, wie er so in seiner Zelle saß, die Allherrin vorbeigehen und begann sie mit kindlicher Einfalt anzuflehen, sein*

---

[27] *Kommentar zum Philipperbrief* 7 (dt.: Bibliothek der Kirchenväter (BKV) Reihe I, Band 35, S. 167)
[28] *Kommentar zu den Epheserbriefen* 11,4 (dt.: BKV II 15, S. 311)
[29] *Kommentar zum Philipperbrief* 3,3 (dt.: BKV I 35, S. 35)
[30] *Vom jungfräulichen Stande* 5 (dt.: BKV I 3, S. 162)

Kellion zu besuchen. Die allerheiligste Gottesgebärerin aber antwortete ihm: „Ich kann nicht zu dir kommen, denn du bewahrst meinen Feind in deinem Kellion", und wurde unsichtbar. Der Altvater erschrak und fing an, alles in seiner Zelle durchzuwühlen und zu durchsuchen, um herauszufinden, was für ein Feind der Muttergottes dies sei; schließlich gab ihm irgendjemand einen Hinweis, uns so fand er heraus, dass es sich bei diesem Feind um die häretische nestorianische Schrift in jenem Buch handelte, das man ihm gegeben hatte, denn die Nestorianer ehren die allerheiligste Gottesgebärerin nicht. Der Altvater riss die Blätter heraus und verbrannte sie, und so wurde ihm später der Besuch der Allherrin zuteil.[31]

Wie wir sehen können, ist die Heiligkeit des Altvaters von geringerer Bedeutung als ein möglicher Fall in die Häresie. Heiligkeit dient geradezu dem Schutz davor, in Häresie zu verfallen. Es ließen sich viele weitere Beispiele aus den Erzählungen über die Asketen anführen, denen die Idee vom Primat des Bekenntnisses gegenüber der Heiligkeit des Lebens mit ihren großartigen Eigenschaften wie Hellsehen, Wunder usw. zugrunde liegt.

Beide Lager schöpfen ihre Argumente und Gegenargumente mit Erfolg aus dem gemeinsamen orthodoxen Erbe. Die zweite Definitionslinie der Orthodoxie – die praktische (*praxis*) – spiegelt sich dabei in der orthodoxen Überlieferung nicht weniger umfangreich wider. Hier ist das Hauptkriterium der Orthodoxie der spirituelle

---

[31] *Beistand und Schutz der Allheiligen Gottesgebärerin*, in: *Manuskripte aus dem Kellion* [*Rukopisi iz kel'i*], Moskau 2008, S. 326

61

Zustand - die Heiligkeit des Lebens ist wichtiger als die formale Präzision des Zeugnisses.

So gibt es das bekannte, von LEW TOLSTOJ in der Erzählung *Die drei Altväter* verarbeitete Gleichnis über drei wundersame Asketen, die ein teils häretisches Gebet ersonnen hatten: „Ihr seid Drei und wir sind drei. Kyrie eleison!", worauf ihr orthodoxer Bischof ihnen das richtige Gebet „Vaterunser" beizubringen versuchte; sie aber hatten es bald wieder vergessen, was sie nicht daran hinderte, erleuchtet zu sein und über das Wasser zu gehen.

Im *Leimonarion* des seligen JOHANNES MOSCHOS gibt es die Legende über einen heiligen Altvater, der beim Gottesdienst häretische Anrufungen verwendete; gleichzeitig war er so heilig, dass ihm stets die Engel konzelebrierten und er mühelos mit ihnen kommunizieren konnte. Ein Diakon bestand darauf, die Gebetsrufe zu korrigieren, und der Altvater war einverstanden. Für uns ist dabei von Interesse, dass sich Heiligkeit und Häresie nicht immer gegenseitig ausschließen. Im Gegensatz zum frommen Diakon lassen sich die Engel davon nicht irritieren.[32]

Es könnten noch viele weitere Beispiele angeführt werden, in denen betont wird, dass geistliches Leben wichtiger als korrekte Worte ist. In diese Reihe gehören auch die beliebten Erörterungen darüber, dass Gelehrsamkeit und Wissen nichts über die Richtigkeit von Gebeten aussagen usw. Der heilige THEOPHAN DER KLAUSNER schrieb: *Alle Wissenschaftlichkeit ist kalt. Auch die theologische*

---

[32] § 199 (dt.: Kloster des hl. Johannes des Vorläufers (Hg.), Chania 2008)

Wissenschaft ist davon nicht ausgenommen, obwohl sich hier das Objekt selbst, während seine Deutung durch ihre Art und Weise abschreckt, als Objekt zuweilen und unerwartet aufs Herz legen kann. Die Wissenschaftlichkeit ist seelischer Natur, das Gebet hingegen geistlich. Daher liegt beides im Widerstreit.[33] EVAGRIUS PONTICUS definierte Authentizität wie folgt: *Wenn du Theologe bist, wirst du wahrhaftig beten, und wenn du wahrhaftig betest, dann bist du Theologe.*[34]

Das Problem der orthodoxen Weltsicht in ihrer modernen Form besteht darin, dass wir uns, welche Art von Orthodoxie auch immer wir mögen, innerlich gegen die übrigen Arten wenden. Die Liberalen glauben, dass die Traditionalisten dem Heidentum näher sind als dem Christentum. Jene wiederum betrachten die Liberalen als Hedonisten, Glaubensschwache, geistliche Faulpelze, Geheimagenten oder Beinahe-Atheisten.

Wenn wir eine wirkliche Einheit der orthodoxen Kirche wollen, brauchen wir ein Paradigma im Denken, das alle orthodoxen Christen als Brüder und Schwestern umfasst. Bislang gibt es ein solches nicht und hat es in der Geschichte der Kirche noch nie gegeben. Jedes Mal verstoßen die einen Kriterien des Orthodoxen die Orthodoxie der anderen als nicht völlig orthodox, falsch orthodox oder anti-orthodox. Diese Art, gegenseitige Beziehungen zu entwickeln, ist jeder der vorhandenen Sichtweisen eigen.

---

[33] *Briefe* Nr. 277 (Hier und im Folgenden entspricht die Nummerierung der Ausgabe *Sobranie pisem*, Moskau 1994)
[34] *De oratione tractatus* 61 [dt.: Münsterschwarzach 2011]

Anhänger des Typikon und der Idee von der Unantastbarkeit des Kanons werden sämtliche Früchte, die dem Tun liberaler Christen entspringen, als schädlich und ihre Spiritualität als falsch bezeichnen. Liberale wiederum erweisen selbst die gleiche enge Sichtweise, die sie an ihren Gegnern kritisieren. Als Beispiel will ich einen Gedanken des herausragenden orthodoxen Priesters ALEXANDER JELTSCHANINOW zitieren: *Es scheint mir immer mehr, dass unsere dekorativen, großartigen Gottesdienste aufhören müssen, dass sie inwendig bereits aufgehört haben. Sie sind künstlich, unnötig, ernähren nicht mehr die dürstenden Seelen und müssen durch andere, aktivere und wärmere Arten religiöser Kommunikation ersetzt werden. Wie verschieden sind unsere Gottesdienste, mit ihrem durch die Ikonenwand abgeteilten Priester, der kühlen Distanz des Parketts zwischen den Gläubigen und dem heiligen Altar, den kühlen Luftzügen zwischen einzelnen „Besuchern" – den Betenden –, mit dem vergeblich herausgetragenen heiligen Kelch und der hartnäckigen Verweigerung des „Herantretens" – wie unterscheidet sich all dies von den liturgischen Zusammenkünften des apostolischen Zeitalters und der Zeit der Martyrer. Die Religiosität versiegt, dafür wird die Dekoration immer umfangreicher, und je mehr das Brennen der Seelen erlischt, desto heller leuchten das Gold und die elektrischen Kronleuchter.*[35] Erzpriester ALEXANDER SCHMEMANN sieht die traditionelle Orthodoxie als „Wache für die Wache": *Manchmal versteht man das bilderstürmerische Pathos, das andere Christen inspiriert,*

---

[35] El'čaninov, Alexandr (1881–1934): *Aufzeichnungen [Zapisi]*, Paris 1938 (russ./engl.: The Diary of a Russian Priest, New York 1997)

die in diesem brokat-romantischen Nominalismus ersticken.[36] Außerdem schrieben beide dies nicht im neophytischen Eifer eines jungen Klerikers, sondern bereits als reife Pastoren und Denker. Ihre Tagebucheinträge sollten nicht veröffentlicht werden, sie sind eine Art inneres, tiefes Erkennen der Dinge vor Gott. Und in diesen Zugeständnissen sehen wir ebenjene Ablehnung des Nächsten, ein Unverständnis für die Menschen, denen gerade diese Brokatgewänder und die bemalten Gewölbe mehr über Gott sagen als kluge Abhandlungen. *Ich denke*, schreibt Vater ALEXANDER JELTSCHANINOW, *dass die Kirche den Ballast der Kleingläubigen und Ungläubigen loswerden (wie es sich in Russland vollzogen hat), sich sammeln, sich von fremden Elementen reinigen muss, und dies wird Ihr Strahlen verstärken.* Diese Absicht – jeden zu entfernen, der nicht wie wir ist – ist die Geißel sowohl der retrograden als auch der progressiven Linie in der heutigen Orthodoxie.

Erzpriester ALEXANDER SCHMEMANN schreibt in seinen Tagebüchern: *Die empirische Orthodoxie ist durchdrungen vom Götzendienst, und das Hauptidol ist sie sich selbst ... vom Götzendienst und auch von Angst, Triumphalismus, Narzissmus ... Es ist eine Art Legierung, und es ist fast unmöglich, in ihr das Essenzielle herauszuschälen. Sie spricht in einer Art künstlicher Sprache, ohne Bezug zur Realität, es ist weder Liebe noch Freiheit in ihr ... Was auch immer die „Orthodoxen" sagen, sie sprechen ausnahmslos in einem erhaben-dissonanten Ton ... Ich*

---

[36] Šmeman, Aleksandr: *Tagebücher [Dnevniki]*, am 19. Januar 1977 (dt.: Vater Alexander Schmemann: *Aufzeichnungen 1973-1983*, Einsiedeln 2013)

würde von all diesem nicht reden, wenn ich nicht über-
zeugt wäre – und zwar je weiter, desto mehr, sozusagen
desto „offensichtlicher" –, dass in der Orthodoxie alle
Wahrheit, alle Antworten, die wahrhaftige Erlösung liegt.
Deshalb widert mich in ihrer „Empirie" das Element ei-
ner Art Koketterie so an, eine selbstgewisse eigene Zu-
friedenheit der Orthodoxen mit dem „Byzantinismus",
der „Antike", mit aller Art von Stilen, dem Athos usw.[37]
In dieser aufrichtigen Klage liegt genauso viel Glaube wie
auch Geringschätzung des andersgearteten Teils der orthodoxen Christen. Dabei ist für viele gerade der Triumphalismus wichtig und nicht die kappadokische Synthese, gerade die Furcht und Bestimmtheit, nicht eine
Wahrheit ohne Worte und ein Symbol ohne Nutzen. In
ihrem Eigenverständnis bedeutet ein erhabener Ton
Sorgfalt und Hingabe, und die „künstliche Sprache" ist
Ausdruck der Weisheit von Jahrhunderten – ebenjener
Weisheit, die Vr. ALEXANDER SCHMEMANN in den zitierten
vorwurfsvollen Zeilen vermissen lässt. Christen der Tradition würden ihn fragen: Zeigen Sie mir, wo genau die
„ganze Wahrheit" der Orthodoxie ist, wo man sich „alle
Antworten" auf alle Fragen anhören kann? Sie haben
nicht weniger Grund, umgekehrt SCHMEMANN selbst für
pathetisch zu halten, da er keine direkten und verständ-
lichen Antworten hat. Man findet eine Absage an Athos,
Stil und alle Empirie, aber keine für die Menschen ver-
ständlichen Rezepte.

Vr. ALEXANDER SCHMEMANN bemerkt zu Recht eine *aufge-*
regte Zuflucht aller – sei es zu den „Vätern", sei es zum
Typikon oder zum Katholizismus, zum Hellenismus, zur

---

[37] Ebenda, 21. Februar 1977

„Spiritualität", zum Russentum, zum Alltag, zur Alltags-ferne, gewiss aber eine Flucht, mehr Verleugnung als Be-stätigung, ein Klammern an Stil, Form, Buchstabe, eine Furcht, die die orthodoxe „Welt" durchdringt.[38] Aber wir können ebenso begründet feststellen: Für jemanden ist es „Flucht" und „Furcht", für einen anderen – Gewinn, Trost und die eigentliche Orthodoxie! Schließlich sind Typikon und Rituale nicht nur Bücher, sondern Symbole einer tiefen Verwurzelung in der Weisheit patristischer Erfahrung, in der Spiritualität orthodoxer Prägung sozu-sagen. Gewänder und Sprache sind nicht nur Kleider und kodierte Informationen, sondern eine symbolische Ma-nifestation des Reiches Gottes auf Erden! Ist es nicht das, worüber die Bücher der Theologen des 20. und 21. Jahr-hunderts geschrieben wurden, von N. N. AFANASJEV bis D. B. HART?

Menschen, die keinen Hang zu theologischen Nuancen entwickeln, haben dafür vielleicht eine Neigung, jensei-tige Geheimnisse zu erfahren: Was passiert mit der Seele am dritten, neunten und vierzigsten Tag nach dem Tod? Wann ist das Ende der Welt da? Wo leben hellsichtige Altväter? Wer von ihnen ist von der Gottesmutter be-sucht worden? usw. Auch dieses Wissen ist nicht rein pragmatisch. Es ist eine Form des geistlichen Bedürfnis-ses in einer eigenen Sprache. Für diese Art des christli-chen Bewusstseins sind alle Attribute der Orthodoxie vi-talen Interessen untergeordnet; sie sind auf diese Weise alltägliche Realität und kein abstraktes Kaleidoskop von Begriffen. Selbst die Liturgie hat in dieser Dimension eine angewandte Bedeutung; nicht aus Zufall ist das Konzept

---

[38] Ebenda, 19. Januar 1974

der „Liturgie im Gedenken an..." [zakaznaja liturgija] entstanden, die einem bestimmten Bedürfnis untergeordnet ist. Die übrigen Liturgien dienen, in jener Betrachtungsweise, der akuten oder präventiven Sündenvergebung. Für einen Liberalen ist das eine Unzulänglichkeit, einem Orthodoxalen gilt solche Einfachheit als Heiligkeit.

Die Griechen wiederum haben den Gottesdienst mit didaktischen Aufgaben der dogmatischen Theologie überfrachtet, mit der rhetorischen Schönheit verbaler Girlanden und gar mit Anspielungen auf die byzantinische Palastordnung. Die Liberalen wollen das in die heutige Sprache übersetzen – aber es wurde nicht darin verfasst, und für die Praktiker der Spiritualität ist die Übersetzung nutzlos. Deshalb will unsere gottesfürchtige Mehrheit keinerlei liturgische Reform. Alle Reformatoren wollen die liturgischen Texte erneut mit Bedeutungspalisaden aufladen und darin Ideen zum Nacherzählen, zur Erbauung usw. verankern. Die orthodoxalen Christen haben aber diese ganze Reihe von Oktoichen, Menäen und Trioden schon längst für sich selbst in eine langgedehntes „Herr, erbarme dich" übersetzt, ganz nach dem Wort der heiligen Väter: Alles, was wir tun können, ist es, den Herrn ständig um Gnade zu bitten.

Wie wir sehen, hat sich die Vielfalt als Stolperstein für die Orthodoxen erwiesen. Aber ohne sie ist es für uns unmöglich, außer unserem eigenen Spiegelbild irgendjemanden liebzugewinnen. Mögen doch einige Christen glauben, dass die moderne dekorative Frömmigkeit die christliche Seele nicht nährt. Trotzdem können wir Millionen von Seelen ausfindig machen, die sich genau davon ernähren. WASSILI ROSANOW betonte einmal, dass ein einfacher Akathistos[39] mehr Menschen vereint als die Eucharistie, und dass die Menschen gerade das Handgemachte, das Heimische der orthodoxen Lebensweise lieben. Die meisten heiligen Seelen kümmern sich nicht um die theologischen Studien irgendwelcher klugen Leute, selbst wenn die orthodox sind. Zugleich werden sie jeden mit Leichtigkeit aus der Kirche verbannen, der es wagt, etwas am Text einer Ektenie zu korrigieren.

Bei aller Richtigkeit beider Linien, die unvereinbar nebeneinander existieren, ist eine gewisse Einseitigkeit ihrer Glaubensdimension nicht zu übersehen. Der berühmte NIELS BOHR, der das wichtigste Prinzip der wissenschaftlichen Erkenntnis formuliert hat (das Prinzip der Komplementarität), sagte Folgendes: *Das Gegenteil einer wahren Aussage ist eine falsche Aussage. Aber das Gegenteil einer tiefen Wahrheit kann eine andere tiefe Wahrheit sein.* Es ist unmöglich, aus dieser Situation dadurch herauszukommen, dass man den Schuldigen opfert – sei es der Liberale oder der Konservative. Beide finden eine hinreichende Begründung in der Tradition und Logik der Entwicklung der Orthodoxie.

Moderne Versuche, diese beiden Typen irgendwie in Einklang zu bringen oder zu synthetisieren, laufen im Grunde auf eine monistische Theorie hinaus. Ihr

---

[39] Ein etwa 20-minütiger Gebetshymnus, zumeist an einen Heiligen gerichtet und vor dessen Ikone gelesen; in der Kirche oft im Rahmen von individuellen Bittgebeten [moleben], selten als Bestandteil der liturgischen Ordnung selbst; viele Akathistoi stammen aus jüngerer Zeit und sind daher kirchensprachlich verständlicher, „volksnah" (Anm. d. Üb).

Wesenskern ist, dass alle Arten von Orthodoxie im Wesentlichen das Gleiche sind. Um den anderen zu lieben, nimmt ihm diese Theorie das Anderssein, sie macht den Nächsten zu unserem Spiegelbild – doch so ist es nicht. Wir müssen zulassen, dass andere anders sind. Die leichte Verachtung der Modernisten für die Traditionalisten und die fromme Ablehnung aller Formen von Liberalismus, Renovationismus und Progressivismus durch die Traditionalisten sind wie jene zwei Stiere aus der berühmten Fabel, die sich ineinander verrannt haben. Die Ausweglosigkeit der Situation liegt darin, dass die gewählten Kriterien wahrer Orthodoxie bei beiden Typen nicht geistlich sind, d. h. sie beziehen sich nicht auf geistliche Erfahrung, in der Unterschiede ihre Bedeutung verlieren. Deshalb beharren modernistische Liberale und retrograde Orthodoxale unisono auf der Überlegenheit ihrer jeweils besonderen Kriterien.

JESUS IST DER ERLÖSER. DREI MODELLE DES CHRISTENTUMS

Die Theorie vom Erlöser-Gott geht von dem Problemfeld der Heilsnotwendigkeit aus, das eine fast unlösbare Frage aufwirft: Vor wem / was soll man gerettet werden? Genau dieser Aspekt macht jede Antwort unverständlich und in gewissem Maße inakzeptabel. Wir können moderner sagen: Wir müssen uns in Gott verwirklichen, in Ihm stattfinden. Oder: Wir haben die Möglichkeit, von Gott bereichert zu werden, indem wir Ihm unser „Ich" zuwenden.

Ein Mensch, der nicht persönlich an Gott teilhat, bedarf einer Situation, in der Gott eine Notwendigkeit ist und nicht bloß freier Teilnehmer an unserem Leben. Asketen dieser Sorte versuchen, geistliche Probleme so zu schüren, dass sie ausschließlich mit Gottes Hilfe gelöst werden können. Der geistliche Kampf wird in diesem Fall zur einzigen Verbindung zwischen Gott und dem Menschen. Dies führt zu einer gewissen Künstlichkeit und zu Neurotizismus in der Beziehung zu Gott, man könnte sogar sagen, zum Ersetzen Gottes durch die Notwendigkeit Seiner Hilfe.

Theologen dieser Art verraten unbewusst ihren Unglauben an Gottes eigene Anziehungskraft dadurch, dass sie nicht bereit sind, mit Ihm zu kommunizieren, wenn es nicht unbedingt notwendig ist. Sie bieten uns Christus nur mit vorgehaltener Waffe an, aus der Perspektive des ewigen Hades, anders erscheint Er ihnen sinnlos und unnötig. Die christliche Soteriologie ist in vielerlei Hinsicht von dieser höllischen Motivation durchdrungen: Entweder lass dich von Christus umarmen, oder du wirst in ewiger Verdammnis enden! Aus meiner Sicht demütigt dies den Herrn mehr, als dass es Ihn erhöht. Gewiss besitzt eine solche Konstruktion ihre eigene Logik: Die Zahl derer, die sich durch „Erlösung aus Furcht" (Jud 23 russ.) zu Christus hingezogen fühlen, nimmt angesichts einer solchen Wahlmöglichkeit um das Hundertfache zu.

Zum Beispiel schreibt der heilige IGNATIJ BRJANTSCHANINOW in seinen asketischen Unterweisungen: *Jeder, der an den Erlöser glaubt, muss notwendigerweise seinen Fall und sein Exil auf Erden erkennen und bekennen, er muss dies durch das Leben selbst erkennen und bekennen, damit Bewusstsein und Bekenntnis lebendig und real sind und nicht tot und tatenlos. Andernfalls kann er den Erlöser nicht so anerkennen, wie es notwendig ist!*

Denn den Erlöser und Retter haben nur die Gefallenen und Verlorenen nötig. Er ist nicht im Geringsten nötig und kann in keiner Weise nützlich sein für diejenigen, die ihren Fall, ihr Verderben nicht anerkennen und bekennen wollen. Den eigenen Sündenfall durch das Leben selbst zu bekennen heißt: alle Leiden des irdischen Lebens als gerechte Vergeltung für den Sündenfall, als natürliche, logische Konsequenz der Sündhaftigkeit zu ertragen und stets allen Wonnen zu entsagen, wie es sich für einen Verbrecher und Verbannten gehört, der Gott erzürnt hat und von Gott verworfen worden ist.[40]

Wie der heilige IGNATIJ schreibt, braucht eine bestimmte Art von Asketen Christus nur unter der Bedingung ihres Todes, als ihren Retter, im Übrigen wird Er nicht benötigt und kann nicht nützlich sein. Ausgehend von dieser Prämisse besteht der Heilige darauf, dass man sich unablässig als ein Verbrecher und Verbannter ächten müsse, der Gott verärgert hat und von Gott abgelehnt worden ist; das heißt, um in Einheit mit Christus zu sein, muss ständig das Gefühl der Ablehnung, der Schuld usw. bestärkt werden. Ja, aus dieser Perspektive wird Jesus tatsächlich als der einzige Retter und Erlöser erscheinen; doch Er wird nicht vom Gefühl des Verworfenseins erlösen können, Er wird lediglich am Prozess der Erlösung teilnehmen und dabei das Gefühl der Niedergeschlagenheit bei seinen Kindern nur erhöhen.

Jesus Christus predigt die Frohe Botschaft von Erlösung und Freiheit, aber unter seiner Frohen Botschaft wird die

---

[40] Brjančaninov, Ignatij, hl.: *An die Asketen von heute* [*Prinošenie sovremennomu monašestvu*], russ. in: Werke, Bd. 5, S. 29; dt.: Ed. Hagia Sophia 2022.

Hölle entfacht. In der vulgärsten christlichen Tradition wird Christus „Soter" genannt (wie man Zeus und einige andere olympische Götter nannte), „Retter" vor der Hölle. Dies ist ein Überbleibsel des nachexilischen Judentums. Es scheint, dass sich der Abschied vom Judentum in einer Reihe theologischer Fachbereiche stark in die Länge zieht. Etwa wie in dem Witz darüber, was der Unterschied zwischen einem Engländer und einem Juden sei – ein Engländer geht, ohne sich zu verabschieden, der Jude verabschiedet sich, beeilt sich aber nicht zu gehen. Das Judentum lässt also das Christentum in keiner Weise allein, obwohl beide sich längst voneinander verabschiedet haben.

Glücklicherweise ist die Hades-Soteriologie bei weitem nicht die einzige Variante der Theologie. Bei den Aposteln heißt es, dass Christus in den Hades hinabgestiegen ist und dort den Geistern gepredigt hat (1 Petr 3,19; 4,6; Eph. 4,9). Im Osterwort des heiligen JOHANNES CHRYSOSTOMUS wird der Hades für zerstört erklärt, niedergelegt, seine Tore aus den Angeln gehoben. Das klingt, als sei die Hölle überwunden. Christus ist gekommen und hat uns vor dem Hades als Konzeption gerettet: Er hat nicht nur ein Heer der Gerechten von dort herausgeführt, sondern den Hades insgesamt zerstört - der jüdische „Scheol", der römische „Orcus" und der griechische „Ἅιδης" werden als Konzepte ausgelöscht. Aber die Christen konnten eine solch wirksame Lehre nicht aufgeben, und bald wurde die Idee etabliert, dass Christus aus einer anderen Hölle rettet, die noch überlebt hat, der christlichen. Wir sagen weiterhin, dass die Hölle zerstört wurde, aber: Wenn jemand sich nicht taufen lässt, wird er verurteilt, und diejenigen, die sich schlecht benehmen, werden in die äußere Finsternis geworfen: *Dort wird Heulen und Zähneknirschen sein* (Mt 8, 12). Auf diese Weise treten wir nicht aus dem Alten Testament heraus – das Feuer der Angst ist auch im Neuen gelegt.

Die Gottesfurcht ist etwas Natürliches. Im Arsenal religiöser Erfahrungen gibt es nicht nur die Ehrfurcht, die „Gottesfurcht" genannt wird, sondern auch die gewöhnliche Furcht, wenn Menschen einfach Angst haben, weil Gott in gewisser Weise gefährlich ist. Im Alten Testament steht das direkt so geschrieben, und auch im Neuen Testament wird die Hölle erwähnt: Dorthin werden die Sünder eingehen, wir vielleicht auch. Das motiviert, erschreckt und erfüllt einen Teil unserer Seele mit Entschlossenheit. Auf der gewöhnlichen Angst vor dem Starken und dem Unberechenbaren kann man missionarische Predigt aufbauen. Aber wenn wir keine Juden oder Heiden sind, sondern Brüder Gottes, dann müssen wir den Weg zur Überwindung dieser Angst weisen.

Der Apostel JOHANNES schreibt: *Furcht gibt es in der Liebe nicht, sondern die vollkommene Liebe vertreibt die Furcht. Denn die Furcht rechnet mit Strafe, wer sich aber fürchtet, ist nicht vollendet in der Liebe. Wir wollen lieben, weil Er uns zuerst geliebt hat* (1 Joh 4,18f). *Geliebte, wir wollen einander lieben; denn die Liebe ist aus Gott und jeder, der liebt, stammt von Gott und erkennt Gott. Wer nicht liebt, hat Gott nicht erkannt; denn Gott ist Liebe* (1 Joh 4, 7f). *Wenn wir einander lieben, bleibt Gott in uns und Seine Liebe ist in uns vollendet. Daran erkennen wir, dass wir in Ihm bleiben und Er in uns bleibt: Er hat uns von Seinem Geist gegeben ... Wir haben die Liebe, die Gott zu uns hat, erkannt und gläubig angenommen.*

Gott ist Liebe, und wer in der Liebe bleibt, bleibt in Gott und Gott bleibt in ihm (1 Joh 4,12ff). Wichtig ist hier, die Botschaft nicht in angenehme Zitate zu zerlegen, sondern Jesus Christus in diesem theologischen System (das hier bereits ein anderes System ist!) zu betrachten. Auch hier ist Christus der Retter, aber er rettet nicht aus der schrecklichen Hölle (die Er selbst entzündet hat), sondern aus der Angst vor einer Hölle, in der es „Qual" gibt, vor dem Mangel an Liebe, der Finsternis genannt wird. Es gibt hier keine Verurteilung eines gewöhnlichen Menschen, der Sättigung, Unterhaltung und Geselligkeit, aber keinen anderen Menschen liebt. JOHANNES DER THEOLOGE sagt über solche wie ihn: Diese Menschen sind im Tod, in der Finsternis (1 Joh 3,14.9-11) – sie sind noch nicht zum wahren Leben auferstanden.

Beim Apostel JOHANNES rufen gewöhnliche Menschen, die nicht durch die Liebe zu Gott erweckt worden sind, nicht Verdammung, sondern Mitleid hervor. Nicht, dass sie dafür in der Hölle brennen werden, nein, bloß ist dieses Leben kein Leben, sondern ein Herumtappen in der Dunkelheit – „Dunkelheit" in dem Sinne, dass der Mensch nicht weiß, wohin er gehen soll, weil die Dunkelheit seine Augen verhüllt. Er folgt auf seiner Suche dem Glück, aber was ist das? Einmal scheint es im Geld zu liegen oder im Ruhm, dann wieder in etwas anderem, aber es ist nicht da, man kann nicht einfach danach greifen wie nach einem schwer zugänglichen Gegenstand. Das ständige Streben nach Glück ist eine Sackgasse, weil wir in der Dunkelheit wandeln. Wenn aber ein Mensch lieben lernt, verliert alles andere seine entscheidende Bedeutung. Der Liebende wird reicher, als wenn sein Vermögen verdoppelt würde. Liebe ist in dieser

Interpretation die Mitpräsenz Gottes in der Betrachtung des Anderen.

Zuweilen wird das Evangelium auch in Form von Erpressung überbracht. Ein Christ kommt zu einem gewöhnlichen Menschen und sagt: „Du kommst in die Hölle! Viele deiner Verwandten sind schon da!" – Wenn jemand sagt: „Tu das und das, dann wird alles gut, aber tust du es nicht, dann kommt alles ganz schlimm!", so nennen wir das Erpressung. Bei JOHANNES DEM THEOLOGEN aber finden wir ein System, in dem Christus nicht vor der Hölle rettet und die Hölle überhaupt nicht gebraucht wird, ein System, das den Menschen mehr bietet als die Erlösung von Qualen.

Wir sehen also ein bestimmtes theologisches Modell. Es existiert parallel zu anderen Modellen, die im selben Neuen Testament vorgestellt werden.

Es ist normal, dass das Christentum drei Evangelien gleichzeitig predigt. Sonst wäre es ein Instrument mit nur einem Ton, ein Tänzer mit nur einer Bewegung, Kleidung in Einheitsgröße. Gottes Liebe besteht darin, verschiedene Menschen in Seine Arme zu nehmen und ihnen ihre Unterschiedlichkeit zu lassen, auch im System ihres Denkens.

Das erste Evangelium lautet: Liebe den Herrn, deinen Gott von ganzem Herzen, vergiss dich selbst, folge Ihm nach – es komme, was da wolle! Es ist sowieso bald vorbei.

Das zweite: Wirf das alte Regelwerk der Schriftgelehrten und Pharisäer weg. Sie haben es entstellt und missverstanden. Nimm die neue Version des Regelwerks, das ist die verbesserte, überarbeitete und rechtverstandene – das Neue Testament, verstanden als ein neues Regelwerk.

Und das dritte Evangelium: Wenn du nicht liebst, bist du wahrscheinlich ein guter Mensch, aber du bist nicht in Gott. Du hast keine Liebe, was bedeutet, dass du keinen Inhalt fürs Leben hast. Wir bieten dir die Botschaft der Liebe Gottes, die dich in Ihm entfalten wird. Dann aber wirst du den Sinn des Lebens verstehen und spüren, du wirst aufhören, dem Glück hinterherzulaufen, aufhören, Richtlinien fürs Leben zu erstellen und Menschen in richtig und falsch zu unterteilen.

Alle drei Konzepte werden parallel präsentiert, und manchmal haben normale Menschen den Wunsch zu klären: Was ist denn das nun: das Christentum? Mir scheint, dass dies keine so ganz qualifizierte Frage ist. Sie muss geringfügig modifiziert werden: Was ist das: die Christentümer? Es gibt viele von ihnen, mindestens drei, also kann man nicht sagen, dass die christliche Lehre so und so ist. Jeder, der sich für eine dieser Richtungen entscheidet, wird ein Christ sein und nicht gegen die Schrift sündigen, aber neben sich wird er noch einige andere Arten des orthodoxen Christentums finden; das ist seit undenklichen Zeiten so, es ist normal.

Drei Schulen, drei Stile; wir haben kein Recht, daraus eine Leiter zu bauen. Sie sind nicht folgerichtig miteinander verbunden.

Das eschatologische Christentum etwa (das von der Erwartung des bevorstehenden Weltuntergangs ausgeht) beachtet nicht, dass die Weltgeschichte vielleicht noch zweitausend Jahre oder länger dauern wird. Es zielt darauf ab, jetzt und hier Christus anzunehmen, sich selbst zu verleugnen und Ihm nachzufolgen, um dann in Jerusalem zu warten, bis man mit der Kraft aus der Höhe erfüllt wird. Anschließend kommt der Heilige Geist herab, und es bleibt nur, umgehend allen die Frohe Botschaft zu überbringen, dass alles bald vorbei sein wird. Dieses Christentum hat kein langfristiges Programm. In seiner eschatologischen Sicht ist alles auf die höchste Ethik im „Hier und Jetzt" ausgerichtet.

Es gibt aber auch das hierarchische Verständnis dieser drei Modelle des Christentums: eines oben, eines unten und ein drittes in der Mitte. Die heiligen Väter haben eine wunderbare Analogie: Sklave, Söldner, Sohn. Wenn auch hierarchisch, so erweist dieses Konzept doch die Existenz von drei Stufen, also drei Ebenen des Christentums.

Meistens aber wird dieses oder jenes Modell des Christentums so dargestellt, als gäbe es die anderen nicht. In diesem Fall tritt der Effekt des falschen Einverständnisses auf: Jeder lobt die Orthodoxie für das, was er für die alleinige Hauptsache darin hält, während alle denken, dass sie über dasselbe sprechen. Anschließend erleben sie schmerzlich die Entdeckung der Polyphonie im Christentum. Daher haben wir kein Recht, die Arten des Christentums abzustufen und zu behaupten, es gäbe ein höheres Christentum (etwa das des Apostels JOHANNES) und dann ein niederes und ein noch niederes.

DIE BERGPREDIGT:
GAME CHANGE FÜR DIE RECHTSCHAFFENHEIT

DER BUND DER KNECHTSCHAFT UND DER RUF ZUR BRÜDERLICHKEIT

Die Auslegung der Ziele des geistlichen Lebens ist die exegetische Hauptaufgabe der Jünger Christi. Um das unterschiedliche Verständnis der Ziele und Mittel der christlichen Askese zu verinnerlichen, darf man nicht vergessen, dass die pastorale Aufgabe der heiligen Väter nicht die wissenschaftlich-historische Restaurierung der Thesen Christi war. Sie lösten mehrere andere Probleme, darunter das Problem der Unverständlichkeit und Widersprüchlichkeit der Bibeltexte. Viele Christen, die die Texte des Neuen Testaments nicht verstehen, glauben, dass es jemand geben muss, der sie voll und ganz versteht. Hieraus entspringt auch der Wunsch der heiligen Väter, das Evangelium so auszulegen, dass es verständlich und widerspruchsfrei wird.

Es sollte auch nicht außer Acht gelassen werden, dass die Aufgaben in verschiedenen Epochen unterschiedlich waren: Die Zielgruppe war bei Christus eine andere als bei den heiligen Vätern. Natürlich haben Prediger des Christentums zu allen Zeiten den Predigten Jesu ihre eigenen (guten und notwendigen) pastoralen Absichten hinzugetan – während Jesus Seine eigenen pastoralen Ziele hatte.

Daher klingen die Worte Christi, wenn der heutige Mensch die Bergpredigt und ihre traditionellen Interpretationen liest, zuweilen wie eine Abfolge unerträglicher Plattitüden: Gesegnet sind die Guten, denn Gott liebt die Guten. Der dem entsprechende Typus der Auslegung betrachtet lediglich die nunmehr höher liegende Messlatte als neu: *Das Gebiet dessen, was im Vergleich zum Alten Testament vom Gesetz verboten ist, erweitert sich.*[41] Daraus folgt ein Verhältnis zu den Thesen der Bergpredigt wie zu unerreichbaren Idealen. Die wenigen, denen es gelungen ist, sie zu erfüllen, haben dies unter völlig künstlichen Bedingungen erreicht (Einsiedler, Asketen), was uns noch zusätzlich von der praktischen Undurchführbarkeit der Gebote der Bergpredigt im Geiste des Perfektionismus überzeugt.

So entstand ein Konflikt in der Auslegung der Forderungen Christi, was in der Folge zu zwei ursprünglichen und gleichermaßen im Neuen Testament verwurzelten Modellen des Verständnisses des geistlichen Lebens führte. Nennen wir sie: „Vorgesetzter / Ausführender" und „Bruderschaft mit Gott".

Moses gab die Gebote, das Volk erfüllte sie gehorsam. Wenn Jesus auch Gebote gibt, dann ändert sich, egal was Er sagt, im Prinzip nichts, es bleibt beim Modell „Vorgesetzter / Ausführender", bei dem der Mensch nur Gebote umsetzt. Wenn es hieße: Iss kein Kamel- und Schweinefleisch, würden wir es eben nicht essen; wäre es andersherum gesagt worden, würden wir gerade solches

---

[41] Kassian (Bezobrazov), Bischof: *Vorträge zum Neuen Testament* [*Lekcii po Novomu Zavetu*], zu Mt 5,25 f. (Paris 1971)

Fleisch essen. Es steht geschrieben: Liebe den Jahwe, nicht den Marduk – also werden wir Jahwe lieben.

Das Modell „Vorgesetzter / Ausführender" basiert auf der mangelnden Empfindlichkeit des Menschen gegenüber Gott und Seiner Motivation. Daher ist das motivierende Prinzip darin die Androhung von Unglück und Tod. Die Jahwe-Anhänger spürten anfangs den Unterschied zwischen Baal und Jahwe auf spiritueller Ebene nicht. Jahwe ließ regelmäßig zu Tausenden die unverständigen Anbeter durch Moses und seine Anhänger richten, und dies überzeugte die anderen dann davon, dass Er gut ist. In diesem Modell wird davon ausgegangen, dass der Ausführende so unverständig ist, dass er selbst seine Eltern nicht ohne gottesseitige Repressalien lieben würde, geschweige denn, dass er Gott von den Götzen zu unterscheiden wüsste, er das Leben seiner Mitbrüder schätzt usw. Es ist durchaus möglich, dass einige Menschen damals viel hellsichtiger waren als Moses Zielgruppe, aber allein schon die Idee eines Vertrags mit Gott macht ihre Spiritualität weitgehend überflüssig. Denn alles wird auf der Ebene des Materialismus vermittelt: Gehorche dem Gesetz, und es wird dir guttun, tust du es nicht, wirst du sterben.

Christus hingegen verlässt sich ausschließlich auf die vom Alten Testament nicht beanspruchte Spiritualität des Menschen. Er verändert die Natur der Beziehung zwischen Gott und Mensch radikal, macht die Idee des Vertrags (Bundes) obsolet, verkündet den Menschen die Religion der Sohnschaft und Seinen Jüngern die Religion der Bruderschaft mit Gott. Selbst ein gewöhnlicher Vater wird schließlich mit seinen Kindern keinen Vertrag abschließen, ebenso wenig Kinder mit dem Vater – sie lieben a priori.

Neben dem Modell „Vorgesetzter / Ausführender", das als Grundlage für Gesetz / Vertrag dient, gibt es im Neuen Testament einen starken Gegensatz von Recht und Glaube. An ein Gesetz muss man nicht glauben, es muss befolgt werden, nach dem Prinzip „Knecht / Herr". Jesus untergräbt jedoch diese Ausgangsformel des „göttlichen Diktats": *Ich nenne euch nicht mehr Knechte ... Vielmehr habe Ich euch Freunde genannt* (Joh 15,15). Er nennt Seine Jünger Brüder und stellt Sich mit ihnen vor Gott auf eine Stufe: *Geh aber zu meinen Brüdern und sag ihnen: Ich gehe hinauf zu Meinem Vater und eurem Vater, zu Meinem Gott und eurem Gott* (Joh 20,17). Er wäscht die Füße der Jünger, um selbst noch die Möglichkeit zu unterbinden, dass einer sich über den anderen erhöht, sei einer von ihnen auch Gott.

In diesem Zusammenhang untergräbt die Bergpredigt die Grundlagen des Judentums und des Heidentums, die allgemeine Urformel der Religiosität. Christus wählt einen solchen Weg, dass seine Zuhörer selbst zur Erkenntnis kommen: Das verehrte Gesetz ist ihnen im Grundsatz fremd. Jesus enthüllt den inneren Konflikt des Legalismus und die Unmöglichkeit, selbst die einfachsten Gebote vollständig zu befolgen. (Die Methode, die formale und die geistliche Erfüllung der Gebote gegenüberzustellen, ist in der spätrabbinischen Tradition bekannt.) Christus zeigt, dass die banalsten und scheinbar leicht erfüllbaren Gebote aus der geistlichen Sichtweise heraus verletzt werden und ihre Erfüllung absurd ist. Glaubt ihr, dass ihr das Gebot „Du sollst nicht töten" gehalten habt?

– Nein, denn dem Mord liegt der Zorn gegen den eigenen Bruder zugrunde (Mt 5,22). Wer zornig ist, aber nicht tötet, erfüllt das Gesetz nur formal und nicht nach seinem Wesen. Habt ihr das Gebot „Du sollst nicht die Ehe brechen" erfüllt? – Nein, denn die Grundlage des Ehebruchs ist die Lust, und jeder, der eine Frau mit Lust ansieht, hat in seinem Herzen bereits Ehebruch mit ihr begangen (Mt 5,28). Aber wenn man ein Mädchen nicht lustvoll ansieht, wie wählt man dann seine Frau aus? Gemeinsame Interessen? Das ist Unsinn, denn dann könnte ein guter Freund die Frau komplett ersetzen. Das gleiche gilt für Scheidung, für Eide usw.; mit jedem der Beispiele wuchs im Zuhörer die Einsicht in die inneren Widersprüche der Gesetzesgerechtigkeit.

Jesus führt die Hoffnung, durch die Erfüllung des Gesetzes errettet zu werden, ad absurdum, um durch die Abwertung der Leistungen jener Gerechten, die dem Modell „Vorgesetzter / Ausführender" folgen, den Raum dafür freizumachen, Gott als Vater und Bruder anzunehmen. Wenn wir die Bergpredigt Christi als Erneuerung des Gesetzes verstehen, dann bleibt sie ein unerreichbarer Gipfelpunkt, verstehen wir sie aber als Neuformatierung der Beziehung zu Gott, so ist sie eine praktische Glaubenserfordernis.

DAS ZU ERFÜLLENDE GESETZ UND DAS FREIHEITSPRINZIP

Das Zeitalter des Gesetzes wird von Christus für vergangen erklärt: *Das Gesetz und die Propheten reichen bis zu Johannes. Von da an wird das Evangelium vom Reich Gottes verkündet und jeder drängt sich mit Gewalt hinein* (Lk 16,16). *Denn das Gesetz wurde durch Mose gegeben,*

die Gnade und die Wahrheit kamen durch Jesus Christus
(Joh 1,17).

Apostel PAULUS, verwirft die Strukturen des Gesetzes und
interpretiert sie in einer Weise, die es ermöglicht, das
Verhältnis „Vorgesetzter / Ausführender" durch die
„Bruderschaft mit Gott" zu ersetzen. Das Gesetz wird in
seiner Auslegung zum Faktor des subjektiven Bewusst-
werdens eigener Schwachheit: *Jedoch habe ich die*
Sünde nur durch das Gesetz erkannt. Ich hätte ja von der
Begierde nichts gewusst, wenn nicht das Gesetz gesagt
hätte: Du sollst nicht begehren (Röm 7,7). Im Rahmen des
Gesetzes *wird die ganze Welt vor Gott schuldig … denn*
aus Werken des Gesetzes wird niemand vor Ihm gerecht
werden; denn durch das Gesetz kommt es nur zur Er-
kenntnis der Sünde. Jetzt aber ist unabhängig vom Ge-
setz die Gerechtigkeit Gottes offenbart worden, bezeugt
vom Gesetz und von den Propheten: die Gerechtigkeit
Gottes durch Glauben an Jesus Christus, offenbart für
alle, die glauben. Denn es gibt keinen Unterschied: Alle
haben ja gesündigt und die Herrlichkeit Gottes verloren
… Wo bleibt da noch das Rühmen? Es ist ausgeschlos-
sen. Durch welches Gesetz? Durch das der Werke? Nein,
durch das Gesetz des Glaubens. Denn wir sind der Über-
zeugung, dass der Mensch gerecht wird durch Glauben,
unabhängig von Werken des Gesetzes … Setzen wir also
durch den Glauben das Gesetz außer Kraft? Im Gegen-
teil, wir richten das Gesetz auf (Röm 3,19 31). Hier sehen wir,
wie die Auffassung vom Gesetz als einer Anweisung von
oben ad absurdum geführt wird, – eine solche Auffassung
macht die ganze Welt schuldig. Auch die Wandlung des
Begriffs „Gesetz" liegt auf der Hand. Im Alten Testament
ist dies ein staatlicher Kodex, der dazu erlassen wurde,

ihn strikt einzuhalten, nicht aber dazu, uns auf die Unmöglichkeit seiner Erfüllung hinzuweisen. Die Methode, *das Gesetz aufzurichten*, besteht in seiner radikalen Neuinterpretation, in der Zuschreibung eines anderen Sinngehalts. Daher ist das christliche Verständnis vom Gesetz gerade die „Zerstörung des Gesetzes durch den Glauben".

Um einen direkten Konflikt von Gesetz und Glauben zu vermeiden, erzeugt der Apostel ein neutralisierendes Oxymoron: das „Gesetz des Glaubens / der Freiheit". In diesem zentaurischen Begriff bleibt „Gesetz" bestehen, aber in Kombination mit „Glaube" und „Freiheit" ist es nicht mehr verpflichtend. So mutieren die von Paulus interpretierten Grundprinzipien des Alten Testaments in ihr Gegenteil. An anderen Stellen ersetzt er Gesetz durch Christentum oder stellt beides gegeneinander: *In allem, worin euch das Gesetz des Mose nicht gerecht machen konnte, wird jeder, der glaubt, durch Ihn gerecht gemacht* (Apg 13,39). *Ihr steht nicht unter dem Gesetz, sondern unter der Gnade* (Röm 6,14). *Ebenso seid auch ihr, meine Brüder und Schwestern, durch das Sterben Christi tot für das Gesetz, sodass ihr einem anderen gehört, Dem, Der von den Toten auferweckt wurde, damit wir Gott Frucht bringen … Jetzt aber sind wir frei geworden vom Gesetz, dem gestorben, woran wir gebunden waren, sodass wir in der neuen Wirklichkeit des Geistes dienen, nicht mehr in der alten Wirklichkeit des Buchstabens* (Röm 7,4.6). *Denn Ende des Gesetzes ist Christus zur Gerechtigkeit für jeden, der glaubt* (Röm 10,4).

Der Apostel beobachtete eine Tendenz zum Rückfall in das jüdisch-heidnische Modell des „Vorgesetzten /

Ausführenden" und warnte in einem seiner frühen Briefe, dass dies das Christentum bedeutungslos mache: *Wir ... wissen, dass der Mensch nicht aus Werken des Gesetzes gerecht wird, sondern aus dem Glauben an Jesus Christus; so sind auch wir zum Glauben an Christus Jesus gelangt, damit wir gerecht werden durch den Glauben an Christus und nicht durch Werke des Gesetzes; denn durch Werke des Gesetzes wird kein Fleisch gerecht ... Wenn ich das, was ich niedergerissen habe, wieder aufbaue, dann stelle ich mich selbst als Übertreter hin. Denn ich bin durch das Gesetz dem Gesetz gestorben, damit ich für Gott lebe ... denn käme die Gerechtigkeit durch das Gesetz, so wäre Christus vergeblich gestorben* (Gal. 2,15-21). *Das Gesetz wurde gegeben, bis der Nachkomme käme, dem die Verheißung gilt ... Steht daher fest und lasst euch nicht wieder ein Joch der Knechtschaft auflegen!* (Gal. 3,19; 5,1).

Für PAULUS ist das Testament eine erzwungene Maßnahme, diktiert davon, dass die Menschen für eine brüderliche Beziehung zu Gott nicht bereit waren. Das Gesetz ist *nicht für die Gerechten bestimmt ... sondern für Gesetzlose und Ungehorsame, für Gottlose und Sünder, für Menschen ohne Glauben und Ehrfurcht, für solche, die Vater oder Mutter töten, für Mörder, Unzüchtige, Knabenschänder, Menschenhändler, (Verleumder, Sodomiten,) für Leute, die lügen und Meineide schwören und all das tun, was gegen die gesunde Lehre verstößt* (1 Tim 1,9f). Der Apostel JAKOBUS verwendet ebenfalls ein Oxymoron: *das vollkommene Gesetz der Freiheit* (Jak 1,25). Und indem er das Gesetz ad absurdum führt, bietet er als Ausweg das Gesetz der Freiheit an: *Denn wer das ganze Gesetz hält, aber gegen ein einziges Gebot verstößt, der hat sich gegen alle verfehlt. Denn Der gesagt hat: Du sollst nicht die Ehe brechen!, hat auch gesagt: Du sollst nicht töten! Wenn du nun nicht die Ehe brichst, aber tötest, bist du ein Übertreter des Gesetzes geworden. Darum redet und handelt wie solche, die nach dem Gesetz der Freiheit gerichtet werden* (Jak 2,10-12).

DER RADIKALE BILDERSTURM DER SELIGPREISUNGEN

In der Bergpredigt vertauscht Jesus die Ikone des geläuterten Gerechten gegen diejenigen, die jener Rechtschaffene heilig verachtete. Der idiomatische Ausdruck „Selig, die ...“ verweist auf jene, denen nachgeeifert werden sollte, weil sie Gott wohlgefällig sind. Die Ikone der Gerechtigkeit des Alten Testaments stellt dieses uns in der Beschreibung eines würdigen Menschen und seiner Antipoden dar: *Selig der Mann, der nicht nach dem Rat der Frevler geht, nicht auf dem Weg der Sünder steht, nicht im Kreis der Spötter sitzt, sondern sein Gefallen hat an der Weisung des Herrn, bei Tag und bei Nacht über Seine Weisung nachsinnt* (Ps 1,1f). *Selig der Mann, der den Herrn fürchtet und sich herzlich freut an Seinen Geboten. Seine Nachkommen werden mächtig im Land, das Geschlecht der Redlichen wird gesegnet. Wohlstand und Reichtum füllen sein Haus, seine Gerechtigkeit hat Bestand für immer ... seine Macht steht hoch in Ehren* (Psalm 111/112,1-4.9). *Selig der Mensch, der ... daran festhält, den Sabbat zu halten und ihn nicht zu entweihen und seine Hand vor jeder bösen Tat zu bewahren* (Jes 56,2). *Selig, deren Weg ohne Tadel ist, die gehen nach der Weisung des Herrn* (Ps 118/119,1). *Selig der Mann, den Du, Herr, erziehst, den Du mit Deiner Weisung belehrst* (Psalm 93/94,12). *Selig, die das Recht bewahren, die Gerechtigkeit üben zu jeder Zeit* (Psalm 105/106,3). *Selig jeder, der den Herrn fürchtet, der auf Seinen Wegen geht!* (Psalm 127/128,1).

Vor dem Hintergrund dieser majestätischen Ikone des Gerechten verkündet Christus: „Selig sind die Armen, die Trauernden, die Hungrigen ..." Die geistlich Armen, gesellschaftlich Bedeutungslosen und oft auch intellektuell Besitzlosen werden zum Maßstab der Gerechtigkeit erklärt. Selig sind die, die am Ende sind, denn Gott liebt auch sie!

Die patristische Tradition hat in vielerlei Auslegungen versucht, dieses Moment zu glätten. Die „geistlich Armen" wurden als solche dargestellt, die besonders reuevoll und demütig, kurz gesagt, heilige Mönche sind. Doch hätte Jesus dann nichts verkündet, was der schriftlichen Aufzeichnung wert gewesen wäre: Dass ein Demütiger und Gottgehorsamer gut ist, wusste man auch ohne Christus. Dem frühesten der nichtkanonischen Texte, dem Thomasevangelium zufolge sagte Jesus: *Selig die Armen, denn euer ist das Himmelreich!* (Thom. 59). JOACHIM JEREMIAS kommentierte: *Man kann mit Sicherheit sagen, dass die „Armen" die Unterdrückten im weitesten Sinne des Wortes sind: Bedrängte, unfähig sich selbst zu schützen, Verzweifelte, unheilbar Kranke ... Er nennt sie Hungernde, Trauernde, Kranke, Mühselige, Beladene, Letzte, Einfältige, Verlorene, Sünder.*[42]

Selig, die hungern und dürsten nach der Gerechtigkeit – möglich, dass es bei Lukas um Nahrung geht – *denn ihr*

---

[42] Jeremias, Joachim: *Neutestamentliche Theologie* I, Kap. 3, § 12 (Gütersloh 1971)

werdet gesättigt werden – und das Wort „Gerechtigkeit"
wurde hinzugefügt. Aus den nicht-kanonischen Agrapha
Jesu: *Selig, die über den Untergang der Ungläubigen
trauern.* Um zu lieben, braucht Gott keine Gründe, keine
positiven Eigenschaften, aber wir brauchen sie, und deshalb bemühen wir uns, die Trauernden, Hungernden und
Armen in würdige Menschen zu verwandeln, um mit
Christus übereinstimmen und sie lieben zu können. Dies
aber ist ein völliges Missverständnis des Wesens der
Bergpredigt. Das Streben nach Erhöhung der „Seligen"
ist eine Rückkehr zur heidnischen Verehrung von Halb-
göttern, Helden und Übermenschen. Der Herr ruft zum
Mitleid, zu Mitgefühl und zur Liebe des Himmlischen Vaters auf. In Seinen Augen verdient der Nichtswürdige,
Leidende, Arme die gleiche Liebe wie der Gerechte, der
*nicht nach dem Rat der Frevler geht, nicht auf dem Weg
der Sünder steht, nicht im Kreis der Spötter sitzt* (Ps 1). Gerade darin liegt das Erheben über die Gerechtigkeit der
Pharisäer – der „Abgesonderten" (hebr. פְּרוּשִׁים).

Wenn Christus gekommen wäre, um die Menschen zu
einem besseren Verhalten zu bringen, so hätten das Judentum und die Propheten dafür völlig ausgereicht.
Wäre Christus gekommen, um die Menschen besser zu
machen, würde dies bedeuten, dass Er uns Selbst nicht
so annehmen kann, wie wir sind. Das bedeutendste
menschliche Laster besteht darin, die Guten zu lieben,
die Schlechten zu korrigieren, die Unverbesserlichen zu
töten. Es ergäbe sich, dass auch Gott die Menschen filtert
und nur die Guten auswählt, genau wie es die Schlech-
testen unter uns tun. Aber Christus lehrte, dass Söhne
des himmlischen Vaters zu sein bedeutet, die Menschen
gerade nicht nach dem Kriterium der Gerechtigkeit zu

unterscheiden, *denn Er lässt seine Sonne aufgehen über Bösen und Guten und Er lässt regnen über Gerechte und Ungerechte* (Mt 5,45).

Wenn Christus nur gekommen ist, um die Menschen dazu zu bringen, sich besser zu benehmen, dann ist auch Seine Kirche nichts anderes als ein Ordnungsamt oder eine Sittenpolizei – was sie für wohlerzogene Leute praktisch überflüssig macht. Genau dies ist die – herablassend-hasserfüllte – Auffassung von Religion bei den Kommunisten des 20. Jahrhunderts.

INTERPRETATION SICH ÜBERKREUZENDER BEDEUTUNGEN

Die Absicht, die scharfen Kanten der Verkündigung Christi zu glätten, ist durchaus heilig, sie entsteht aus dem Wunsch, Millionen von denen mit Christentum zu versorgen, die mit Gott kommunizieren wollen, es aber nicht anders können als nur nach der Formel „Knecht und Herr".

Die Bergpredigt ist inkonsistent (besonders bei Lukas); ihre Anordnung bildet eine Überkreuzung von Bedeutungen und ermöglicht es, den Text sowohl im Sinne des Prinzips „Vorgesetzter / Ausführender" (in Bezug auf Matthäus 5,18-19) als auch im Sinne von „Bruderschaft mit Gott" zu interpretieren (mit Bezug auf den nachfolgenden Vers 20): (18:) *Amen, Ich sage euch: Bis Himmel und Erde vergehen, wird kein Jota und kein Häkchen des Gesetzes vergehen, bevor nicht alles geschehen ist.* (19:) *Wer auch nur eines von den kleinsten Geboten aufhebt und die Menschen entsprechend lehrt, der wird im Himmelreich der Kleinste sein. Wer sie aber hält und halten lehrt, der wird groß sein im Himmelreich.* (20:) *Darum sage Ich euch: Wenn eure Gerechtigkeit nicht weit größer ist als die der Schriftgelehrten und der Pharisäer, werdet ihr nicht in das Himmelreich kommen.* Zusammengefasst: Wenn man wirklich kein einziges Gebot des Alten Testaments brechen darf, dann wird unsere Gerechtigkeit niemals die Gerechtigkeit der Schriftgelehrten und Pharisäer übertreffen.

Dem Text entspricht die traditionelle Inkonsistenz der Interpretationen. Zum Beispiel schreibt Bischof KASSIAN (BEZOBRAZOV) in seinem Kommentar zur Bergpredigt: *Im Abschnitt 5,17-48 wird die Lehre vom alttestamentlichen Gesetz als der Grundlage des christlichen Lebens gegeben ... Wenn gesagt wird, dass kein Jota und kein Häkchen vergeht, ist das die Festschreibung der Unzerstörbarkeit und Unantastbarkeit des Gesetzes mit aller Kraft ... Nachdem der Herr die Unverletzlichkeit des Gesetzes bestätigt hat, ruft Er zu seiner Einhaltung auf.* Und dann ein paar Seiten weiter: *Was auch immer der Sinn des Gesetzes der Vergeltung im Alten Testament gewesen sein mag, es ist bemerkenswert, dass Jesus es aufhebt.* Nach demselben Schema verfahren auch die heiligen Väter bei ihrer Auslegung: Zu Vers 18 betonen sie die Bedeutung des Gesetzes und im Vers 20 den radikalen Bruch mit dem Gesetz.

DER WANDEL IN DER MOTIVATION ZUR RECHTSCHAFFENHEIT

Kritiker haben wiederholt festgestellt, dass die Motivation des Gebots (die Züchtigungs-/ Straffunktion) dessen Tugend zerstört, etwa in diesem Beispiel: *Darum sollst du den Herrn, deinen Gott, lieben mit ganzem Herzen, mit ganzer Seele und mit ganzer Kraft.... Denn der Herr dein Gott, ist als eifersüchtiger Gott in deiner Mitte. Der Zorn des Herrn, deines Gottes, könnte gegen dich entbrennen, Er könnte dich im ganzen Land vernichten* (Dtn 6,5.15). Mit anderen Worten: Liebe, oder stirb! *Wenn ihr auf Meine Gebote hört, auf die Ich euch heute verpflichte, wenn ihr also den Herrn, euren Gott, liebt und Ihm mit ganzem Herzen und mit ganzer Seele dient, dann gebe Ich eurem Land seinen Regen zur rechten Zeit, den Regen im Herbst und den Regen im Frühjahr, und du kannst Korn, Most und Öl ernten* usw. Wenn aber nicht, nun – dann *wird der Zorn des Herrn gegen euch entbrennen; Er wird den Himmel zuschließen, es wird kein Regen fallen, der Acker wird keinen Ertrag bringen und ihr werdet unverzüglich aus dem prächtigen Land getilgt sein, das der Herr euch geben will* (Dtn 11,13f.17). Das gleiche Prinzip durchzieht auch alle anderen Anordnungen des Herrn. Welchen Wert hat dann die Gerechtigkeit der Tugendhaften – ist es nicht gerade die Furcht, die sie leitet?

Nein, nicht nur. Es gibt auch die Abscheu, die Verachtung. Warum stiehlt ein Mensch nicht, prügelt sich nicht und verfällt nicht auf allerlei Übel? Weil es aus unserer Sicht niederträchtig, hässlich, unwürdig ist, weil Sünder und Heiden derartiges tun und wir solche zu sehr verabscheuen, als dass wir ebenso handeln würden.

Christus sagt zu Seinen Zeitgenossen: „Ihr verachtet Schurken, darum wollt ihr keine Schurken sein." Er offenbarte ihnen das Fundament ihrer Gerechtigkeit und zeigte, dass die sich aus der Verachtung der Sünder nährt. Im Denken jener Zeitgenossen konnte es anders nicht sein.

So lieb uns der Slogan „Hasse die Sünde, aber liebe den Sünder" ist – er ist vom Grundsatz her falsch. Wenn wir die Sünde hassen und zugleich den freien Willen des Menschen bekennen, dann geht unser Sündenhass auf den Sünder über, sobald wir begreifen, dass die Sünde von ihm frei gewählt wurde, dass er selbst seinen Willen mit der Sünde identifiziert hat und die Sünde wählte, nicht aber die Sünde ihn. So argumentierten die Asketen des Judentums, ihr Urteil ist logisch, und für die Heiligen des Alten Testaments war die Gleichsetzun der Sünder mit ihren Sünden natürlich. Die Verachtung des Sünders wurde zur Hauptgrundlage der alttestamentlichen Gerechtigkeit.

Du tust gute Dinge, weil du Angst davor hast, schlechte Dinge zu tun, oder weil du vor dir selbst nicht schlecht dastehen willst. – Indem Er dies offenlegte, hat Jesus die Gerechtigkeit des Alten Testaments entwertet; Seine programmatische These lautet: *Wenn eure Gerechtigkeit nicht weit größer ist als die der Schriftgelehrten und der Pharisäer, werdet ihr nicht in das Himmelreich kommen* (Mt 5,20). Deren Formel der Gerechtigkeit war aber die einzig mögliche, und der Erfüllungsgrad dieser Gerechtigkeit durch die Schriftgelehrten und Pharisäer war ultimativ für die Juden – höher ging nicht. In einer solchen Situation war es notwendig, entweder die Formel der Gerechtigkeit zu ändern oder sie vollständig zu verwerfen.

Vor dem gleichen Dilemma stand etwa MARTIN LUTHER im 16. Jahrhundert: Er konnte seine Anhänger nicht zu höherer Gerechtigkeit im Verhältnis zur katholischen Askese aufrufen, weil es schwer möglich gewesen wäre, solche Lichtgestalten wie BENEDIKT VON NURSIA, THOMAS VON AQUIN, FRANZ VON ASSISI und andere in dieser Hinsicht zu übertreffen. Daher änderte er den Kontext der Definition von Gerechtigkeit – er verkündete die Gerechtigkeit aus dem Glauben.

Christus hat die Regeln zur Definition von Gerechtigkeit radikal geändert. Er sagte, dass man sie nicht in Gewissenhaftigkeit, nicht in Kleinlichkeit, nicht in Perfektionismus bei der Erfüllung der Gebote suchen muss, sondern in einer anderen Sphäre. Damit zerstörte er das Fundament der den Juden bekannten Askese. *Wenn ihr die liebt, die euch lieben, welchen Dank erwartet ihr dafür? Denn auch die Sünder lieben die, von denen sie geliebt werden. Und wenn ihr denen Gutes tut, die euch Gutes tun, welchen Dank erwartet ihr dafür? Das tun auch die Sünder. Und wenn ihr denen Geld leiht, von denen ihr es zurückzubekommen hofft, welchen Dank erwartet ihr dafür? Auch die Sünder leihen Sündern, um das Gleiche zurückzubekommen.* (Lk 6,32ff; vgl. Mt 5,46f).

Wenn wir wirklich Söhne des himmlischen Vaters sein wollen, müssen wir uns bemühen, Ihm ähnlich zu werden, wie Kinder einen Vater nachahmen. Dabei geht es natürlich nicht um die Nachahmung von Allgegenwart und Allmacht, sondern um die Weiterführung der Weise, wie Gott die Menschen ansieht; etwa so, wie einst auch die Kinder Abrahams als Fortführer von dessen Sittlichkeit galten. Es ist notwendig, wie der Vater zu handeln, Dieser aber *lässt seine Sonne aufgehen über Bösen und Guten und Er lässt regnen über Gerechte und Ungerechte* (Mt 5,45). Er ist gleich gut zu den Undankbaren und den Bösen (Lk 6,35f), das heißt, Er unterscheidet nicht die Gerechten von den Ungerechten. Daher sollte auch unsere Gerechtigkeit dieses von Christus als allerwichtigst hervorgehobene Merkmal besitzen. Wenn unsere Gerechtigkeit die Menschen in Gerechte und Ungerechte einteilt und auf dieser Einteilung beruht, dann sind wir nicht besser als die Atheisten und Heiden.

Jesus schlägt ernsthaft vor, die Idee des Sünders fallenzulassen, dieses Zerrbild, das wir wie den Sauerteig des Judentums mit uns herumtragen. Dann könnten wir die von Jesus vorgeschlagene moralische Revolution verstehen, die zu radikal ist, um von der Mehrheit akzeptiert zu werden. Als Grundlage von Religion und Moral legt Christus eine neue Spiritualität – nicht Vergeltung zu fürchten und egozentrischen Altruismus zu pflegen, sondern sich wahrzunehmen als Kinder / Brüder Gottes, Der *gütig ist gegen die Undankbaren und Bösen.*

Die weitere Entfaltung dieser Idee ist: *Ich aber sage euch: Leistet dem, der euch etwas Böses antut, keinen Widerstand, sondern wenn dich einer auf die rechte Wange schlägt, dann halt ihm auch die andere hin! Und wenn dich einer vor Gericht bringen will, um dir das Hemd wegzunehmen, dann lass ihm auch den Mantel! Und wenn dich einer zwingen will, eine Meile mit ihm zu gehen, dann geh zwei mit ihm!* (Mt 5,39ff). Was bedeutet das? Dies gerade ist Nachahmung Gottes: Gott hält das Böse in der Realität nicht auf – tut auch ihr es nicht! Heute würde das ungefähr so klingen: Es gibt Ungerechtigkeit, Verbrechen auf der Welt – tut Gott etwas dagegen? Nein. Warum tut ihr dann etwas dagegen? Lasst uns dem Bösen widerstehen, lasst uns alle Schurken erschießen … all das haben wir schon gehört.

Wenn ihr strenger Moral folgen wollt, so tut es, aber macht Gott nicht zum Sittenwächter; tut es für euren Komfort, aber schreibt es nicht Gott zu (wie es das Alte Testament tat). Wenn ihr Ihn jedoch fortführen möchtet, dann eifert Seiner Widerstandslosigkeit gegen das Böse nach, denn Er tut nichts, um die Gerechten vor einem gebrochenen Bein und unschuldige Kinder vor qualvollen Krankheiten zu bewahren. Der menschliche Kampf um Komfort muss seinen Platz haben und bei seinem Namen genannt werden, doch in unserer Beziehungsgeschichte zu Gott geht es nicht darum.

Der Wandel der Grundlagen von Ethik und Spiritualität fußt also auf zwei Prämissen.

Erstens:

Die natürliche evolutionäre Moral soll sich nicht als Spiritualität ausgeben – *Tun das nicht auch die Zöllner? … Tun das nicht auch die Heiden? … auch die Sünder lieben die, von denen sie geliebt werden* (Mt 5,46f).

Und zweitens:

Spiritualität erweist sich in unserer unveränderlichen Haltung sowohl gegenüber dem Gerechten als auch dem Sünder. Wenn ihr in etwas wie Gott sein wollt, in dem Er euch nicht sowieso ähnlich ist, so liebt eure Feinde, unterscheidet nicht zwischen Gerechten und Ungerechten, denn der Regen fällt auf alle gleich und Gott ist *gütig gegen die Undankbaren und Bösen* (vgl. Lk 6,32-36). Dann werdet ihr Söhne eures Vaters im Himmel sein, *denn Er lässt Seine Sonne aufgehen über Bösen und Guten und Er lässt regnen über Gerechte und Ungerechte. Seid also vollkommen, wie euer himmlischer Vater vollkommen ist* (Mt 5,45.48). Dies ist das zentrale Moment, um den grundlegenden geistlichen Vektor zu ändern. *Der Abbas sagte: Wer nicht jeden als Bruder annimmt, sondern (einen vom anderen) unterscheidet, der ist nicht vollkommen.*[43]

---

[43] *Gerontikon* 1,31 (dt. 1,149)

AUF DER SUCHE NACH DEM KRITERIUM DER HEILIGKEIT

VERSCHIEDENE ARTEN, GOTT ZU ERKENNEN

Gott ist in seinem Wesen unerkennbar. Menschen, die Ihn lieben, müssen auf verschiedene Methoden zurückgreifen, um Ihn zu identifizieren, wobei jeder von seinen eigenen spirituellen Fähigkeiten und seinem religiösen und kulturellen Kontext ausgeht. Als Ergebnis registrieren wir die Gegenwart Gottes, Seine Existenz und Sein Handeln auf unterschiedliche Weise.

Für Christen mit starker Intuition, mit einem Gefühl für die Gegenwart Gottes, aber ohne Erfahrung in der persönlichen Begegnung mit Ihm, sind verbale Beschreibungen Gottes nicht nur Antworten, sondern eine Form Seiner Existenz in ihrem Bewusstsein. Deshalb sind sie ihnen so wichtig, dass sie zumindest in theologischen Formulierungen für jedes Jota, für jedes Häkchen einstehen. Deshalb ist es so wichtig für sie, richtig zu sprechen, und genauso viel bedeutet es ihnen, wenn andere falsch sprechen. Auf dieser Ebene der Gotteserkenntnis ist Orthodoxie das korrekte Sprechen: Worte erweisen sich als das wichtigste (manchmal das einzige) Symbol Gottes, und ein Angriff auf kanonische Texte und Reden wird als Angriff auf Ihn Selbst aufgefasst.

Für Christen mit Erfahrung in der Begegnung mit Ihm sind rituelle Handlungen und theologische Aussagen über Gott zutiefst zweitrangig – die Erfahrung der Gemeinschaft mit Gott steht im Vordergrund. Der Herr spricht von der unverzeihlichen Lästerung gegen den Heiligen Geist so: *Amen, Ich sage euch: Alle Vergehen und Lästerungen werden den Menschen vergeben werden, so viel sie auch lästern mögen* (Mk 3,28); und *jedem, der ein Wort gegen den Menschensohn sagt, wird vergeben werden* Lk 12,10). Lassen wir hier die Frage beiseite, was Lästerung des Heiligen Geistes ist; uns ist wichtig, dass Jesus alle Arten von Gotteslästerung gegen Sich Selbst leicht vergibt. Er verstand die Distanz zwischen den verschiedenen Vorstellungen über Ihn (Mt 16,14) und Sich Selbst. Der Herr vergibt so leicht Gotteslästerung, weil er das Bild in den Köpfen der Menschen vom Wesen des Objekts unterscheidet.

Jede Blasphemie bezieht sich auf ein verzerrtes Gottesbild, das vom Gotteslästerer verspottet wird, und daher kann Blasphemie gerechtfertigt sein: Kritik an dieser oder jener Gottesidee ist ein wesentlicher Bestandteil fast jedes theologischen Werkes. Während Christen einerseits diese Möglichkeit der Gotteslästerung zugeben, unterstellen sie doch andererseits, dass die verbalen Bilder des Herrn Gottes mit Ihm identisch sind – und dann ist in der Tat der Gedanke naheliegend, dass die Leugnung der verbalen Darstellung zugleich eine Leugnung des Wesens Gottes ist. In der Kirchengeschichte werden Streitigkeiten darüber vor allem mit der sogenannten Namensgläubigkeit [Imjaslavie] in Verbindung gebracht. Aber selbst die energischsten Bilderstürmer des 7. bis 9. Jahrhunderts, die sowohl die Ikonen leugneten als auch die Idee dahinter, glaubten mit keinem Gedanken, dass sie Gott lästern oder leugnen würden. Somit wird dadurch, dass man Spiritualität oder fehlende Spiritualität anhand der korrekten Sprache definiert, die

Erfahrung der Gemeinschaft mit Gott auf die Fähigkeit zurückgeführt, sie in geeigneten verbalen Formulierungen auszudrücken.

Andere religiöse Aktivisten fixieren Gott in Empfindungen, Erfahrungen, Zuständen. Diese Empfindungen werden von ihnen gleichermaßen eifersüchtig kanonisiert und als das Allerheiligste Gottes bewacht. Dabei können äußerst verschiedene Zustände in den Olymp der Identifikatoren Gottes gelangen: von emotional aufgeladenen „unaufhörlichen Tränen" bis hin zur Leidenschaftslosigkeit und dem von bildhaften Vorstellungen freien Gebet.

Der Vorteil dieser Methode der Gotteswahrnehmung ist eine größere intuitive Verständlichkeit und Erkennbarkeit der Gegenwart Gottes, verglichen mit der rationalen Bestimmung Gottes mittels Aussagen und Erörterungen. Der Nachteil besteht darin, dass die Kanonisierung solcher Zustände als Kriterium für die Gegenwart Gottes die Palette der christlichen religiösen Erfahrung auf eine Reihe von „richtigen" Empfindungen beschränkt. Egal wie sehr Gott den Vorhang in zwei Teile zerrissen haben mag (Mk 15,38), dieser Typus von Christen wird sich stets durch einen Schleier wahrhaftiger Zustände vom Rest des religiösen Lebens abschotten.

Da die Kommunikation mit Gott zu den grundlegenden subjektiven Erfahrungen gehört, liegt die dritte Art der Gottesidentifizierung jenseits von Worten und Empfindungen. Diese Erfahrung lässt sich nicht auf Seine emotionale oder intellektuelle Reflexion zurückführen – ähnlich wie zum Beispiel auch das Phänomen der Liebe: Wenn Sie fragen, anhand welcher Merkmale es möglich ist, wahre Liebe zu fixieren, dann kann die richtige

Antwort weder in den Worten gefunden werden, die die Liebenden zueinander sagen, noch in den Zuständen, die sie erleben. Wahre Liebe erweist sich durch Unzweifelhaftigkeit aus sich selbst heraus. In ähnlicher Weise erleben wir andere introspektive Phänomene: den freien Willen, die Singularität des „Ich" usw.

Einige religiöse Denker kommen auf dem Weg der Logik an diesen Punkt, aus Misstrauen gegenüber Ekstase und Theologie. Anderen geschieht dies durch eine Erfahrung, aber es fehlt ihnen die Möglichkeit, den Übrigen (insbesondere den Christen der ersten beiden Typen der Gottesidentifizierung) zu vermitteln, was genau mit der Gegenwart Gottes gemeint ist, wenn nicht Worte oder Zustände.

CHRISTENTUM UND ELITÄRES DENKEN

Eine hohe geistliche Idee, die in eine unvorbereitete Umgebung hineingeworfen wird, beginnt sehr bald in die entgegengesetzte Richtung zu wirken. Die Predigt der Demut führt dazu, dass die Demütigen die Oberhand gewinnen und denen unter ihnen von oben herab mangelnde Demut vorwerfen, was der Idee von der Demut eine völlig andere Bedeutung verleiht: Diejenigen, die das akzeptieren, gelangen zu der Ansicht, Demut sei Unterwürfigkeit gegenüber den Autoritäten.

Die Predigt der Liebe wiederum führt dazu, dass die Unverschämten zwar von der Liebe zu sich reden, von ihrer eigenen Liebe zu anderen jedoch nur unter der Bedingung der Gegenliebe der anderen ihnen gegenüber. So soll etwa die Gemeinde ihre Hierarchie lieben, wer aber die Hierarchie nicht liebt, der gehört auch nicht zur Herde, und die Hierarchie ist nicht verpflichtet, ihn zu lieben.

Jesus wusste dies und bildete eine Gemeinschaft jener, die zu mehr fähig waren als zu Zurückgezogenheit der Essener, Entschlossenheit der Zeloten, Gerechtigkeit der Pharisäer und Gelehrtheit der Schriftgelehrten und Sadduzäer. Er suchte keine Popularität (Mt 8,4; Mk 8,30), vertraute der Liebe des Volkes nicht (Joh 5,34, 41f; Mt 15,8) und floh vor dessen ehrgeizigen egozentrischen Umarmungen (Joh 6,15).

Unsere Aufgabe ist es nicht zu sagen: „So muss es sein, und so nicht", sondern uns so tief wie möglich bewusstzumachen und zu spüren, dass sowohl jene Denkstrukturen, die eine für uns inakzeptable Version des Christentums geschaffen haben, als auch die Denkstrukturen, in denen wir die Ablehnung dieser Version denken, beide gleichermaßen im Sein verwurzelt sind und einander nicht als „richtig" und „falsch" entgegengestellt werden können.

DIE UNFÄHIGKEIT ZU GEISTLICHEM LEBEN

IWAN ILJIN teilt in seinem Werk *Der Weg der geistigen Erneuerung* den Glauben in zwei Ebenen ein: das Bedürfnis zu glauben und die Fähigkeit zu glauben. Er schreibt: *Die russische Sprache gibt dem Begriff „Glauben" zwei verschiedene Bedeutungen: Die eine [verit'] verbindet den Glauben mit dem Bedürfnis zu glauben, die andere [verovat'] mit der Fähigkeit zu glauben. Alle Menschen wollen glauben, bewusst oder unbewusst, boshaft oder gutmütig, stark oder schwach. Glaubensfähig sind aber bei weitem nicht alle: Denn der Glaube setzt im Menschen die Fähigkeit voraus, sich mit seiner Seele an etwas zu heften ... an das, was den Glauben wirklich verdient, was den Menschen in der spirituellen Erfahrung gegeben ist, was ihnen einen gewissen „Weg zum Heil" eröffnet. Viele vertrauen auf Karten, Träume, Wahrsagerei, astrologische Horoskope; an Gott und alles Göttliche aber muss man [fähig sein zu] glauben.*[44] Heute gibt es viele Gläubige, die sich auf Gott in der gleichen Weise verlassen wie auf Wahrsagerei oder astrologische Vorhersagen.

Der Hauptgegner der Spiritualität sind nicht Dämonen oder Leidenschaften, sondern die Unfähigkeit zum geistlichen Leben. Dies kommt in bestimmten Prinzipien, nach denen Christus die Botschaft verkündet, klar zum Ausdruck. Jesus predigt offen zu den Menschen, gleichzeitig ist es ihm wichtig, die Fähigen von den Unfähigen zu trennen; in gnostischer Terminologie – die Pneumatiker von den Profanen; in der Terminologie der Evangelien – die, „denen es gegeben ist", von denjenigen, „denen es nicht gegeben ist"; diejenigen, die „Ohren haben, um zu hören" von denen, die keine haben; die mit zehn Talenten von denen mit zweien usw.

Eine ehrfurchtsvolle und aufmerksame Haltung gegenüber dem Evangelium und den Evangelisten motiviert, lehrt und fordert, dass wir nicht diejenigen verurteilen, „denen es nicht gegeben ist", und nicht alle mit dem

---

[44] *Der Weg der geistigen Erneuerung* [*Put' duchovnogo obnovlenija*] Kap. 1, Abschn. 2 (russ.: Belgrad 1937, München 1962)

gleichen Maßstab des räuberischen Prokrustes messen. Ein einziges Maß für alle ist blind und unmenschlich, es schaut nicht auf individuelles Begabt- oder Unbegabtsein. Deshalb auch sagte Jesus zu Seinen Jüngern: *Euch ist es gegeben, die Geheimnisse des Himmelreichs zu verstehen; ihnen aber ist es nicht gegeben* (Mt 13,11). *Dem einen gab er fünf Talente Silbergeld, einem anderen zwei, wieder einem anderen eines, jedem nach seinen Fähigkeiten* (Mt 25,15). Wenn wir diese ursprüngliche Ungleichheit ignorieren, kommen wir auf die eine oder andere Weise dahin, diejenigen zu verurteilen, die mit einem Talent nicht das Niveau desjenigen erreichen können, dem Gott fünf gegeben hat. Dabei entspricht eine andere Art von Religiosität einfach nicht ihrer Natur, ebenso wie es unnatürlich wäre, wenn ein Pferd herumflattern und ein Schmetterling einen Karren ziehen würde. Auch das Arsenal an religiösen Handlungsoptionen des eines Talents ist im Vergleich zu den fünfen begrenzt; umso mehr, als es dabei um die Ausrichtung der Geistesgaben geht, nicht so sehr um die Menge. Der Apostel PAULUS schreibt, dass Teilhabe am Geist sich auf verschiedene Weise ausdrückt. Zugleich sollte niemand einem anderen dessen Mangel an etwas vorwerfen, über das er selbst verfügt. Christen können nicht mit einem Maß gemessen werden. *Es gibt verschiedene Gnadengaben, aber nur den einen Geist. Es gibt verschiedene Dienste, aber nur den einen Herrn. Es gibt verschiedene Kräfte, die wirken, aber nur den einen Gott: Er bewirkt alles in allen. Jedem aber wird die Offenbarung des Geistes geschenkt, damit sie anderen nützt. Dem einen wird vom Geist die Gabe geschenkt, Weisheit mitzuteilen, dem anderen durch denselben Geist die Gabe, Erkenntnis zu vermitteln, einem*

anderen in demselben Geist Glaubenskraft, einem anderen – immer in dem einen Geist – die Gabe, Krankheiten
zu heilen … Das alles bewirkt ein und derselbe Geist; einem jeden teilt Er seine besondere Gabe zu, wie Er will
(1 Kor 12,4-11).

CHRISTUS UND DIE GLEICHNISSE

Jesus sprach zu einfachen Seelen in Gleichnissen. Die
unmittelbar ins Auge springende Bedeutung dieser
Gleichnisse blieb für die Mehrheit auch ihre einzige. Die
Jünger bemerkten diesen Kunstgriff und fragten Ihn, als
sie unter sich waren: *Warum redest Du zu ihnen in
Gleichnissen? Er antwortete ihnen: Euch ist es gegeben,
die Geheimnisse des Himmelreichs zu verstehen; ihnen
aber ist es nicht gegeben. Denn wer hat, dem wird gegeben und er wird im Überfluss haben; wer aber nicht hat,
dem wird auch noch weggenommen, was er hat. Deshalb rede Ich zu ihnen in Gleichnissen, weil sie sehen und
doch nicht sehen und hören und doch nicht hören und
nicht verstehen. An ihnen erfüllt sich das Prophetenwort
Jesajas: Hören sollt ihr, hören und doch nicht verstehen;
sehen sollt ihr, sehen und doch nicht einsehen* (Mt 13,10-14).
Die Grundlage Seiner Erklärung bildet das *Ihnen ist es
nicht gegeben.* Wie wir sehen, sind Träume davon, dass
alle Menschen gleichen Zugang zu geistlicher Erneuerung haben und jede Seele ein Christin ist, Gott so überhaupt nicht eigen.

Ein Gleichnis birgt einen tieferen Sinn als seine bloße Erzählung. Der Hörer wird aufgefordert, selbst in die Tiefe
der Bedeutung zu vorzudringen, indem er das Gleichnis
negiert und auf einer anderen Ebene akzeptiert (ähnlich

wie bei den Kōans im Zen-Buddhismus). Wenn wir das Gleichnis nicht selbst verstanden haben, sind wir eben zu mehr nicht fähig und müssen uns mit seinem Moralismus, Aphorismus usw. begnügen; eine vorgefertigte „richtige Antwort" aus dem geistlichen „Lösungsheft" wird uns nichts geben. Derjenige, der die tiefe Bedeutung für uns ausspricht, nimmt uns nur die Möglichkeit, diese Bedeutung selbst zu entdecken.

Für gewöhnliche Seelen würden der Text des Gleichnisses und seine Auslegung letztlich doch Phänomene gleicher Ordnung darstellen. Unzufriedenheit mit Gleichnissen dagegen ist ein sicheres Zeichen für einen Jünger Christi. Die Apostel blieben oft im Zweifel über die seltsamen Gleichnisse Christi und verstanden, dass sich hinter ihrem Inhalt noch mehr verbirgt. Indem sie jedoch den Lehrer aufforderten, ihnen direkt die „richtige Antwort" zu geben, begingen sie einen methodischen Fehler und verschlossen damit die heuristischen Dimensionen des Gleichnisses. Wäre es so einfach zu erklären, wie es ausgesprochen wurde, würde das Gleichnishafte keinen Sinn machen. Seine Hörer waren daher, auch nachdem sie die „richtige Bedeutung" vernommen hatten, in ihrer ursprünglichen Lage: Die Auslegung eines Gleichnisses ist ein weiteres ambivalentes Gleichnis, das wiederum mehrere Interpretationen zulässt. Zum Beispiel kann das ausgelegte Gleichnis vom Sämann die Gleichheit aller Menschen vor Gott bedeuten, da ja keiner der „Böden" daran schuld ist, dass er felsig, dornig usw. ist. Die umgekehrte Auslegung ist aber genauso legitim: Menschen sind schuldig aufgrund ihrer Leidenschaften, die sie daran hindern, die Botschaft richtig zu empfangen. Sicherlich findet jeder auch noch eine dritte Interpretation. Das bedeutet, dass die Erklärung Jesu nichts erklären kann, wo eine eigene Interpretation des Textes nach individuellen Bedürfnissen beabsichtigt ist.

ZEUGNIS AUS ERFAHRUNG ALS PRINZIP DES FRÜHEN CHRISTENTUMS

Die moderne Philosophie und Theologie ist mit den gnostischen Prinzipien der Berufung auf die Erfahrung vertraut. Die Verwendung des Begriffs „gnostisch" könnte einen Versuch vermuten lassen, hier gnostisches Sektierertum des zweiten und dritten Jahrhunderts zu rehabilitieren. Die heute als gnostisch bezeichneten Strömungen jener Zeit waren jedoch nur unterschiedliche Ausprägungen eines durch zerstreute Gruppen um Prediger und Praktiker wie BASILIDES, VALENTINUS, KERINTH, MARKION usw. entstellten frühen Christentums. Zu Recht bewertet das Christentum deren Lehren äußerst negativ. Trotzdem lässt sich eines der wichtigen gnostischen Prinzipien – der Verweis auf verborgene spirituelle Erkenntnisse / Erfahrungen – auch bei den frühen Christen belegen.

Die zentrale spirituelle These des Christentums lautet: Würde die Struktur unseres Denkens, nachdem wir Gott erkannt / berührt haben, weiterhin Menschen und Handlungen einander entgegensetzen, dann unterschiede sich unser christliches Denken und Urteilen – vollkommen egal, ob wir dabei dem einen oder dem andern Priorität einräumen – nicht grundlegend vom heidnischen. D. h. das Christentum wird in diesem Fall nicht als neue Religion in Erscheinung treten: Derjenige, der seinen Vorzug daraus ableitet, dass er die „Schlechten" und die „Guten" gegenüberstellt, bleibt derselbe wie vorher, egal welche Version des Atheismus oder der Religion er für sich gewählt hat. In dieser Hinsicht ist das Denken im Rassismus, Faschismus, Nationalismus und Volks-Christentum strukturell gleich.

Die Gnostiker des 2. bis 4. Jahrhunderts schlossen die „Profanen" (Geistlosen) von der Kommunikation mit sich aus. Das Prinzip, die eine Art von Christentum einer anderen entgegenzusetzen, war also für sie von größter Bedeutung. Dieser Umstand, verbunden mit der vielfachen Einbeziehung der heidnischen Mythologie in die Erklärung ihres Weltbilds, entwertete ihr „spirituelles Wissen" (Gnosis). Es erwies sich als unbrauchbar dafür, die Welt durch die Augen Gottes zu reflektieren – in Seinem Blick verlassen sowohl der Zöllner als auch der Pharisäer den Tempel gerechtfertigt, ein geistlich Reicher dagegen muss wiedergeboren werden, sei es als Fischer oder Stallknecht.

In der Predigt des Evangeliums sagt Jesus wiederholt, dass Gott nicht zwischen Gerechten und Ungerechten unterscheidet (Mt 5,44-48), dass Er sich weigert, ein Sittenwächter, ein Inquisitor des Denkens usw. zu sein. Wenn eine Person, nachdem sie Gott erkannt hat, ihr Prinzip ändert, auf dessen Grundlage sie die Welt und die anderen Menschen beurteilt, fixiert gerade dies und ausschließlich dies das „Wandeln im Licht".

Das gnostische Prinzip im Allgemeinen und das des Urchristentums im Besonderen ist, dass es wahres Wissen gibt (nicht als geheime Information oder intellektuelles Konstrukt, sondern als geistliches Erfahrungswissen), an dem teilzuhaben alles Übrige zu nichts werden lässt: Beschneidung und Unbeschnittenheit, Sklaverei und Herrschaft, „Sünde" und „Gerechtigkeit", Beachtung und Nichtbeachtung von Kalendern, Ritualen und Vorschriften. Die Akzeptanz dieser Wahrheit zerstört die eigentliche Grundlage der Entgegensetzung. Das ist Freiheit in Christus: *Wenn ihr in Meinem Wort bleibt, seid ihr wahrhaft Meine Jünger. Dann werdet ihr die Wahrheit erkennen und die Wahrheit wird euch befreien* (Joh 8,31f) – Freiheit nicht von jüdischen Vorschriften zugunsten der christlichen, sondern von der Situation selbst, in der solche Vorschriften notwendig sind. Wir kommen im Weiteren darauf zurück.

Um nicht beschuldigt zu werden, Gnostizismus zu predigen, ist es wohl angebracht, über das gnostische Vokabular hinauszugehen. Wir ersetzen das Gegensatzpaar „pneumatisch / profan" besser durch das wohlklingendere Wortpaar „geistliches / Volks-", „Erfahrungs- / Nachahmungs-" oder „teilhabendes / dürstendes" Christentum – in dem Sinne, dass die heiligen Vertreter des „dürstenden" Typs den Gott, nach dem sie dürsten, nicht hinreichend empfangen, weil sie nicht in der Lage sind, an der Gemeinschaft mit Gott Anteil zu haben. Keine Art von Christentum ist besser oder schlechter als die andere, sie sind einfach verschieden. Wenn man so will, kann ein „dürstender" Christ in seinem Dürsten und Streben um ein Vielfaches besser, um ein Vielfaches eifriger und heroischer sein als ein „teilhabender". Aber das Zeichen dafür, dass er Gott nicht sieht, ist seine aufrichtige Zustimmung zu einer Auswahl von Identifikatoren der Spiritualität, die von Natur aus materialistische Substitute (Surrogate der Spiritualität) sind.

Die „Dürstenden" können wunderbare Menschen jeder Klasse, jedes kulturellen Niveaus und von jedem Intelligenzgrad sein. Das Einzige, was sie von den teilhabenden Christen unterscheidet, ist ihre Unfähigkeit, das radikal Neue im Neuen Testament zu erkennen. Sie können im Rahmen ihres materialistischen Ansatzes nicht Anteil an Gott haben, aber sie besitzen in Bezug auf Gott Intuition und ein Bedürfnis nach Seiner Existenz. Auf die eine oder andere Weise bleibt Gott für sie jedoch ein eher äußeres Objekt, das einen Vorteil verschaffen oder Bedrohung sein kann.

Das Bewusstsein der meisten Menschen verwendet nur materialistische Werkzeuge, um Kommunikation aufzubauen, auch mit Gott. Infolgedessen akzeptiert die Mehrheit Modelle zur Definition von Spiritualität, die auch für Atheisten durchaus zugänglich sind – die kämpfen schließlich auch mit ihren Lastern, belehren andere und streben nach Selbstvervollkommnung.

Da sie auf der Ebene der Intuition handeln, bleiben die „Dürstenden" in ihrer Methodik, Gott zu entdecken, dem Wesen nach spirituelle Materialisten. Dies führt bei ihnen zum entsprechend funktionalen Gottesmodell: Gott wird gebraucht für Erfolg, Gesundheit, Geld usw. Wenn sie Gewissheit erlangen würden, dass Gott dabei ineffektiv ist, würden sie Ihn ohne Probleme verwerfen. Hier ist die Grenze zwischen dem Alten und Neuen Testament. Jesus half Israel nicht, entblößte seine Schwäche und wurde von den Juden verworfen. Für die Christen dagegen wurde diese Schwäche göttlich.

Unter Vorbehalt unterscheiden wir im Christentum verschiedene Typen, um jene wunderbaren Menschen angemessen zu verstehen, die nicht die Tiefen und Höhen der Orthodoxie suchen und nicht danach fragen. Das Volks-Christentum zeichnet sich durch eine stärkere psychische Abhängigkeit vom kulturellen Umfeld aus. Dieser soziale Charakterzug ist im Allgemeinen typisch für totalitäre Gesellschaften, für die mittelalterliche Mentalität oder auch einfach für Menschen mit anspruchslosen geistlichen Bedürfnissen. Sie sind mitnichten geringer als die „Teilhaber", abgesehen von dieser spirituellen Schlichtheit. So oder anders kommt der Typus des volkstümlichen Christentums zur allgemeinen religiösen Formel: Gefalle Gott, sonst wird Er dir Böses tun. In diesem Fall verlieren sämtliche christlichen Botschaften über die Freiheit und Leichtigkeit der Gebote ihren Sinn. Das Volks-Christentum macht das spirituelle Christentum sinnlos, während dieses das volkstümliche als eine Art nichtchristliches Christentum betrachtet und auffasst. In dieser permanenten inneren Spannung hat sich die Orthodoxie im Laufe ihrer gesamten Geschichte entwickelt. Von den Anfängen bis heute können wir viele Belege zugunsten beider Auffassungen vom Christentum finden.

Den Dürstenden wird oft der „blinde Glaube" vorgeworfen. Aus Sicht der Teilhabenden ist ihr Glaube wirklich blind, da sie sich, wenn sie von Gott sprechen, nicht auf Gott konzentrieren, sondern auf die menschlichen Glaubensregeln, auf Anordnungen der Hierarchie und auf die Tradition. Aber jeder Vorwurf deswegen aus der Sicht der Teilhabenden ist ungerecht: Wir sind berufen, den anderen zu lieben, nicht weil er wie wir ist und auch nicht, weil er wie wir werden kann, sondern so wie Gott ihn liebt: weil er der andere ist, weil er nicht du ist.

Für das teilhabende Christentum ist es offensichtlich: *Wer an den Sohn Gottes glaubt, trägt das Zeugnis in sich* (1 Joh 5,10), während das nachahmende (d. h. glauben wollende, doch zu vollwertigem Glauben unfähige) das, wovon der Glaube spricht, in sich selbst nicht sieht und daher ständig äußere Beweise und Bestätigungen verlangt.

Der Apostel PAULUS schreibt: Alle, *die sich vom Geist Gottes leiten lassen, sind Kinder Gottes. Denn ihr habt nicht einen Geist der Knechtschaft empfangen, sodass ihr immer noch Furcht haben müsstet, sondern ihr habt den Geist der Kindschaft empfangen, in Dem wir rufen: Abba, Vater! Der Geist Selber bezeugt unserem Geist, dass wir Kinder Gottes sind* (Röm 8,14ff). Das heißt, nicht die äußere Anerkennung von Jurisdiktionen, Bischöfen und Priestern, sondern dieser Geist Selbst bezeugt die Vollwertigkeit unseres Christentums. Nachdem wir den Geist der Kindschaft angenommen haben, dürfen wir nicht mehr in Furcht vor Bescheinigungen, Verboten und Anordnungen der Diözesanbürokratie leben.

Das Wichtigste im spirituellen Christentum ist die persönliche Erfahrung der Begegnung mit Gott. *Warum soll meine Freiheit vom Gewissen eines anderen abhängig sein?* (1 Kor 10,29): *Mein Gewissen bezeugt es mir im Heiligen Geist* (Röm 9,1). In diesem Kontext kann niemand einen Menschen in das Christentum aufnehmen oder davon exkommunizieren, außer der Geist Selbst, in Dem wir rufen: „Abba, Vater!" Ein solcher geistlicher Voluntarismus geht aber nur, weil bei den aus Erfahrung Gläubigen *die Sinne durch Gebrauch geübt sind, Gut und Böse zu unterscheiden* (Hebr 5,14). Ein Christ erhält in seiner inneren Erfahrung von Gott Selbst die Gewissheit der

Wahrhaftigkeit seiner Zustände, Entscheidungen und Urteile. Darauf aufbauend schreibt der Apostel JOHANNES: *Ihr braucht euch von niemandem belehren zu lassen; wie euch vielmehr Seine Salbung über alles belehrt, so ist es auch wahr und keine Lüge* (1 Joh 2,27). *Wer an den Sohn Gottes glaubt, trägt das Zeugnis in sich. Wer Gott nicht glaubt, hat Ihn zum Lügner gemacht, weil er nicht an das Zeugnis geglaubt hat, das Gott von Seinem Sohn abgelegt hat* (1 Joh 5,10). Aber erscheint es den Vertretern des Volks-Christentums nicht stets als falsch, wenn die Geisttragenden sich auf „Gott im Herzen", „die Salbung, die über alles belehrt", das persönliche „Unterscheidungsvermögen", das innere „Zeugnis des Geistes" berufen? Ja, diese Zweifel sind tausendfach begründet, aber die Nachahmung der Antike und die verschiedenen Versuche, die Gottheit „im Himmel" zu manipulieren, sind dann aus entgegengesetztem Blickwinkel nicht weniger lebendige Beweise mangelnder Spiritualität und des Verfalls — allerdings begründet auf den unerschütterlichen Fundamenten des Typikon und verbunden durch die Kette der apostolischen Sukzession.

VOLKS-CHRISTENTUM

Lassen Sie uns näher auf diese unüberwindliche Unfähigkeit zu einem freien geistlichen Leben in Christus eingehen. Menschen, die in vielerlei Hinsicht wunderbar sind, aber das Christentum nicht als ein qualitativ anderes spirituelles Leben akzeptieren können, sind gezwungen, den Sinn des Begriffs „Spiritualität" (etwas, das ihnen nicht gegeben ist) durch andere Konzepte zu bestimmen, d. h. auf der Grundlage materieller Empirie (die ihnen

113

gegeben ist). Wenn Sie also zum Beispiel Birnen noch nie probiert haben, bleibt Ihnen nur, deren Geschmack theoretisch aus den Worten derer, die sie probiert haben, und aus dem Vergleich mit Apfel und Melone abzuleiten. Wer nie Birnen gegessen hat, der kanonisiert die Beschreibung: „Eine Birne ist die Mitte zwischen einem Apfel und einer Melone." Der Geschmack der Birne wird durch den richtigen verbalen Vergleich ersetzt. Hört sich der Vergleich anders an, zum Beispiel: „Eine Birne ist wie eine Mischung aus Mango und Nektarine", wird er nicht akzeptiert. Die zur christlichen Tiefe des geistlichen Lebens Unfähigen müssen sich gezwungenermaßen fremden Texten und Kriterien zuwenden, über sie streiten und die Unantastbarkeit des Glaubens an ihnen festmachen. Sie befinden sich in einer so verletzlichen Position, weil uns dank der Offenheit des frühen Christentums die Idee von der universellen Verfügbarkeit intensivster Teilhabe an Gott mitgegeben wurde. Doch schon der Apostel PAULUS trennt die „Geistlichen" von den „Seelischen" nicht nach dem Grad der Sündhaftigkeit, sondern nach der Art des Glaubens. Der Apostel beruft sich auf die verborgene geistliche Erkenntnis / Erfahrung, die Gott nur den Gläubigen gegeben hat. Der Charakter seiner christlichen Verkündigung lässt sich in keiner Weise auf die üblichen zehn Gebote oder überhaupt auf das Prinzip der universellen Gebote des Gesetzes Gottes reduzieren: *Und doch verkünden wir Weisheit unter den Vollkommenen, aber nicht Weisheit dieser Welt oder der Machthaber dieser Welt, die einst entmachtet werden. Vielmehr verkünden wir das Geheimnis der verborgenen Weisheit Gottes, die Gott vor allen Zeiten vorausbestimmt hat zu unserer Verherrlichung. Keiner der*

Machthaber dieser Welt hat sie erkannt; denn hätten sie die Weisheit Gottes erkannt, so hätten sie den Herrn der Herrlichkeit nicht gekreuzigt. Nein, wir verkünden, wie es in der Schrift steht, was kein Auge gesehen und kein Ohr gehört hat, was in keines Menschen Herz gedrungen ist, was Gott denen bereitet hat, die Ihn lieben. Uns aber hat es Gott enthüllt durch den Geist. Der Geist ergründet nämlich alles, auch die Tiefen Gottes. Wer von den Menschen kennt den Menschen, wenn nicht der Geist des Menschen, der in ihm ist? So erkennt auch keiner Gott - nur der Geist Gottes. Wir aber haben nicht den Geist der Welt empfangen, sondern den Geist, Der aus Gott stammt, damit wir das erkennen, was uns von Gott geschenkt worden ist. Davon reden wir auch, nicht mit Worten, wie menschliche Weisheit sie lehrt, sondern wie der Geist sie lehrt, indem wir den Geisterfüllten Geistgewirktes deuten. Der irdisch gesinnte Mensch aber erfasst nicht, was vom Geist Gottes kommt. Torheit ist es für ihn und er kann es nicht verstehen, weil es nur mit Hilfe des Geistes beurteilt werden kann. Der geisterfüllte Mensch aber urteilt über alles, ihn selbst vermag niemand zu beurteilen. Denn wer begreift den Geist des Herrn? Wer kann ihn belehren? Wir aber haben den Geist Christi (1 Kor. 2,6-16). Die Einteilung des Menschen in Geisterfüllte und irdisch Gesinnte kommt beim Apostel ohne jene Demütigung der letzteren aus, die bei den gnostischen Sekten gang und gäbe war. Dennoch zeugt gerade das Prinzip der Nicht-Universalität des Christentums, die Tatsache, dass sein höchstes innerstes Geheimnis nur den geistlichen Gläubigen offenbart wird, von der Existenz einer akkuraten, aber grundlegenden Distanzierung gegenüber dem „irdisch gesinnten" Typus der christlichen Religion.

Der ehrwürdige EPHRAIM DER SYRER legt die Worte des Apostels darüber aus, dass *der irdisch gesinnte Mensch nicht erfasst, was vom Geist Gottes kommt*, und schreibt: *Fleischliche Menschen, die den Geist nicht angenommen haben, halten es für Torheit. Dies ist dasselbe, wie: „Werft eure Perlen nicht den Schweinen vor"* (Mt 7,6). *Sie „können es nicht verstehen, weil es nur mit Hilfe des Geistes beurteilt werden kann", das heißt durch einen „geisterfüllten Menschen".*[45]

Der heilige CLEMENS VON ALEXANDRIA beginnt seine *Stromata* wie folgt: *Wenn aber die Erkenntnis [Gnosis] nicht aller Sache ist, so sind die Schriften für die Masse das gleiche wie für einen Esel die Laute, um mit dem Sprichwort zu reden. Die Schweine freuen sich ja mehr am Schlamm als an reinem Wasser. „Deshalb", so sagt der Herr, „rede Ich in Gleichnissen zu ihnen, weil sie mit sehenden Augen nicht sehen und mit hörenden Ohren nicht hören und nicht verstehen"* (Mt 13,13), *womit nicht gesagt ist, dass der Herr das Nichtverstehen bei ihnen herbeiführt (denn solches zu denken, wäre nicht recht), sondern dass Er das bei ihnen vorhandene Nichtverstehen in prophetischer Weise aufzeigte und kundtat, dass sie das Gesagte nicht verstehen würden.*[46]

---

[45] *Kommentar zum 1. Korintherbrief,* Kap. 2 (*Sancti Ephraem Syri Commentarii in Epistolas D. Pauli,* Venedig 1893, S. 52)
[46] Erstes Buch Kap. 1,2 (zit. nach BKV II 17, S. a12)

DAS POSTULAT DER GLEICHEN NATUR GEISTLICHER UND PHYSISCHER ERFAHRUNGEN

Das einfache Volks-Christentum betrachtet und begreift geistliche und physische Erfahrungen als gleichgeartet. Infolgedessen scheinen Spiritualität und Materialität durchaus ineinander konvertierbar zu sein. Daher lässt sich der Glaube leicht durch seine äußeren Erscheinungsformen bestimmen.

Für viele Christen kann „Spiritualität" nicht als eigenständiges Phänomen erlebt werden, ihr Verständnis der spirituellen Realität liegt auf der gleichen Ebene wie das Verständnis der physischen Realität. Aus diesem Grund bildet sich unausweichlich eine Entgegensetzung von Gott und Mensch, des Menschlichen und des Göttlichen. Es entsteht ein duale Asketik (sie ist in den meisten Religionen vorhanden), in der das Geistliche und das Materielle in die gleiche Sphäre gestellt werden und sich gegenseitig verdrängen. Die Gefahr dualistischer Askese besteht darin, dass der Konflikt zwischen diesen Ausprägungen der menschlichen Natur zur Unterdrückung des einen auf Kosten des anderen führt. Asketen dieses Typs sind innerlich begründet dazu motiviert, kaum zu essen, wenig zu schlafen usw., um den Koeffizienten der „Spiritualität" zu erhöhen.

Wenn einer, der an Gott glaubt, denkt, dass durch eigene Unterernährung Gott vermehrt wird, bedeutet dies, dass in seiner Seele die Wurst und Gott in derselben Sphäre angesiedelt sind und sich gegenseitig verdrängen. In dieser Position zieht der Gläubige Gott natürlich der Wurst und den anderen Freuden des Lebens vor. Der Asket weist die Wurst von sich und versucht, die Gegenwart Gottes durch das Fehlen von allem Schmackhaften / Angenehmen zu verstärken. Diese Aktion ist äußerst lobenswert und ein wahrhaftiges asketisches Werk innerhalb eines Weltbilds, in dem Gott mit der Wurst konkurriert. In dieser Dualität wählt der Asket Gott, und dies ist ein vollwertiger Glaubensakt.

Die Spiritualität kann hier ihrem fleischlichen Charakter nicht mehr entfliehen. Im Christentum zum Beispiel gibt es für einen Mönch keinen Weg, sein Mönchtum würdevoll abzubrechen. Dies geschieht, weil die in Worten verkündete Getrenntheit von Fleisch und Geist nicht aus Erfahrung erlebt worden ist und daher die Trennung in der Praxis nicht vollzogen werden kann. Das intensive geistliche Leben eines solchen Menschen wird anhand von materiellen (psychischen) Praktiken (Klostermauern, Kleidung, Nahrung, Tagesablauf) identifiziert, und die Dyaden der Gegensätze werden den Kampf um die Spiritualität stets als Spiritualität selbst ausgeben.

Für die Vertreter eines anderen Modells des Christentums sind Gott und Wurst Phänomene von so unterschiedlicher Art, dass Wurst (wie andere Segnungen des Lebens) akzeptiert werden kann, gleich dem Fisch, den Christus für Seine Jünger gebraten hat (Joh 21, 9). Auch ein Asket dieser anderen Sorte kann Wurst ablehnen, nun aber als freie Torheit vor Gott, als bedingten Teil der Beziehung zu Ihm. Zugunsten eines solchen Verhältnisses ist das Zeugnis im Evangelium wichtig, dass Christus nicht mit Wurst gekämpft hat. Außer in den ersten vierzig Tagen fastete Er überhaupt nicht. Dafür musste Er sich Fragen gefallen lassen wie: *Warum fasten Deine Jünger nicht, während die Jünger des Johannes und die Jünger der Pharisäer fasten?* (Mk 2,18), und auch Vorwürfe an Seine Adresse: *Der Menschensohn ist gekommen, Er isst und trinkt und sie sagen: Siehe, ein Fresser und Säufer, ein Freund der Zöllner und Sünder!* (Mt 11,19).

Der Apostel PAULUS teilt Christen in die Kategorien „schwach im Glauben" und „frei in Christus" ein. Der Apostel hielt den Kampf mit den Segnungen des Lebens für zweitrangig im Vergleich zur Liebe zu einem schwachen Bruder in Christus. Paulus akzeptiert beide Arten des Christentums als innerlich wahrhaftiges Handeln vor Gott: *Wer einen bestimmten Tag bevorzugt, tut es zur Ehre des Herrn. Und wer Fleisch isst, tut es zur Ehre des Herrn; denn er dankt Gott dabei. Und wer kein Fleisch isst, unterlässt es zur Ehre des Herrn und auch er dankt Gott* (Röm 14,6). *Hast du Glauben? Bewahre ihn in dir selbst, vor Gott. Gesegnet ist, wer sich selbst nicht verurteilt in dem, was er wählt* (Röm 14,22 russ.). Für den Apostel selbst gelten materielle Vorschriften nicht für das geistliche Leben, *denn das Reich Gottes ist nicht Essen und Trinken, sondern Gerechtigkeit, Friede und Freude im Heiligen Geist* (Röm 14,17).

Man kann beklagen, dass diese versöhnliche Auffassung des Apostels Paulus über die konkurrierenden Formen der Spiritualität von der Kirche kaum akzeptiert worden ist – weder in der Geschichte noch in der Neuzeit. In der Frage von „Essen und Trinken" hat das Christentum des Neuen Testaments ein letztes und entschiedenes Wort gesprochen – aber es scheint, dass einige der „im Glauben schwachen" Kinder Gottes immer noch nichts davon gehört haben. Nein, sie wissen natürlich darum, sie können bloß die tiefe Idee des Apostels PAULUS von der Gleichheit der Essenden und der Nichtessenden, der die Tage Unterscheidenden und Nichtunterscheidenden einfach nicht akzeptieren.

Das Fasten erwähne ich hier nur in der Absicht zu zeigen, dass manche christliche Asketen in ihren Urteilen über Spiritualität gezwungen sind, sich in der Sphäre materieller Phänomene zu orientieren. Das aber führt dann zu dem Schluss: Je härter du fastest, desto spiritueller bist du.

DIE ANDERE SEITE DES HEILIGENSCHEINS

NEBENWIRKUNGEN DER RECHTSCHAFFENHEIT

Künstlich eingespieltes Lachen befreit uns davon, die Pointe selbst erkennen zu müssen, und der Kirchenschmuck enthebt uns der Notwendigkeit, das Heilige selbst zu finden. Die tibetische Gebetstrommel funktioniert ähnlich; anderenorts kann eine wohlhabende Person spezielle Klageweiber anheuern, um einem Verstorbenen nachzuweinen und ihn zu beklagen.

Der Erfolg der Erfindung des Offscreen-Lachens durch CHARLES DOUGLAS († 2004) beweist, dass derselbe „primitive" Mechanismus auch in unseren hochentwickelten Gesellschaften funktioniert. Wenn von der Kanzel neben Auszügen aus den Briefen des Apostels PAULUS Auszüge aus den Büchern populärer Psychologen oder auch aus den Apokryphen verlesen würden, hätte der Hörer die Möglichkeit, eigenständig die apostolischen Texte als heilig zu identifizieren. Aber in modernen Kirchen ist alles so arrangiert, dass er nur nicken kann.

Da ist eine Struktur, die einer Person ihre Freuden, Sorgen und Interessen diktiert, und der einfache Mensch wälzt die Last seiner Reaktionen auf bestimmte Phänomene und Ereignisse auf diese Struktur ab. Sogar der Glaube kann auf jemand anderen übertragen werden. Unsere Vorfahren glaubten wirklich, dass die Wiederkunft Christi bald eintreten würde, und erwarteten sie. Heutzutage ist der Patriarch stolz darauf, dass die von ihm errichteten Kirchen für Jahrhunderte gebaut werden, und der durchschnittliche Christ glaubt persönlich auch nicht an Christi unmittelbar bevorstehende Wiederkunft; als Mitglied der orthodoxen Kirche aber glaubt, bekennt und besingt er sie: „Wir erwarten …!" Er braucht einen „anderen Wahrhaftigen", um zu glauben. Das Denkmodell ist: Irgendwo gibt es einen anderen, der „wahrhaftig glaubt", nicht so wie ich Kleingläubiger!

DIE IDEE DES RECHTSCHAFFENEN - FASCHISMUS IM CHRISTENTUM

Wo die Vorstellung vom Rechtschaffenen als dem wahrhaftigen Menschen auf totalitäres Denken trifft, wie es für vergangene Epochen charakteristisch war, gerät diese Vorstellung unmerklich zum Versuch, eine neue Formation von Menschen durch Neuformatierung der vorhandenen hervorzubringen. Als Motiv dient die ethische Forderung nach dem rechten Menschsein. Dem ist auch die hagiographische Idealisierung des Heiligen im Gegensatz zu gewöhnlichen Menschen unterworfen.

Die Idee vom vorbildlichen Menschen, vom Gerechten ist in ihrer Struktur rassistisch. Definierend wird der Begriff von einer bestimmten wichtigsten Eigenschaft des Menschen eingeführt, die er jetzt oder zumindest in Zukunft unbedingt besitzen müsse. Implizit ist die neue Rasse von Mega-Menschen bei allen Utopisten beschrieben, von PLATONS *Politeia* bis hin zu V. VYNNYČENKOS *Konkordismus* – alle suchten einen hundertprozentigen Menschen, also ein künstliches Menschenkonstrukt ohne die Fehler echter Menschen. Hieraus folgt auch die Popularität der Idee eines Guru in religiösen Bewegungen (insbesondere in den neo-hinduistischen). Um diese Idee zu verwirklichen, zerbrechen sich hunderte von frommen Asketen und flammenden Religionsbekämpfern Köpfe und Rücken. Das Konzept des „wahren Menschen" verleiht den gewöhnlichen Menschen den Status eines Unrichtigen, für den Selbst- / Korrektur geboten ist.

Wir suchen nach dem Rechtschaffenen, doch wir finden keinen, weil unsere Augen Flecken haben, die jeden beflecken, den wir sehen. Selbst ein rechtschaffener Mensch wirkt in unseren Augen immer mehrdeutig. Die „hingebungsvollen" Jünger flohen vor dem göttlichen Lehrer und waren von Ihm enttäuscht, da Sein Ende hässlich und irgendwie nicht rechtschaffen wirkte.

Der Archetyp des geläuterten Mannes ist ein gemeinsames Element aller alten Kulturen. Aber er gerät nicht nur in Konflikt mit der Wirklichkeit, sondern auch mit der Verkündigung Christi, die uns lehrt, die Wirklichkeit als heilig anzunehmen („Selig sind die Armen im Geiste", „Ihr seid das Licht der Welt!"). So ist der nach Idealitätskriterien definierte Heiligenkult eine Negation des Christentums. Gott hat uns befohlen, unseren Nächsten nicht wegen seiner Heiligkeit anzunehmen, sondern so wie den Regen, der gleichermaßen auf die Gerechten und Sünder fällt, und die Sonne, die über alle gleichermaßen aufgeht (siehe Mt 5,45). Nur dann können wir uns Söhne des Allerhöchsten nennen.

AN IHREN FRÜCHTEN WERDET IHR SIE ERKENNEN

Die Suche nach Anzeichen der Heiligkeit ist für den Suchenden immer charakteristischer als für den Heiligen.

Als Christus Seine Jünger versammelt hat, war dies von Anfang an elitär, sowohl durch das „Wer Ohren hat zu hören, der höre" wie auch aufgrund des Absurden und der Strenge Seiner Predigt. Für die Übrigen aber gibt es im Evangelium genügend Gleichnisse, die von gewöhnliche Menschen leicht als banale Wahrheiten oder Aphorismen gleicher Ordnung verstanden werden. Zum Beispiel das berühmte: *Hütet euch vor den falschen Propheten; sie kommen zu euch in Schafskleidern, im Inneren aber sind sie reißende Wölfe. An ihren Früchten werdet ihr sie erkennen* (Mt 7,15f) – daraus ist ein geflügeltes Wort entstanden. (Viele andere Sätze von Christus bekamen auch Flügel und begannen, einmal davongeflogen, ein Eigenleben zu führen.) Doch bei aller Einfachheit und Offensichtlichkeit des Kriteriums „nach den Früchten" gibt es diesbezüglich mehrere Aspekte, die seinen Wert im Ganzen einschränken und dieses Prinzip, Heiligkeit zu definieren, für das dürstende Volk zu einem geflügelten Wort machen.

Erstens: Wie schwach muss das abstrakte Denken bei jemandem entwickelt sein, dem man solche Ratschläge geben muss? Das Kriterium der „Früchte" setzt die Unfähigkeit des Hörers voraus, eine mehr oder weniger komplexe verbale Vorwarnung anzunehmen. Wir erkennen die Früchte daran, dass sie uns abstoßen / gefallen – in der Praxis aber ist es in diesem Augenblick schon zu spät für den Ratschlag, den „Wolf" zu erkennen.

Zweitens: Wie sehr müssen wir unsere „Früchte" (sowie die Richtigkeit unserer Vorstellungen von richtigen Früchten) vor Fremden pharisäisch lobpreisen, um nicht selbst an der Grundlage unserer Präferenz zu zweifeln?

Die Methode bestimmt die Suchergebnisse: Wie die Erfahrung des Studiums des Sektierertums zeigt, wird das Objekt nicht erkannt, wenn die Erkenntnismethode nicht mit dem Objekt übereinstimmt. Umgekehrt gilt: Wenn die Vorstellung von einem „Wolf" auf eine Ziege verweist, dann wird gerade diese als Wolf enttarnt. Anstatt das System zur Definition von „Früchten" kritisch zu diskutieren, wird uns vorgeschlagen, ihm von vornherein zu vertrauen. Infolgedessen wird die Herde den falschen Hirten bei Verwendung des Kriteriums „Frucht" solange nicht erkennen, bis er ihr unangenehm wird. Das Schaf wird erst feststellen, dass es ein Wolf ist, wenn er anfängt, es zu fressen.

Drittens: Bei weitem nicht jeder kann die Früchte sehen, selbst wenn sie gereift sind; es ist nicht so einfach, wie es bei oberflächlichem Hinsehen erscheint. Das Prinzip „An den Früchten werdet ihr erkennen" geht offenbar davon aus, dass es bei der Erkennung keine Probleme geben wird. Die Praxis jedoch zeigt, dass die Früchte selbst noch der wirrsten Sekten die Anhänger dieser Sekten nur noch mehr begeistern. Oft wird sogar die Zerstörung von Familien noch als Merkmal eines spirituellen Weges gewertet. Dazu muss man nicht lange suchen, schließlich wird dieser Aspekt auch im Evangelium gewürdigt: *Amen, Ich sage euch: Jeder, der um des Reiches Gottes willen Haus oder Frau, Brüder, Eltern oder Kinder verlassen hat, erhält dafür schon in dieser Zeit das Vielfache und in der kommenden Welt das ewige Leben* (Lk 18,29f).

Viertens: Das diskutierte Kriterium überlässt die Menschen der Willkür spiritueller Selbstverwaltung und dem Lustprinzip (da vorgeschlagen wird, gute / schlechte

Früchte durch Behagen / Unbehagen zu erkennen). Aber wie können wir uns in der Frage der Wahrheit – in diesem Fall der Wahrheit des Hirten – vom Lustprinzip leiten lassen? *Wäre Seligkeit, — technischer geredet, Lust jemals ein Beweis der Wahrheit? So wenig, dass es beinahe den Gegenbeweis, jedenfalls den höchsten Argwohn gegen „Wahrheit" abgibt, wenn Lustempfindungen über die Frage „was ist wahr" mitreden. Der Beweis der „Lust" ist ein Beweis für „Lust", — nichts mehr; woher um Alles in der Welt stünde es fest, dass gerade wahre Urteile mehr Vergnügen machten als falsche, und, gemäß einer prästabilierten Harmonie, angenehme Gefühle mit Notwendigkeit hinter sich drein zögen? — Die Erfahrung aller strengen, aller tief gearteten Geister lehrt das Umgekehrte* (FRIEDRICH NIETZSCHE).[47] Die Definition von Wahrheit lässt sich nicht auf den Bereich des Angenehmen eingrenzen. Andernfalls gleichen wir dem Mann aus der Anekdote, der seine Schlüssel nicht dort sucht, wo er sie verloren hat, sondern da, wo es bequemer ist zu suchen. *Der Dienst der Wahrheit ist der härteste Dienst,* fährt der Philosoph fort und fordert, dass man zuweilen *streng gegen sein Herz ist, dass man die „schönen Gefühle" verachtet … man hat fast Alles dagegen preisgeben müssen, woran sonst das Herz, woran unsre Liebe, unser Vertrauen zum Leben hängt. Es bedarf Größe der Seele dazu.*[48] Und wenn uns die „Früchte" dieses oder jenes Lehrers oder Hirten absolut nicht gefallen, irren ja vielleicht wir uns, nicht er.

---

[47] *Der Antichrist* § 50
[48] Ebenda

ICH SEHE DEINE SPIRITUALITÄT NICHT!

Es ist unmöglich, die Spiritualität eines Menschen zu sehen, ohne selbst spirituell zu sein. Der Apostel Paulus schreibt: *Der irdisch gesinnte Mensch aber erfasst nicht, was vom Geist Gottes kommt. Torheit ist es für ihn und er kann es nicht verstehen, weil es nur mit Hilfe des Geistes beurteilt werden kann. Der geisterfüllte Mensch aber urteilt über alles, ihn selbst vermag niemand zu beurteilen* (1 Kor 2,14f). Hier scheint die Situation ausweglos. Irdische Menschen haben keine Chance, die Heiligkeit der Heiligen zu beurteilen. Aber das Bedürfnis danach bleibt beim Volke bestehen.

Das Problem der Bestimmung geistlicher Erfahrung und ihres Werts wurde im Christentum von Anbeginn gesehen. „Was nützt der Glaube an sich, meine Brüder? Glaube ohne Werke ist tot" – so etwa sagt es der Apostel JAKOBUS (vgl. Jak 2,14.26). Bei aller Richtigkeit dieser Worte auf den ersten Blick fällt jedoch auf den zweiten die utilitaristische Wahrnehmung des geistlichen Lebens auf. Der Glaube kann sich nur in Werken manifestieren, aber dies bedeutet nicht, dass Manifestationen ihn angemessen repräsentieren oder dass er ohne „evidente" Manifestationen nicht existiert.

Die eindimensionale Weltsicht macht es möglich und notwendig, Spiritualität in materielle Äquivalente umzuwandeln. Aus Sicht des Christentums der Erfahrung (der Begegnung) ist dies zweifellos eine blinde, utilitaristische Wahrnehmung der menschlichen Spiritualität. Die Betonung verschiebt sich von einer geistlichen Erfahrung zu einem materiellen „Äquivalent". Die beharrliche

Forderung nach guten Werken und „Früchten der Buße", dargestellt als die Notwendigkeit, den Glauben (d. h. die Verbindung mit Gott) auszuweisen, ist die Forderung derer, denen es „nicht gegeben" ist, Spiritualität außerhalb des materiellen Formats wahrzunehmen. Ihre Forderung nach den „Früchten der Buße" zeugt von ihrer geistlichen Blindheit: Für sie existiert Buße selbst nicht als geistlicher Akt, daher fordern sie, diesen Akt sichtbar und nützlich zu machen, weil sie anders keinen Sinn sehen.

Darüber hinaus wird als selbstverständlich vorausgesetzt, dass das Ausweisen der Spiritualität in einer Form erfolgt, die vom Antragsteller gutgeheißen wird. So wird das Phänomen Spiritualität auf das Niveau nützlicher Werke des „bürgerlichen Humanismus" herabinstrumentalisiert. So verliert im Konzept „Glaube = Werke" die geistliche Erfahrung „Glaube an Christus" ihre Bedeutung: Die berühmt-berüchtigten Werke sind gefragt. Doch dafür braucht es Christus und Gott überhaupt nicht. Gute Werke werden auch außerhalb irgendwelchen Glaubens gefordert und getan.

Jede Art der Umwandlung von Spiritualität in ein für die äußere Wahrnehmung akzeptables Format setzt Vereinfachung und Verzerrung, meist aber eine vollständige Substitution der Spiritualität durch allgemeine humanistische Werte voraus. Um beispielsweise dem Gesprächspartner den Wert der Verehrung von Krishna zu beweisen, sind die Vertreter der „Internationalen Gesellschaft für Krishna-Bewusstsein" gezwungen, ihre guten Taten und humanitären Aktionen aufzulisten, über ihre Friedlichkeit, Freundlichkeit, Barmherzigkeit gegenüber Tieren zu reden usw. Dasselbe ist jedoch von jeder religiösen Organisation zu hören, wenn sie gebeten wird, die spezifische Natur ihrer religiösen Wahl anzugeben.

Diese Verzerrung unterstellt, dass der Wert der Religiosität durch gesellschaftlichen und kulturellen Nutzen bestätigt werden kann. Dies stellt Religion als Anhängsel des Humanismus dar, womit weder die Orthodoxen noch die neuen religiösen Bewegungen einverstanden sind. Die Forderung, den Glauben in einem materiell sichtbaren Format darzustellen, ruht also auf dem Fundament des Materialismus.

HEILIGKEIT AUF DEM SILBERTABLETT

Vorsicht vor dem pharisäischen Kaugummi!, d. h. vor endlosen Gesprächen / Debatten über Rechtschaffenheit anstelle der Rechtschaffenheit selbst. Der Typus pharisäischer Heiligkeit leidet chronisch an dem Zwang, Früchte der Spiritualität zu liefern. Das Problem sind nicht einmal die Pharisäer selbst, sondern es ist das Dürsten der Menschen danach, die Heiligkeit mit bloßem Auge zu sehen, und ihr naiver Glaube, dass sie sichtbar sein kann und sollte. Daher hielten es die Pharisäer als in den Augen des Volkes Gerechte für wichtig, ihr gesellschaftliches Image, ihre Rolle als Lehrer der Rechtschaffenheit aufrechtzuerhalten. Dazu beteten sie auf den Marktplätzen, disputierten über Geistliches, trugen besondere Zeichen der Hingabe an Gott: Gebetsriemen, Phylakterien, Quasten usw.

In der heutigen humanistischen Ära hat sich der Blickwinkel so sehr verschoben, dass Aspekte, die im Mittelalter als klare Beweise für Heiligkeit dienten, nunmehr nur noch Mitgefühl hervorrufen. Die Kriterien der Bestimmung von Heiligkeit im Sinne des spirituellen Erfolgs sind ebenfalls verlorengegangen. Ich sehe darin keine Tragödie, denn Heiligkeit kann durch nichts bewiesen werden. Aber für die meisten Christen ist Bestimmtheit in diesem Bereich ein wichtiges Element ihrer Wahrheit und Gewissheit.

Diese Art, Spiritualität zu messen, erfordert Kriterien, die das Resultat der geistlichen Anstrengungen bestimmen. Hier vergleicht der Apostel Paulus Christen mit Athleten, die sich für den Erfolg in völliger Enthaltsamkeit üben (1 Kor. 9,25). Auch im Fitnessstudio werden Diät, Abstinenz, Anstrengung und Selbstbeherrschung gepredigt, und die Ergebnisse sind sichtbar! Ist es ebenso möglich, die geistlichen Erfolge der Orthodoxen konkret zu ermitteln? Diese Frage ist sperrig, aber sie erwächst zwangsläufig aus der Prämisse, dass spirituelle und physische Erfahrungen gleicher Natur sind.

Die Antwort auf die Bitte um den Beweis der Heiligkeit ist gewöhnlich von zweierlei Art: 1) „Schau dir das Leben der Heiligen vor 100-1700 Jahren an" und 2) „Es gibt da und da einen Altvater, der empfängt Gläubige in dem und dem Kloster." Aber gelungene Viten zeugen mehr von der Begabung des Verfassers als von echten Menschen; auch Vertreter des Sektierertums aller Richtungen schreiben nicht schlecht. Und der Altvater im Kloster ist in den Augen seiner Zeitgenossen ein ziemlich gekünstelt wirkendes Vorbild an Heiligkeit: Er trägt weiterhin die Kleidung der antiken Asketen, und die Tatsache, dass er nur im Klosterreservat existiert, zeugt von seiner sozialen Degeneration. Ein solcher Altvater befindet sich fortwährend unter Laborbedingungen; er ist sehr gut in seinem engen Tunnelleben, etwa so gut wie ein Video-Gamer auf seinem Spezialgebiet. Wenn Sie einen solchen Altvater in eine Fabrik versetzen würden und er dort arbeiten müsste, etwa als Kontrolleur, dann könnte er ein Vorbild sein. Aber er kann nicht „in der Welt leben", in einer Waschanlage oder als Wächter arbeiten, obwohl er bereit ist, allen Wächtern und Autowäschern Ratschläge zu geben. Außerdem wird er nur deshalb überhaupt bekannt, weil er Menschen empfängt, das heißt, weil er als Altvater tätig wird. In unserer Welt gibt es jedoch viele Psychologen, Life Coaches usw., die ebenfalls wissen, wie man eine Rolle spielt, und die im Rahmen ihrer Rolle perfekte Menschen sind. Damit haben die auf gesellschaftlicher Ebene präsentierten Standardkriterien der Heiligkeit ihre Bedeutung verloren – mehr noch, sie können sogar als deutlicher Beweis für das Gegenteil aufgefasst werden.

DIE UNTAUGLICHKEIT ANTIKER SPIRITUELLER GRUNDSÄTZE

Zum Leidwesen der restaurativen Christen erweist es sich nach aktueller Lage der Dinge als unmöglich, die spirituellen Normen der Antike einfach so ins 21. Jahrhundert zu übertragen. Die Ursache ihrer praktischen Untauglichkeit sind drei wesentliche Unterschiede zwischen den Epochen: 1) die unterschiedlichen Inhalte der grundlegenden Begriffe, 2) die jeweils unterschiedliche Bewertung spiritueller Zustände und 3) die Veränderung der Aufgaben des geistlichen Lebens selbst.

Die alten Mönche, die sich der Welt entgegensetzten, hatten für diese Opposition eine klare Semiotik. In der

Antike hatte alles eine symbolische Dimension – Mahlzeit, Geschirr, Kleidung, sogar die Sitzordnung bei Tisch entsprach der Tradition. Eingebettet in die rituellen Rede- und Handlungsketten wird aus christlicher Sicht das menschliche „Ich" verzichtbar, was bedeutet, dass die antike Kultur entmenschlicht. Um dies zu betonen, mussten die Mönche lediglich den religiösen und kulturellen Vektor ins Gegenteil verkehren: Sie begannen sich abzusondern, einfachste Kleider zu tragen, schlecht und wenig zu essen, entsagten Sex, Tanzen, Theater usw. Dies war eine vollwertige zeichenhafte Ansage in Bezug auf das unwiederholbare, vor Gott stehende „Ich", die von jener kulturellen Epoche auch verstanden wurde.

Heute werden antike Akte der Frömmigkeit wie der Verzicht auf Kommunikation, Heirat usw. ganz anders verstanden. Im 21. Jahrhundert wird Abschottung als Asozialität und Menschenverachtung interpretiert; Entsagung von Sexualität und Lebensstandard (wo solche wirklich stattfindet) wird als neurotische Symptomatik oder als spezifisches individuelles Bedürfnis wahrgenommen, jedenfalls nicht als asketisches Werk. Daher fällt heutzutage Asketen, als Kindern ihrer Zeit, die Selbstmotivation zu asketischen Taten schwer. Die Askese der Antike ist selbst für die orthodoxen Asketen nicht mehr verständlich.

Die Rechtfertigungen, Argumente und Gründe, die in jenem Zeichensystem stark waren, erscheinen in einem anderen Kulturraum schwach, unzureichend oder sogar gegensätzlich.

Beispielsweise wurde das menschliche „Ich" in der archaischen Kultur als Instrument zur Ausführung sozialer oder göttlicher Weisungen und als Ausführender der Verhaltensmodelle der Gesellschaft verstanden: als Handwerker, Krieger, Mutter, Herrscher usw. (als exklusiv galten jene, die Befehle höherer Macht ausführten: Propheten, Schamanen, Hohepriester). In diesem Kontext wurde das „Wir" als starke soziale Identität verstanden: Volk, Kaste, Clan, Glaube (was auch eine Rollenhandlung implizierte); „Gnade" aber wurde als eine von oben gegebene magische Wirkung aufgefasst, die die Wahrnehmung der gesellschaftlichen Rollen-Richtlinie unterstützte. Wenn Vorstellungen von Gottesinkarnation, Freiheit und Opfer in eine solche Sprachumgebung geraten, so haben sie gar nicht die Möglichkeit, ein einzelnes „Ich" zu adressieren, auch wenn sie ein solches in jedem Satz deklarieren.

Im modernen religiösen Denken ist „Ich" ein freies Bewusstsein, das in seiner Unbeanspruchtheit Gott ähnlich und für die evolutionäre Anpassung nicht notwendig ist. Das menschliche „Ich" ist Subjekt des in einer einsamen Welt herumirrenden Bewusstseins.

Auf die Bedeutungsverschiebung der grundlegenden Begriffe werden wir in anderen Kapiteln noch genauer eingehen. Es ist viel wichtiger, die Veränderung in den Zielen und Aufgaben des spirituellen Lebens selbst zu betrachten. Denn jene Geisteszustände, zu deren Erreichung die heiligen Väter in ihren Weisungen aufrufen, haben mittlerweile eine andere Bedeutung, nicht allein im Rahmen der äußerlichen Beurteilung, sondern auch für die innere Selbstwahrnehmung.

Die asketischen Prämissen der Antike, egal wie nützlich sie im frühen und späten Mittelalter auch waren, haben durch eine natürliche semantische Drift ihre ursprüngliche Lesart verloren. Die Zustände, auf die sie abzielen, und die emotionale Ausgangssituation, auf die sich die ehrwürdigen Einsiedlerväter stützten, werden heute anders verstanden.

Beginnend mit dem zweiten Jahrtausend beobachten wir im Korpus der patristischen Lehren einen Streit um die Interpretation. Hierbei treten besonders die Figuren des heiligen SYMEON DES NEUEN THEOLOGEN, des heiligen GREGOR PALAMAS und des heiligen IGNATIJ (BRJANTSCHANINOW) hervor. Letzterer schrieb viel über die strengste Unzulässigkeit, das Fleisch und Blut beim Gebet zu erhitzen. Er warnte streng: *Suche in deinem Gebet keine Entzückung: Dem Sünder steht dies gewiss nicht zu. Bereits der Wunsch des Sünders, Entzückung zu verspüren, ist Selbstverführung.*[49] *– Jedes heiße Gefühl ist Blutwallung! Halten Sie es nicht für Strebsamkeit, Eifer nach Frömmigkeit oder Liebe zu Gott und den Nächsten. Nein – das ist eine Bewegung der Seele, die in ihr von den Nerven und vom Blut erzeugt wird. Das Blut aber wird durch irdische Leidenschaften in Bewegung versetzt, und die wiederum sind die Werkzeuge und Ketten des Weltenfürsten.*[50] *– Man muss sich in einem Zustand der Gleichmäßigkeit, des Schweigens, der Ruhe, der Armut des Geistes bewahren und sich gewissenhaft von allen*

---

[49] *1. Abhandlung über das Gebet* (dt.: *Ausgewählte Schriften Band 1: Klagelied eines Mönchs*, Hagia Sophia 2020, S. 144)
[50] Ders.: *Briefe an die Mönche* [*Pis'ma monašestvujuščim*], Brief 129 (russ.: *Werke* Bd. 7, digit. Ed. bryanchaninov.ru)

Zuständen fernhalten, die durch die Hitze des Blutes und der Nerven erzeugt werden.[51]

Der heilige GREGOR PALAMAS dagegen besteht nachdrücklich darauf, dass die Wärme des Körpers während des Gebets nicht unwichtig ist und sogar als Kriterium für den richtigen Weg dient. Er schreibt: *Wenn die Seele tobt und von unbändiger Liebe zum Erwünschten wie erschüttert ist, wird das Herz mitbewegt, verrät die Gemeinschaft mit der Gnade in einem spirituellen Tanz und eilt von hier zu der verheißenen körperlichen Begegnung mit dem Herrn in den Wolken. Wenn also im intensiven Gebet ein nicht verzehrendes Feuer aufflammt, eine noetisch sichtbare Lampe entzündet wird und die Mattigkeit des Geistes in einer luftigen Flamme spiritueller Vision entflammt, dann wird auch der Körper merkwürdig lichter und erwärmt sich dabei so, dass es einem, nach den Worten eines, der spirituelle Aufstiege beschrieben hat, bei dessen Anblick so vorkommt, als wäre er aus der Hitze eines Feuerofens herausgekommen. Für mich sagt allein der Schweiß Christi während seines Gebets schon, dass aus dem beharrlichen Gebet zu Gott eine spürbare Hitze im Körper entsteht. Was werden diejenigen darauf entgegnen, die uns versichern, dass die Hitze des Gebets dämonisch ist? Werden sie dennoch das kampflose, anspannungslose Gebet lehren, bei dem bloß nicht der Körper auf irgendeine Weise dem Maße des in der Seele stattfindenden Kampfes entsprechend jene Hitze offenbaren möchte, die sie verdammen? Aber dann werden sie zu Lehrern eines Gebets, das weder zu Gott noch zur Nachahmung Gottes führt und den Menschen nicht zum*

---

[51] A.a.O., Brief 157

135

Besseren wendet.[52] Weiter schreibt PALAMAS mit dem für heilige Väter charakteristischen Nachdruck: *Die Zusage der zukünftigen Wohltaten betrifft nicht nur die Seele, sondern ist auch an den Leib gerichtet, der mit ihr gemeinsam auf dem Weg des Evangeliums nach jenen strebt. Wer dies leugnet, der lehnt auch die Auferstehung des Leibes im kommenden Zeitalter ab. Aber da dann auch der Körper an dem unaussprechlichen göttlichen Guten teilhaben wird, muss er natürlich auch heute schon, soweit es ihm zugänglich ist, an der dem Geist (Nous) geschenkten Gnade Gottes teilhaben.* Der Mönch ISAAK DER SYRER sagt über die Erhitzung im Gebet, dass solche oft passiert: *Während ein Mensch mit Tränen und Rührung zu Gott betet, bricht plötzlich aus seinem Herzen eine Quelle hervor und verströmt Freude, sein Körper entspannt sich, seine Augen sind geschlossen, sein Blick sinkt zu Boden, und seine Gedanken ändern sich, so dass er nicht mehr zu Metanien in der Lage ist wegen der Freude, die in seinem ganzen Körper entfacht wird.*[53] Wie wir sehen können, bedürfen die Zustände selbst, also Rührung, Bedrückung, Erhitzung usw. der Interpretation. Die Rede ist nicht von äußerer Bewertung, sondern von der Qualität des inwendigen Verständnisses für das, was sich vollzieht. Was bedeutet es für mich, dass ich mich als schlechtester Mensch auf Erden wahrnehme? Was bedeutet meine unablässige Beschäftigung mit Gedanken? ...

---

[52] *Triaden* 1.3.32 (vgl. frz.: Jean Meyendorff (Hg.): *Grégoire Palamas: Défense des saints hésychastes*, Leuven 1973, engl.: *The Triads*, New York 1983)
[53] *Asketische Homilien*, 56 (griech. 23) *Über die Liebe zu Gott, die Entsagung von der Welt und die Ruhe in Gott*

Die Psychologie des 20. Jahrhunderts etwa stuft das Verhaltensmuster eines Heiligen, wie er in der orthodoxen asketischen Literatur beschrieben wird, als neurotisch ein. Dabei ist nicht die Psychologie das Problem, denn die spiegelt nur die allgemeinen Wertungen unserer Zeit wider. Die Interpretation von Zuständen ist wichtiger als die Zustände selbst. Da der Fokus der patristischen Literatur auf dem Erreichen und Begründen verschiedener Zustände liegt, wird oft übersehen, dass der wichtigste Faktor geistlicher Navigation die richtige Deutung von Traurigkeit, Wut, Distanziertheit, Heißblütigkeit usw. ist. Die Interpretation, nicht der Zustand antwortet auf die Frage „Was geschieht?"

Einmal durchbohrte der heilige PINHAS im gerechten Zorn eine Israelitin und eine Moabiterin mit einem Speer, weil sie sich der Hurerei hingegeben hatten (Num 25,7f), und *weil er sich für seinen Gott ereifert* hat (Num 25,13), segnete Gott ihn und seine Nachkommen. Heutzutage würden solcher „Eifer" und allein schon der Wille dazu diametral interpretiert.

In den meisten Interpretationen, egal ob mit positiver oder negativer Bewertung, bleibt die Aufmerksamkeit auf den Asketen und das Problem seiner Leidenschaften und Stürze zentriert. Wenn Gott in diesem Kampf schon nicht völlig außen vor ist, so ist Er doch nur als Hebel für den Widerstand gegen Sünden und Laster anwesend. Hauptgegenstand der Aufmerksamkeit des Asketen wird die Sünde, Gott aber ist auf die Funktion eines Feuerwehrmannes reduziert, der die Flamme der Leidenschaften und Begierden auslöscht. Gott hört auf, Ziel und Mittelpunkt des geistlichen Lebens zu sein, statt Ihm wird ein Haufen sich gegenseitig ausschließender Wünsche, Bestrebungen und religiöser Träume in den Mittelpunkt gestellt. So macht der zwanghafte Kampf mit Sündenneigung Gott einerseits äußerst notwendig, andererseits aber zum nachrangigen Objekt des geistlichen Lebens.

Es ist kein Zufall, dass in dieser Betrachtungsweise die Heiligenviten den Grad der Spiritualität durch die Mühsal der asketischen Werke und Entbehrungen deutlich machen. Man könnte versucht sein, auf einen Mangel an Gelehrtheit der Hagiographen zu verweisen und zu behaupten, dass sie die Heiligkeit aufgrund ihrer beschränkten Erkenntnis nach unpassenden Kriterien bemessen. Jedoch waren in der Geschichte der Orthodoxie gerade die wichtigsten Hagiographen selbst heilige Menschen, Ehrwürdige und heilige Bischöfe: ATHANASIUS DER GROßE, RUFINUS VON AQUILEIA, JOHANNES CHRYSOSTOMUS, JOHANNES CASSIANUS, GREGOR DER GROßE (Dialogos), SYMEON METAPHRASTES, der Hieromartyrer DOROTHEOS VON TYROS, der Chronist NESTOR, DIMITRI VON ROSTOW, EPIPHANIJ DER WEISE (Premudrij), ZOSIMA VON SIBIRIEN (Werchowskij) usw. Und auch in deren Schriften werden die Kriterien der Heiligkeit auf spektakuläre Wunder und die Qualen eines asketischen Lebens reduziert.

Selbstgeißelung und das Befeuern von Schuldgefühlen werden in der Neuzeit zwar traditionsgemäß gutgeheißen, aber kaum noch so widerspruchslos aufgenommen wie im Mittelalter. Das Problem ist dabei weniger, dass sich der moderne Asket nicht ausreichend auf seine Sünden und Mängel konzentriert, sondern dass das Ziel all dieser Praktiken für ihn unbewusst inakzeptabel ist. Heutzutage betrachtet man sie als unterdrückten

Zustand einer extrem abhängigen Persönlichkeit, als Hemmung des Willens, Tunnel-Denken usw. Auf der deklarativen Ebene und in unseren bewussten Neigungen streben wir weiterhin intensiv nach Demut, Unterdrückung des Selbst usw., doch unbewusst halten wir diese Zustände für pathologisch und meiden sie.

Dies ergibt dann den modernen Typus eines Asketen mit doppelten Kriterien der Heiligkeit: Er liebt aufrichtig die Idee der Demut und kleidet sich in archaische Gewänder der Sanftmut, aber wenn Sie sie bitten würden, Ihr neben dem Kloster geparktes Auto zu waschen, wird er sich definitiv weigern. Ebenso wird er Ihnen keineswegs friedfertig zuhören, wenn Sie ihn ernsthaft mit Vorwürfen konfrontieren. Mutter MARIA SKOBZOWA hat in ihrem Artikel *Typen des religiösen Lebens* (1933)[54] und die Psychologin KAREN HORNEY in ihrem Buch *Der neurotische Mensch in unserer Zeit* (1937)[55] diese Spaltung als neurotisch bezeichnet. K. HORNEY schreibt im Kapitel „Neurotisches Schuldgefühl": *Ein Zeichen dafür, dass Selbstvorwürfe nicht unbedingt ein echtes Schuldgefühl ausdrücken, ist die Tatsache, dass der Neurotiker selbst unbewusst keineswegs davon überzeugt ist, ein unwürdiger oder wertloser Mensch zu sein. Selbst wenn er wirkt, als sei er von Schuldgefühlen überwältigt, kann es ihn in äußerste Empörung versetzen, wenn andere seine Selbstvorwürfe ernst nehmen.* Entsprechend legt auch der moderne Asket uralte Gewänder und Praktiken an, predigt Widerstandslosigkeit, Unterwerfung und Schuld als

---

[54] Skobtsova, Maria: *Essential Writings* (engl., Orbis Maryknoll 2003)
[55] *The Neurotic Personality of Our Time*, New York 1937 (dt.: Stuttgart 1951)

Dauerzustand, lehnt aber, ganz Sohn seiner Zeit, diese Ideen in seinem Innersten ab.

Eine kuriose Wandlung hat auch die Bewertung der vollständigen Unterwerfung des Novizen unter seinen geistlichen Führer vollzogen. A. DVORKIN bezeichnet in seinem bekannten Buch *Sektenkunde. Totalitäre Sekten. Versuch einer Systematisierung*[56] unter Verweis auf westliche Kollegen den „Guruismus" als eines der vier Kriterien totalitärer Sekten. Zur Verdeutlichung des Wesens von Guruismus zitiert er den Begründer des Krishnaismus, BHAKTIVEDANTA SWAMI PRABHUPADA: *Wenn Sie Probleme mit Gott haben, kann Ihnen nur ein Guru helfen. Wenn Sie aber Probleme mit Ihrem Guru haben, dann kann Ihnen niemand mehr helfen.* Es mag Ironie der Vorsehung sein, doch wiederholt dieses PRABHU-PADA-Zitat vollständig die Worte der Ehrwürdigen JOHANNES KLIMAKOS und EPIPHANIOS: *Der Abbas Epiphanios wiederholte oft diesen Rat des ehrwürdigen Johannes Klimakos: Es ist besser, sich mit Gott zu zerstreiten als mit dem Altvater. Denn wenn du dich mit Gott gestritten hast, wird der Altvater dich wieder mit Ihm versöhnen. Wenn du dich aber mit deinem Altvater zerstreitest, dann ist dir der Weg zu Gott abgeschnitten.*[57] So erweist sich der heute als Kriterium für totalitäre Kulte gegeißelte „Guruismus" in nicht geringerem Maße auch als orthodox.

---

[56] [*Sektovedenie. Totalitarnye sekty. Opyt sistematičeskogo issledovanija*] 3. erw. Aufl., Nizhnij Novgorod 2007
[57] Vgl.: Heiliger Johannes vom Sinai: *Leiter des göttlichen Aufstiegs und geistlicher Vervollkommnung*, 4. Stufe, 126 (russ. Zählung 121), Heiliger Berg Athos, 2. Auflage 2016.

KEINE OFFIZIELLE SCHEIDUNG: DIE INTUITIVE ABLEHNUNG DER ERFAHRUNG DER HEILIGEN

Heilige orthodoxe Laien sind bestrebt, sich an den großen Schriften der Asketen zu orientieren. Gerade bei dem zitierten JOHANNES KLIMAKOS sind viele Grenzzustände der Asketen beschrieben: So werden im 5. Kapitel der *Himmelsleiter* extreme Formen der Selbstgeißelung der „seligen Verurteilten" beschrieben. Er sah sie *ganze Nächte hindurch bis zum Morgen unter freiem Himmel stehen, ohne die Füße zu bewegen, und vom Schlaf aufgrund der Gewalt, die sie sich zufügten, mitleidserregend erschüttert werden. Ohne sich auch nur die geringste Ruhepause zu gönnen, tadelten sie sich selbst mit Worten und hielten sich mit Schmähungen und Beleidigungen wach. Andere blickten bedauernswert gen Himmel und flehten von dort mit Klagen und Rufen Hilfe herbei. Wieder andere standen aufrecht im Gebet und hatten gleich Verurteilten ihre Hände auf dem Rücken gebunden; ihr düsteres Gesicht hielten sie der Erde zugeneigt, da sie sich für unwürdig erklärt hatten, zum Himmel aufzublicken. Weder hatten sie Gott etwas zu sagen aufgrund der Verwirrung ihrer Gedanken und ihres Gewissens, noch wussten sie, wie oder von wo sie ihr Gebet beginnen sollten. Allein ihre sprachlose Seele und ihren stummen Geist, erfüllt von Finsternis und stummer Verzweiflung, hatten sie Gott vorzuweisen. Andere saßen auf dem Erdboden auf Sack und Asche, verbargen ihre Gesichter zwischen den Knien und schlugen mit der Stirn auf den Boden. Wieder andere schlugen sich fortwährend auf die Brust und riefen sich ihre Seele und ihr Leben ins Gedächtnis zurück. Einige von diesen benetzten den Boden mit Tränen, während diejenigen, denen es an Tränen fehlte, sich schlugen. Die einen wehklagten über ihre Seelen, so wie man es über Verstorbene zu tun pflegt, weil sie den Druck ihres Herzens nicht ertragen konnten. Die anderen schluchzten dagegen von Herzen, unterdrückten im Mund jedoch das Hervordringen des Wehlautes. Manchmal aber, wenn sie sich nicht länger zurückhalten konnten, schrien sie unerwartet auf.*[58]

Heute würden solche Syndrome selbst von kirchlichen Menschen anders interpretiert. Es ist hier bemerkenswert, dass der ehrwürdige JOHANNES KLIMAKOS selbst dafür lobende Worte findet, d. h. dieser Weg ist gewohnt und anerkannt. Die orthodoxe Seele kennt diesen Weg, sie weiß, wie alles dort enden wird – und doch geht sie ihn nicht. Das mangelnde innerliche Einverständnis mit den Ergebnissen derartiger Askese manifestiert sich überdeutlich im Verhalten. Die orthodoxe Seele ist heiliger als viele unserer von „jenen, die heilig sind" verfassten Schriften. Und nicht immer streben wir dorthin, wohin uns diese Texte führen. Es wäre zu kurz gedacht, wollte man diesen Widerstand einfach als Manifestation unserer Faulheit, Liebe zur Sünde usw. abtun – er enthält die geistliche Wahrheit der Ablehnung.

In einem absoluten Gehorsam gegenüber einem geistlichen Vater sehen wir heute zunehmend „Guruismus", die eifrige Erwartung des bevorstehenden Endes der Zeiten wird als „Alarmismus" abgetan und das hypertrophierte Schuldgefühl, das den frühen Mönchen und Laien als Indikator für Rechtschaffenheit diente, wird als

---

[58] Ebenda, 5,5 (russ. 5,9)

neurotischer Zustand wahrgenommen und klassifiziert. Die Gleichgültigkeit der Mehrheit der orthodoxen Christen gegenüber asketischen Abhandlungen sollte besser als Abwehrreaktion des Bewusstseins gegen die Einbindung in den neurasthenischen Kreis der orthodoxen Paläospiritualität betrachtet werden.

Um die große Tradition für die Zeitgenossen wenigstens auf irgendeine Weise zu bewahren, müssen orthodoxe Christen viel Aufwand in die historische Rekonstruktion dieser Epoche, ihres Zeichensystems und ihrer Denkstruktur investieren. Dazu gehören das Cosplay (abgekürzt vom englischen costume play – „Kostümspiel") die Mönchskittel, Rjassons und liturgischen Gewänder, die uralte Sprechweise und das gesamte kirchliche Drumherum, das völlig überflüssig erscheint, doch würde es ohne diese umständliche Theatralik kaum einem heutigen Asketen gelingen, die asketischen Bücher der Antike als Lebensanleitung zu akzeptieren – dies alles sind notwendige Details, um den Kontext wiederherzustellen.

Wenn wir zum Beispiel aufmerksam dem Gebet des von vielen Asketen geliebten ehrwürdigen EPHRAIM DES SYRERS folgen, werden wir leicht die erheblichen Unterschiede zwischen den Asketen des 4. und des 21. Jahrhunderts entdecken: *Herr und Gebieter meines Lebens, den Geist des Müßiggangs ... gib mir nicht.* Der Mönch versucht, Müßiggang zu vermeiden; aber die Moderne macht uns eindrücklich deutlich, dass Vermeidung des Müßiggangs eine der Möglichkeiten der Flucht vor sich selbst ist, nämlich ständig mit etwas beschäftigt und niemals müßig zu sein. Der Ehrwürdige flieht den

Müßiggang, unsere Zeitgenossen aber strotzen vor Geschäftigkeit und Hast. In der heutigen Interpretation führt solches Sich-Anreichern mit Ereignissen und Erlebnissen zu innerer Leere. Müßiggang als Selbstverlust, den der Mönch befürchtet, entsteht gerade dann, wenn unsere Aufmerksamkeit völlig in Anspruch genommen wird und sich Intellekt und Gefühle dieser Beschäftigung völlig unterordnen. Und umgekehrt: Wenn sich ein Mensch maximal von der Hektik befreit hat, kann er in Gott und in sich selbst als Mensch eintauchen ohne irgendeine störende Aufgabe, die den verdeckt, mit dem wir kommunizieren. Das 21. Jahrhundert braucht Gott Selbst, an Sich, und den Menschen selbst, an sich, unabhängig vom Erlösungsbezug.

Herr... gib mir nicht den Geist der Verzagtheit. Verzagtheit ist ein finales Symptom, viele Ursachen führen zu ihm hin. Damit diese Gebetsbitte nicht wie ein Tischspruch erscheint, ist ein tieferer Einblick in die Verzagtheit erforderlich. Nicht die Symptome müssen bekämpft werden, sondern ihre Ursachen. Von Geistlichen, die Jahrzehnte in asketischen Werken verbracht haben, können wir solch tiefergehende Betrachtung erwarten. Nehmen wir der Einfachheit halber an, dass dieses Gebet für Anfänger geschrieben wurde.

Herr, gewähre mir, meine Übertretungen zu sehen und meinen Bruder nicht zu verdammen. Wenn wir, um einen Bruder nicht zu verurteilen, erst nach Sünden in uns selbst suchen müssen, dann ist das die falsche Strategie. Erstens haben meine Sünden möglicherweise andere Qualität und Bedeutung als jene, die ich an meinem Bruder verurteile. Dann behielte die Verurteilung ihre

Grundlage. Zweitens: Wenn ich meine Aufmerksamkeit auf meine Sünden richte, schaue ich meinen Bruder nicht mit den Augen des Herrn an – ich sehe ihn überhaupt nicht und versuche auch nicht ihn zu verstehen, denn ich bin in mich selbst vertieft. Drittens ist der Weg, die eigenen Sünden zu sehen, endlos. Um den Bruder zu lieben, erfordert er zunehmende Pedanterie und Selbsterniedrigung sowie die stetige Eskalation von Schuldgefühlen. Infolgedessen wird diese „Liebe" pathologisch asymmetrisch (aus der Sicht des Subjekts, das „seine Sünden sieht"), da der Grad der Zuneigung zum Nächsten hier unmittelbar mit dem Grad der eigenen Nichtswürdigkeit verknüpft ist. Viertens erfordert eine solche Strategie, den Bruder zu lieben, fortwährendes Vergleichen mit ihm und zu seinen Gunsten. Im Gegensatz dazu wird wahre Liebe in der modernen Kultur als die Liebe zwischen Gleichen betrachtet, die sich frei entscheiden, bedingungslos einander anzugehören, ohne Rücksicht darauf, wer besser und wer schlechter ist.

Die Bescheidenheit der geistlichen Praxis des 21. Jahrhunderts besteht darin, das Pathos und die innere Spannung zu lösen, die durch solch kosmische Bedeutung meiner Sünden und Tugenden verursacht wird: Der Christ N. verurteilt seinen Nächsten – die Himmel erbeben, Gott ist erzürnt: „Wie du jenen verurteilt hast, so werde auch Ich dich verurteilen!", die Dämonen freuen sich, entfachen das Feuer, der Satan jubelt, dass er einen neuen Knecht gewonnen hat, die Hölle erschaudert in Vorfreude, Engel und Heilige beten zu Gott um Gnade ... All diese traditionelle Gigantomanie offenbart unseren Wunsch, den Status unserer Laster und Tugenden zu erhöhen (die positive bzw. negative Ausrichtung ist hierbei ohne Bedeutung). Heutzutage erscheint so etwas nicht gerade als geistlich. Etwas weniger Stolz auf einen nicht-gegessenen Hotdog, etwas weniger lautstarkes Pochen darauf, wie gewaltig unsere Werke der Sünde und der Frömmigkeit sind, würde uns gut zu Gesicht stehen.

Denn von der Akzeptanz der Idee eigener großer Sünd-haftigkeit, so gottesfürchtig man damit auch aussieht, bis zur Beschuldigung anderer ob deren großer Sündhaf-tigkeit ist es nur ein Schritt. Wenn meine Sünden mich zu einem großen Sünder machen, dann fällt es mir schwer, die Sünden der anderen nicht genauso zu bewerten. Für eine strikte Selbstverurteilung braucht es nur eine einzige richtige Werteskala, konkret und unbarmherzig, wie etwa die sieben Todsünden im Beichtspiegel. Und schon werden die ernsthaftesten orthodoxen Büßer bereits am nächsten Tag zu Verfolgern (darum geht es im Gleichnis Christi vom erbarmungslosen Schuldner, siehe Mt 18,23-35).

Wir brauchen all unsere Kraft der Unterscheidung, um sicherzustellen, dass die Romantik der Selbstverurteilung Gott nicht verdeckt. Weniger Pathos, Orthodoxe! Dann werden vielleicht weder unsere eigene Frömmigkeit noch die Sünden der anderen eine solch alles verzeh-rende Bedeutung haben.

HEILIGKEIT UND DAS DENKSYSTEM

DIE SPIRITUELLE WELT DES BINÄREN DENKENS

Die Schwarz-Weiß-Wahrnehmung der Welt ist eine ebensolche Form des Bewusstseins wie andere. Ein Teil der Christen denkt gerade so: Es gibt den Zugehörigen und den Fremden, den Ketzer und den Rechtgläubigen, den Gerechten und den Sünder. Für einen anderen Teil der Christen ist diese Art Weltsicht traumatisierend, denn unter jeweils verschiedener Flagge führt sie zur Ablehnung der „Falschen" und zur Abgrenzung der „Richtigen". Für viele hat solch konträre Einteilung schmerzhafte Folgen, innerhalb des binären Weltbildes jedoch gilt sie als Zeichen des rechten Weges. So wird das Einteilen der Menschen in Freunde und Feinde des Glaubens von den Einteilenden und von denen, die sich diesem Einteilen grundsätzlich verweigern, verschieden wahrgenommen. Erstere interpretieren es als Merkmal der Authentizität, letztere als Mangel an Authentizität.

Gleiches gilt für den Leidensweg in der christlichen Spiritualität: Die Schwere der Ketten, die Radikalität der Selbstbeschränkung und andere asketische Lasten werden vom erstgenannten Typus als positiv, vom anderen als verdächtig empfunden. Aus der Sicht des Apostels PAULUS haben Demut, Erschöpfung des Leibes, Vernachlässigung der leiblichen Ernährung nur *den Anschein von Weisheit* (Kol 2,23 russ.) – insbesondere im Kontext seiner Worte über die Freiheit in Christus. Der erste Typus von Christen zitiert häufiger die Worte Christi über das enge Tor (Mt 7,13), die Selbstverleugnung und das Auferlegen des

Kreuzes (Mt 16,24), der zweite, dass Jesus kam, um die Zerschlagenen in Freiheit zu entlassen (Lk 4,18).

Häufig geht ein aufrichtiger Asket, der in seiner untrüglichen Intuition spürt, dass die Welt auf tragische Weise von Gott losgerissen ist, einen einfachen Weg – er sucht nach einem Schuldigen für dieses Unglück. Nur zu gern würde er diesen verdammen und bestrafen, doch hat er sich dies als etwas Sündiges versagt. So verurteilt und bestraft er sich stattdessen selbst, mit der Hingabe eines verzweifelten Wesens. Das ist nützlich, um Sünden zu besiegen, aber es lehrt wenig, in Liebe mit gewöhnlichen Menschen zu leben.

Von denen entfernt sich ein solcher Asket in jeder Hinsicht. Der Weg derartiger Spiritualität ist mit den größten Opfern gepflastert – obwohl doch Christus sagt: *Kommt alle zu Mir, die ihr mühselig und beladen seid! Ich will euch erquicken. Nehmt Mein Joch auf euch... und ihr werdet Ruhe finden für eure Seele. Denn Mein Joch ist sanft und Meine Last ist leicht* (Mt 11,28ff), wird in diesem Paradigma die Last des sich Mühenden denkbar schwer. Jesus sagt: *Dann werdet ihr die Wahrheit erkennen und die Wahrheit wird euch befreien* (Joh 8,32), dieser Erkenntnisweg aber kann einem Menschen keine Freiheit erlauben – weder äußerlich noch innerlich. Er ist einem bedeutenden Teil der religiösen Menschen eigen, auch wenn sie ihn nicht bis zum Ende verwirklichen können.

Die Denkweise des „durchschnittlichen" Christen ist keineswegs immer durch das Fehlen einer lebendigen Begegnungserfahrung bedingt. Der Druck sozialer Stereotype und strenger Verhaltensmuster (auch religiöser) verdrängt die persönliche geistliche Erfahrung von

Freude und Freiheit ins innere Ghetto. In der Folge hat der Christ die Erfahrung Gottes im Denken und Handeln nicht mehr nötig. Dies ist wichtig, um die daraus folgende Logik der religiösen Theorien und asketischen Übungen zu verstehen. Die meisten von ihnen fußen auf dem Gegensatz von Gerechtigkeit und Sünde. Dabei ist „Gerechtigkeit" das, was demjenigen sympathisch ist, der diese Gerechtigkeit definiert, „Sünde" aber inakzeptables soziales Verhalten oder Denken. Um Ethik und Metaphysik auf der Konfrontation dieser beiden Prinzipien aufzubauen, sind die Existenz Gottes und geistliche Erfahrung nicht unbedingt notwendig, da hier „Gott" zu einer philosophischen Kategorie wird und den Entscheidungen und Bewertungen der jeweiligen Kulturepoche folgt. Geistliche Erfahrungen, die nicht den etablierten kulturellen Normen entsprechen, werden ignoriert, nivelliert oder als häretisch betrachtet.

Das Misstrauen in die persönliche Erfahrung der Gemeinschaft mit Gott oder das Fehlen derselben zwingt viele orthodoxe Denker dazu, Heiligkeit nach materialistischen Kriterien zu definieren. Dies ersetzt Spiritualität durch einen Kampf um Spiritualität und Gerechtigkeit durch einen Kampf um Gerechtigkeit. Gott jedoch kann nicht durch den binären Gegensatz „Gerechtigkeit – Sünde" gefunden werden. Er vereint sich mit Zöllnern, Sündern und Dirnen im Akt des Lebens und mit Räubern im Akt des Todes (am Kreuz).

BINÄRE BEURTEILUNG DER HEILIGKEIT

Wenn wir nicht wissen, auf welche Weise Jesus Christus heilig, licht und sündenlos ist, dann ist diese These für einen Asketen nutzlos. Von Zeit zu Zeit traten Häretiker auf wie etwa APOLLINARIS VON LAODIZEA, die behaupteten, Christus habe den Geist des Göttlichen, Er denke wie Gott, daher seien wir keine Brüder mit Ihm und Seine Heiligkeit habe zu unseren Bemühungen keinen Bezug.

Wenn wir Seine Jünger sein wollen, müssen wir zugeben, dass Jesus wie ein Mensch gedacht, aber ein anderes Denksystem besessen hat. Sie müssen kein BUDDHA GAUTAMA sein, um zu verstehen: Das, was wir denken, führt uns zu dem, was wir erleben. Dies ist ein separates komplexes Problem, aber wir müssen uns ein anderes Denksystem aneignen, um den Weg der Heiligkeit Christi zu erkennen. Und dieser Weg besteht gerade darin, Gott, Religion und Mensch anders zu denken, also die eigenen Urteile aus einem anderen Blickwinkel zu entwickeln. Umgekehrt, mit der traditionellen Denkweise, gelangten sogar Heilige bis zu dem Punkt, wo sie Menschen zu höllischen Qualen verurteilten. Und das alles, weil ihre Argumentation auf dem Prinzip gegensätzlicher Begriffe beruhte: Um das Phänomen der Liebe Christi zu erfassen, setzten die Asketen es ins Verhältnis zur menschlichen Sündhaftigkeit. In diesem Denkmodell braucht der eine Begriff unausweichlich den anderen (er wird durch sein Gegenteil definiert und hebt sich davon ab).

Der Apostel JAKOBUS, ein großer Erleuchter der Kirche zur Zeit der ersten Apostel, schreibt in seinem Brief: *Aus ein und demselben Mund kommen Segen und Fluch. Meine Brüder und Schwestern, so darf es nicht sein* (Jak 3,10). Aber der Hauptinhalt der gesamten Botschaft ist eine unbarmherzige Entlarvung aller Sünder und Abtrünnigen: *Ihr Ehebrecher und Ehebrecherinnen! wisst ihr nicht, dass Freundschaft mit der Welt Feindschaft mit Gott ist? Wer also ein Freund der Welt sein will, der wird zum Feind Gottes. Oder meint ihr, die Schrift sage ohne Grund: Eifersüchtig verlangt Er nach dem Geist, den Er in uns wohnen ließ? ... Klagt, trauert und weint! Euer Lachen verwandle sich in Trauer und eure Freude in Betrübnis ... Nun aber rühmt ihr euch voll Übermut. Solches Rühmen ist schlecht. Wer also das Gute tun kann und es nicht tut, der sündigt* (4,4-17): *Ihr aber, ihr Reichen, weint nur und klagt über das Elend, das über euch kommen wird! Euer Reichtum verfault und eure Kleider sind von Motten zerfressen, euer Gold und Silber verrostet. Ihr Rost wird als Zeuge gegen euch auftreten und euer Fleisch fressen wie Feuer. Noch in den letzten Tagen habt ihr Schätze gesammelt. Siehe, der Lohn der Arbeiter, die eure Felder abgemäht haben, der Lohn, den ihr ihnen vorenthalten habt, schreit zum Himmel; die Klagerufe derer, die eure Ernte eingebracht haben, sind bis zu den Ohren des Herrn Zebaoth gedrungen. Ihr habt auf Erden geschwelgt und geprasst und noch am Schlachttag habt ihr eure Herzen gemästet. Verurteilt und umgebracht habt ihr den Gerechten, er aber leistete euch keinen Widerstand* (5,1ff). Bevor wir also die Worte des Apostels wiederholen, denken wir darüber nach, was den Heiligen dazu gebracht hat, seine Gegner zu tadeln, ihnen zu drohen und sie zu demütigen – Leidenschaft? Nein, genau jenes Denksystem, das Gerechtigkeit durch Gegenüberstellung deutlich macht.

Gleiches gilt für hunderte unbestrittene Heilige der Frühzeit und des Mittelalters. Das unbarmherzige Anklagen der Laster galt damals als Element der Rechtschaffenheit. Die allgemein verbreitete Vorstellung von

Gerechtigkeit basiert auf dem Prinzip des inneren Antagonismus, das in den Lehren über Güte und Gerechtigkeit zum Ausdruck kommt. Man könnte hier Sprüche von sehr heiligen Menschen zitieren, die vollkommen frei von Liebe sind. Sie werden sagen, dies sei pastoralen Zwängen geschuldet. Ich bezweifle jedoch, dass jene um ihrer Schäfchen willen übertrieben haben, sondern gehe davon aus, dass sie aufrichtig so dachten. Im *Wort gegen die Juden* sagt zum Beispiel der heilige JOHANNES CHRYSOSTOMUS: *Die Juden ... leben für den Leib, klammern sich an die Gegenwart und sind in ihrer Lust und übertriebenen Gier nicht besser als Schweine und Ziegen; sie wissen nur, was sie essen und trinken sollen, wie sie sich irgendwelcher Tänzer wegen prügeln und um Kunstreiter abstechen.*[59] Der heilige PHOTIOS schreibt in seiner *Enzyklika* über westliche Christen: *Jene bösen und abscheulichen Menschen – wie anders könnte sie jeder, der fromm ist, nur nennen! – jene Männer, die aus der Dunkelheit hervorgekrochen sind, – denn sie waren eine Ausgeburt der westlichen Lande – oh, wie soll ich das Übrige berichten?! – jene fielen über das in Frömmigkeit neu gegründete und neu erbaute Volk her wie ein Blitz oder ein Erdbeben oder ein heftiger Hagelschlag, oder vielmehr wie ein Wildschwein, und mit Klauen und Reißzähnen, das heißt durch abscheuliche Politik und Entstellung der Dogmen – soweit gingen sie in ihrer Unverschämtheit! – ruinierten und zerstörten sie die geliebte und neu gepflanzte Rebe des Herrn ... Darin zeigten sie ihren Wahnsinn ... In ihrer übermäßigen Unverschämtheit erfanden sie eine Neuerung dergestalt, dass*

---

[59] *Contra Iudeaos* Hom 1,4

*der Heilige Geist nicht nur vom Vater ausgehe, sondern
auch vom Sohn. Wer hat jemals gehört, dass eine solche
Rede selbst von einem der Verrufensten geäußert worden wäre? Welche heimtückische Schlange hat ihnen
solches in ihr Herz gespuckt? ... Diese Betrüger und The-
oklasten haben wir durch eine konziliare und göttliche
Entscheidung verurteilt.*[60] Nur in einem binären System
der Beurteilung geistlicher Werte werden solche Texte
zu Monumenten der Heiligkeit.

Die logische Welt eines solchen Denkens wird dadurch
geprägt, dass ihr eine zentrale Vorstellung von Spiritualität oder von deren praktischer Erfahrung fehlt. Selbst
wenn diese nicht zwingend begrifflich erwähnt sein muss,
würde sich doch jedenfalls die Erfahrung der Berührung
mit Ihm in ihren Erörterungen über die Heiligkeit widerspiegeln. Dies aber können wir in der binären Denkstruktur nicht erkennen.

Wenn wir, ohne zu wissen, was die Farbe Weiß ist, diese
als das logische Gegenteil von Schwarz definieren, müssen wir immer Schwarz in die Beurteilung von Weiß ein-
beziehen. Wenn wir die Heiligkeit als eine Art Gegensatz
zur Sünde ansehen, werden wir stets auch die Sünde betrachten müssen, und wo keine zu sehen ist, werden wir
sie mit einem Mikroskop suchen, denn sie ist eine le-
benswichtige Komponente für uns. Laien begnügen sich
zumeist mit der festen Annahme, dass sie definitiv eine

---

[60] *Enzyklika an die östlichen Patriarchen* (867 n. Chr.; vgl.: Patriarch
Dositheos (Notaras): Τόμος χαρᾶς, hrsg. von Konstantinos Siama-
kes, Thessaloniki 1985, S. 222–241)

Million Sünden haben (wie es die Freunde des biblischen Ijob taten) und dass dies unausweichlich ist.

FJODOR DOSTOJEWSKIJ führte diese Art des Urteilens über die Heiligkeit in der *Legende vom Großinquisitor* vor Augen; der Großinquisitor sagt zu Christus: Du schaffst Unruhe, wir aber beruhigen, Du nährst nicht, wir aber nähren, Du beschützt nicht, wir aber beschützen, Du vollbringst kein Wunder, wir aber geben es ihnen, also lieben wir das Volk, Du aber nicht. So sieht ein Urteil in binären Gegensätzen aus! Jesus schweigt in dieser Legende weise, es gibt hier auch nichts zu sagen – dieser Dialektik gibt es in ihrer eigenen Sprache nichts zu widersprechen.

HEILIGKEIT ALS PHÄNOMEN

Heiligkeit ist ein Phänomen Gottes, was bedeutet, dass sie prinzipiell gar nichts entgegengesetzt ist, wie etwa auch die grüne Farbe oder der Geruch eines Apfels. Sie strahlt aus sich selbst heraus, realisiert die lebendige Verbindung mit Gott und macht Seine Gegenwart hienieden deutlich. Diejenigen, die dies aus verschiedenen Gründen nicht sehen, sind gezwungen, Heiligkeit aus anderen und, wie ihnen scheint, entgegengesetzten Begriffen abzuleiten. Dies ist ein falscher Weg. Im Evangelium wird er den Pharisäern zugeschrieben, die Seiner systematischen Gesetzesverletzungen und Seiner Freundschaft mit Abtrünnigen und Sündern wegen zu dem Schluss kamen, dass Jesus ein Sünder ist. Jedes Mal gerieten sie in ein merkwürdiges Dilemma, etwa im Falle der Heilung eines Blinden am Samstag. *Wir wissen* einerseits, *dass Gott Sünder nicht erhört*, aber gleichzeitig auch: *Wenn*

Dieser nicht von Gott wäre, dann hätte Er gewiss nichts ausrichten können (Joh 9,31.33).

Christus aber sagt: *Wenn eure Gerechtigkeit nicht weit größer ist als die der Schriftgelehrten und der Pharisäer* (welche sich und die anderen gegenüberstellten), *werdet ihr nicht in das Himmelreich kommen* (Mt 5,20). Das heißt, wenn unsere Gerechtigkeit in ihrem Wesen nicht anders ist, dann werden wir unweigerlich zu dem gleichen Ergebnis kommen wie die Schriftgelehrten und Pharisäer. Jene haben Christus als ihren Gegner ausgemacht; wir werden vielleicht Adventisten, Atheisten oder andere als Gegner identifizieren. Ein Opponent wird jedenfalls gebraucht – ein materialistisch gesinnter Christ ist zu einer endlosen Suche nach dem Feind verdammt, vom Klopfgeist hinter dem Herd bis zur Weltverschwörung. Uns genau davon zu befreien, ist Christus gekommen.

Es scheint seltsam: Wenn die Pharisäer mit Jesus von Nazareth nicht zufrieden waren, warum verfolgten sie Ihn dann? Oder hatten sie nichts anderes zu tun, als Ihn zu steinigen? Jedoch – ihr Verhalten ist fromm: Das Alte Testament sieht in der Steinigung dieselbe Verwirklichung von Gerechtigkeit wie in guten Werken. Im Alten Testament bewies Jahwe Seine Göttlichkeit, indem Er die Ägypter vernichtete: In ihrer negativen Erscheinungsform ist Gerechtigkeit am effektvollsten. *Du liebst die Gerechtigkeit und hasst die Gesetzlosigkeit* (Ps 44/45,8). *Jeden Morgen will ich alle Gottlosen im Land vertilgen* (Ps 100/101,8). *Der Gerechte wird sich freuen, wenn er die Rache sieht, und wird seine Füße baden im Blut des Gottlosen* (Ps 57/58,11). Die leidenschaftliche Verurteilung des Sünders ist ein wesentlicher Bestandteil der

Gerechtigkeit des Alten Testaments. Betrachtet man die Juden, so beginnt ihre Gerechtigkeit mit dem Auszug Abrahams aus Ur, für dessen chaldäische Bewohner sie Verachtung hegten (auch wenn dies im Text nur schwach zum Ausdruck kommt). Beim Verlassen Ägyptens dann ist diese Verachtung offensichtlich. Ebenso verachteten sie auch die Völker, denen sie unterwegs begegneten. Und in dieser Verachtung sahen sie ihre Gerechtigkeit.

Sie erinnern sich: *Petrus fiel ... Jesus zu Füßen und sagte: Geh weg von mir; denn ich bin ein sündiger Mensch, Herr!* (Lk 5,8). Diese Argumentation ist fromm, jedoch unter dem gleichen Blickwinkel aufgebaut, auf dem Gegensatz von Rechtschaffenheit und Sündhaftigkeit. Man muss Christus gar nicht unbedingt aus dem Boot vertreiben, es reicht, Ihn theoretisch „in die Himmel" zu verorten. Wir haben es weiter gebracht als Petrus: Wir haben Ihn dorthin geschickt, wo Er nicht sein wollte – denn sonst wäre Er gleich dort geblieben. Der allerhöchste Gott liebte die Welt so sehr, dass Er uns ein einfacher Freund sein wollte, aber wir haben Ihn an Seinen Platz verwiesen! Und wieso? Nicht weil wir böse sind, sondern weil wir rechtschaffen sind – im hergebrachten Sinne des Wortes. Es war die Rechtschaffenheit, die Gott in den Himmel zurückverwiesen hat, Ihn in königliche Gewänder kleidete und sagte: Herr, setz Dich da hin, denn wir sind Sünder; daher musst Du sehr weit weg von uns sein, unerreichbar fern. Wir aber werden bestimmt nicht nach Dir greifen, werden es nicht wagen, unsere Augen zu erheben!

Aber die Gemeinschaft mit Gott steht jenseits von „erlaubt" und „verboten". Sie ist etwas, das keine Gegensätze hat und dem nichts entgegengesetzt werden darf. Wenn in unserem Denksystem Gerechtigkeit das Gegenteil von Sünde ist, haben wir nichts vom Christentum verstanden und denken weiterhin wie die Menschen, die Jesus Christus gekreuzigt haben. Birnen, Äpfel und Enten sind unterschiedliche, aber nicht gegensätzliche und auch nicht aufeinander zurückführbare Konzepte. Dem kann man leicht zustimmen – aber nur deshalb, weil wir davon aus Erfahrung überzeugt sind.

Betrachten wir etwa einen Ameisenhaufen: Alle seine Bewohnerinnen wimmeln darin herum, sind hektisch und mit vielen Dingen beschäftigt. Plötzlich aber hört eine von ihnen die Musik der Sphären. Nichts hat sich verändert, sie bleibt eine Ameise, nur hat sie nun etwas ganz anderes für sich entdeckt, sich eine neue Dimension eröffnet. Gewiss, da sie sich in einem Ameisenhaufen befindet, kann sie diese Musik nur selten hören – aber sie weiß nun, dass es sie gibt. Diese Erfahrung hat kein Gegenteil. Es ist eine tiefe Lebenserfahrung, aber nicht darüber, dass die eine oder andere Ameise besser oder schlechter ist. Es geht nicht darum, dass man schneller oder langsamer arbeiten soll usw. Es ist etwas radikal anderes.

DIE LIEBE UND DIE FUNKTIONEN

ZWEI ANSICHTEN ÜBER GRAS, GOTT UND DEN MENSCHEN

Wenn Gott das Königreich predigt, teilt Er Seine Sicht der Welt. Er betrachtet uns von diesem Standpunkt aus, von dem aus wir aussehen wie *das Gras des Feldes ..., das heute auf dem Feld steht und morgen in den Ofen geworfen wird* (Mt 6,30). Aber für Gott erscheint die Nutzlosigkeit von Gras und Mensch wertvoll und schön: So ist *auch Salomo in all seiner Pracht nicht gekleidet gewesen* (Mt 6,29). Dies ist Gottes Sicht auf uns. Darin besteht gerade das geistliche Leben, einander genauso zu sehen, wie Gott uns sieht. Aber die Menschheit nimmt aufgrund der evolutionären Notwendigkeit, sich fortwährend anzupassen, alles anders wahr als Gott. Wir betrachten die Welt funktional: Wie kann mir dieser Stein, Stock, Mensch, Gott nützlich sein? Sollte Gott uns genauso ansehen, so dürften wir Ihn sehr enttäuschen.

Für einen funktionalen Gott wird der Mensch immer unbrauchbar sein, aber für den wahren Gott ist er immer etwas Kostbares. In Seinen Augen sind wir solcherart, dass es gerade jetzt in diesem Augenblick angenehm ist, uns anzuschauen wie das Gras des Feldes. Wir und Gott schauen so sehr unterschiedlich aufeinander, dass wir sehr vorsichtig sein müssen: Wenn wir etwa anfingen, Feldgras zu essen, würde es uns bitter vorkommen und schlecht schmecken; würden wir es ins Feuer werfen, erwiese es sich als schlecht brennbar – ganz allgemein gesagt: Wenn wir anfangen, irgendetwas für unsere eigenen Zwecke zu verwenden, passt es möglicherweise nicht zu uns; ein oder zwei seiner Funktionen sind für uns vielleicht akzeptabel, der Rest aber ist überflüssig. Und das verursacht negative Emotionen. Sobald wir anfangen, Menschen zu benutzen, sind sie nicht mehr das Gras des Feldes, das von Jesus bewundert wird. Sie hören auf, Gottes Geschöpfe an sich, Gottes schöne Kunstwerke zu sein.

Es gehört zur funktionalen Sichtweise darüber nachzudenken, wie wir selbst Gott gebrauchen können, und zu glauben, dass Gott uns braucht. Wir können Ihm angeblich von Nutzen sein, und Er schaut uns fordernd an, um uns irgendwie zu gebrauchen. Wir wiederum sind bereit, Ihm zu dienen.

Solches Denken führt unweigerlich zur Ablehnung des größeren Teils der Menschheit und des größten Teils eines Menschen selbst. Sollte Gott uns wirklich gebrauchen wollen, muss er mit uns jedenfalls recht unzufrieden sein. Wenn Er aber mit uns unzufrieden ist, dann müssen wir umkehren – und so weiter bis ins Unendliche. Damit verdammen wir uns zu einer überaus negativen Palette von Empfindungen und Emotionen, von der wir nie mehr loskommen, denn zu jeder unserer vollbrachten Tat wird es immer hundert ungetane und zweihundert unvollendete geben. Funktionale Wahrnehmung ist der Leidensweg für Gott und für den Menschen.

Der Mensch ist nicht für irgendetwas, und Gott ist nicht für irgendetwas. Christus sagt: *Siehe, Ich stehe vor der Tür und klopfe an. Wenn einer Meine Stimme hört und die Tür öffnet, bei dem werde Ich eintreten und Mahl mit ihm halten und er mit Mir* (Offb 3,20). Aber in der funktionalen Weltsicht bekommen wir statt des Abendmahls nur ein unheilvolles Klopfen von Gott. Wir freuen uns nicht, dass Er unsere Augen für die Schönheit des Vergänglichen öffnet, sondern hören nur das Klopfen, das uns beunruhigt. In dieser Welt sind wir immerzu nicht bereit, nicht angezogen, haben unsere Augiasställe nicht ausgemistet usw. Dabei scheint der Christ wohl zu verstehen, dass es der geliebte Gott ist, Der anklopft und mit ihm zu Abend essen will - aber funktional denkend ist er gewiss, für Gott nicht gut genug zu sein. Das aber verwandelt Vorfreude in Angst.

Dabei müssten wir nur die Tür öffnen und das Abendessen mit den Worten beginnen: „Siehe, Herr, was für einer ich bin! Du hast darüber gesagt: Sieh mal, wie schön? Dann lass uns tafeln mit dem, was da ist!" – egal was: ob Gott einen guten Abend geschenkt hat, ein tiefes Erlebnis, gutes Essen, oder ob wir die Bewegung, Musik usw. genossen haben. Schließlich ist Gott auch nicht sehr reich, Er hat uns fast nichts zu geben. Wir müssen nicht bis in die letzte Ader zittern, weil das Große Absolute Etwas uns heimsucht. Es wird einfach Gott zu uns kommen. Er wird uns Seine Weltsicht schenken – Sein einziges Geschenk. Tee und etwas Gebäck werden sich finden. Nach der Auferstehung haben die Apostel Fisch gebraten, irgendwo aßen sie ein Lamm, wir aber haben vor Schreck einen Tisch gedeckt, auf dem es kein Lamm gibt, sondern nur bittere Kräuter. Und wir sagen: „Herr, kaue mit uns an unserem Schrecken! Vergib uns unsere Sünden, vergib uns, dass wir Dich furchtbar erzürnen usw. Solche Art der Gemeinschaft mit Gott geschieht aus uns selbst.

Meistens empfangen die christlichen Funktionalisten Christus überhaupt nicht erst, sondern flüstern sich nur zu: „Hörst du dieses Klopfen? Das ist Gottes Zorn, etwas Schreckliches naht!" Sie wetteifern in ihrem Erschrecken, und die darin am eifrigsten sind, werden als spirituell verehrt. Aber Gott schätzt nicht unsere Furcht, sondern eine gewisse Schönheit „X", die Er in uns sieht. Und auch wir werden sie erblicken, sobald wir aufhören, einander als Gebrauchsgegenstand anzusehen. Wir dürfen einen Menschen nicht danach bewerten, wie nützlich er für uns sein kann, sonst wird sich zu gewisser Bewunderung schnell eine noch viel größere Enttäuschung gesellen, und diese wird zum Brot und Wein unseres ängstlichen Christentums.

DIE LIEBE GOTTES UND DER MENSCHEN

Warum ist Gott Liebe? Weil die Liebe gerade dich sieht, das heißt: dich, bevor du Gutes oder Böses getan hast. Hass ist universal: Ich hasse jeden, der mich schlägt. Sympathie funktioniert ähnlich. Liebe aber ist individuell, auf dich gerichtet, sie bezieht sich auf die Monade, die du selbst bist - nicht auf einzelne Parameter des Körpers, des Charakters und der sozialen Stellung, sondern auf ihren Besitzer. Wir selbst suchen selten nach uns selbst, aus Angst, dass wir dort nichts finden. Und wir lieben uns falsch, und wir lieben uns falsch nicht. Wir bewerten nur den Output, nicht das, was Gott sieht. Daher konzentrieren sich auch die Praktiken der Umkehr auf das, was wir tun, und nicht darauf, was wir sind.

Gott liebt uns vor unseren Taten und unabhängig davon. Aus unserer verängstigten Sicht ist Seine Liebe eine

Liebe zu nichts. Wir können kaum verstehen, wie es möglich ist, etwas zu lieben, worüber wir nicht urteilen können. Für viele Christen und Atheisten existiert das Selbst sozusagen nicht: Sie sind noch nicht für sich selbst geboren. „Kann Gott denn mich, den Nichtswürdigen, lieben?", ruft der geistlich Ungeborene aus. „Wenn überhaupt, dann doch nur endlos herablassend, Sich demütigend ... na ja, stirnrunzelnd sozusagen!" Diese Sichtweise ist denen eigen, die sich selbst nur von außen sehen und nach der Qualität ihrer Gedanken und Handlungen beurteilen. Das Geheimnis der menschlichen Unendlichkeit ist ihnen verschlossen, das Geheimnis, warum Jesus uns freudig Brüder nennt. Dafür haben solche Menschen keine existenziellen Probleme. Soll man sie mit der Problematik von Unsicherheit, Zwiespalt und dergleichen aufstören? *Ich beschwöre euch, Jerusalems Töchter: Was stört ihr die Liebe auf, warum weckt ihr sie, ehe ihr selbst es gefällt?* (Hoh 8,4).

Im Gegensatz zu Gott denken und handeln wir stereotyp – wir lenken ein fertiges Gefühlsbündel auf ein passendes Objekt. Dies führt zu der unangenehmen Situation, dass das Objekt, auf das eine solche „Liebe" gerichtet ist, durch ein anderes ersetzt werden kann – solche Fälle sind im Leben keine Seltenheit. Das nächste Objekt empfängt dann den gleichen Strom von Wärme und Anbetung. Unsere „Liebe" ist nicht so liebevoll, das heißt nicht so konkret individuell wie die Gottes. Dies schrieb PAULUS an die törichten Galater: *Ich bin erstaunt, dass ihr euch so schnell ... einem anderen Evangelium zuwendet* (Gal 1,6). Für diese macht das keinen Unterschied – sie könnten mit der gleichen jubelnden Stimmungslage auch noch einem dritten Prediger zuhören, einen signifikanten Unterschied in ihrer Liebe wird es nicht geben.

Bei solcher Vorbestimmtheit kann sogar Gott durch einen anderen Gott ersetzt werden. Denn unsere verborgene Flucht aus der Einsamkeit und andere unbewusste Gründe verbergen auch die Tatsache, dass wir einen anderen nur aus der Notwendigkeit „lieben", uns in einem Liebesakt vor uns selbst verstecken zu müssen. Liebe wird hier als Extraversion gegen die Introversion eingesetzt – als Ersetzen von sich selbst durch einen anderen, statt / ohne sich selbst zu kennen.

LIEBE VERSUS VERTRAUEN

Die Liebe hat eine kaum spürbare Unzulänglichkeit: Sie ist nicht in Ruhe, sie wird erregt durch die Versuche, dem Geliebten zu gefallen, seine Neigung zu gewinnen, ihn glücklich zu machen. Diese Manipulationen sind mit verschiedenen Arten von Spannungen, Sorgen und Bedenken verbunden.

Das Wort „Liebe" hat längst Schärfe und Sinn verloren – vor allem, nachdem es sich in den Reden der Diözesan- und Pfarrprediger eingenistet hat und sie nicht mehr verlässt: Es ist fast obsolet und von ihnen breitgetreten worden.

Vor allem aber ist Liebe mit Misstrauen gegenüber einem geliebten Menschen verbunden. Dieses Misstrauen äußert sich etwa in dem gutgemeinten Versuch, sich besser darzustellen als man ist, nicht alles zu sagen, um nicht zu verletzen, nicht alles vorzuzeigen, um nicht zu enttäuschen.

Ich denke, der beste Name für Liebe in unserem Jahrhundert wäre *äußerstes Vertrauen*. Vertrauen ist, wenn Menschen sich überhaupt nicht selbst darstellen, nicht danach streben zu beeindrucken oder irgendwelche Überzeugungen zu vermitteln. Liebe sucht nicht nach etwas, das man über sich selbst hinaus geben kann. Diejenigen, die so lieben, das heißt im äußersten Vertrauen, sind in Ruhe, sie sind zufrieden nicht mit dem, welchen Eindruck sie hinterlassen und was sie darstellen, sondern damit, dass sie sind und einander sehen!

BUßE, VERBESSERUNG, ANNAHME

DIE BUßE DER ANDEREN

Manchmal ist es hilfreich, über Buße und Demut aus einem anderen Blickwinkel nachzudenken. Schließlich besteht die Gefahr, dass aus dieser lichten menschlichen Handlung ein alles erdrückendes Idol wird. Buße ist ein notwendiges Stadium in einer spirituellen Krise, die mit der Befreiung der Seele von ihren früheren sündigen Befleckungen verbunden ist. Aber wie viele andere spirituelle Praktiken auch versucht die Buße, alles andere zu überlagern und zum Selbstzweck zu werden. Die Buße als Praxis der Reinigung kann das Ziel der spirituellen Reinheit – Gott – überschatten. So entwickelte sich die Frömmigkeit der Pharisäer, die „Reinheit" der Puritaner, der Traditionalismus der Altgläubigen usw.

Die Orthodoxie betrachtet mangelnde Buße als geistliche Augiasställe. Wer sich nicht wäscht, ist unrein, das stimmt so fast immer. Aber wer sich wäscht, der tut es nicht um des Prozesses willen, sondern um sauber zu werden und danach keiner Reinigung mehr zu bedürfen. Mit anderen Worten, wir müssen besser bereuen, damit wir es weniger oft tun müssen. Diese Aussage jedoch scheint nicht eindeutig zu sein.

FJODOR DOSTOJEWSKI markierte im Roman *Die Brüder Karamasow* die Grenze der Epochen durch die Opposition der Altväter Zosima und Ferapont. Ferapont ist ein entschlossener Asket, er ruft beharrlich zur Umkehr auf, entlarvt die Welt und sieht überall Teufel. Heute, anderthalb Jahrhunderte später, wirkt das Bild dieses strengen Anklägers noch verdächtiger als nach der Veröffentlichung des Romans; der Altvater Zosima, von Dostojewski teils dem ehrwürdigen AMVROSIJ VON OPTINA nachempfunden, erscheint uns authentischer, orthodoxer. Es wäre jedoch übereilt, nun das Ferapontentum auf die gleiche Weise zu diffamieren, wie es Ferapont im Roman mit dem Zosimismus tut. Denn beide verschiedene Arten von orthodoxen Asketen sind vom Verfasser der echten praktischen Orthodoxie entlehnt worden.

Die Buße war und ist das Emblem der orthodoxen Askese. Zugleich kann es kaum als Zeichen der Heiligkeit gelten, Buße von anderen zu verlangen. Jede Großmutter, die auf der Bank vor dem Haus sitzt und die Passanten belehrt, möchte die Welt durch die Buße der anderen zum Besseren verändern. Selbst der große Bußprediger, der Prophet JOHANNES DER TÄUFER, wirkt in seiner Anklage gegen HERODES ANTIPAS (der mit der falschen Frau schlief) heute nicht mehr so episch wie zu seiner Zeit. Die Großmütter vor dem Haus sind vielleicht nicht so furchtlos, aber sie halten sich an das gleiche Bewertungssystem.

Natürlich ist bei den Heiligen die grundlegende Voraussetzung für die Verurteilung anderer die Strenge der Bußdisziplin in Bezug auf sich selbst. Durch regelmäßiges Üben von Buße stärkt der Asket ein Bild von der Welt, in dem Buße das einzige Werkzeug ist, um sich selbst zu ändern. Diese Übertragung geschieht ebenso aufrichtig wie unabwendbar. Die Asketen kommen an diesen Punkt nicht, weil sie grundsätzlich böse sind, sondern weil sie durch die Übertragung ihrer Weltanschauung auf andere gezwungen sind, von anderen Buße zu fordern, da es in ihrem Weltbild vollkommen unmöglich ist, ohne Buße gerettet zu werden.

ZWISCHEN TRAURIGKEIT UND FREUDE LIEGT NUR EIN ATEMZUG

Ursprünglich richtete das Christentum die Aufforderung zur Buße an Außenstehende: Jene hatten ihren Unglauben zu bereuen, während die Christen selbst *auf die selige Erfüllung unserer Hoffnung warten: auf das Erscheinen der Herrlichkeit unseres großen Gottes und Retters Christus Jesus* (Tit 2,13). Der Herr rief Seine Jünger zur vollkommenen Freude: *damit Meine Freude in euch ist und damit eure Freude vollkommen wird* (Joh 15,11; 16,24). Ebenso die Apostel: *Dies schreiben wir euch, damit eure Freude vollkommen sei* (1 Joh 1,4); *ich hoffe, zu euch zu kommen und mündlich mit euch zu reden, damit unsere Freude völlig sei* (2 Joh 1,12); *Freut euch im Herrn allezeit; abermals sage ich: Freut euch!* (Phil 4,4); *Freut euch allezeit!* (1 Thess. 5,16).

Als die Christen später die Aufforderung zur Buße an sich selbst richteten, begann die Objektivität der Buße zu zersplittern. Wenn früher mit Sicherheit bekannt war, dass der Geist kommen und *die Welt der Sünde überführen* würde, *der Sünde, weil sie nicht an Mich glauben* (Joh 16,9), hat jetzt die auf das Christentum gekehrte Buße die Perspektive erhalten, zum Sauerteig der Pharisäer mit dessen Kleinlichkeit, Argwohn und Arroganz zurückzukehren. Schließlich galt es nun, Buße wiederum für Verletzungen der Gebote der menschlichen Gemeinschaft und der Regeln der Gottesverehrung zu tun.

Eine wichtige Aufgabe für reumütige Christen wurde es, die gebotene allzeitige Freude mit der wahrhaftigen bußfertigen Zerknirschung zu verbinden. Diese Verbindung, so scheint es, ist völlig unmöglich. Denn wenn wir uns ernsthaft der Trauer über unsere unzähligen Sünden hingeben, was bleibt dann noch von der Fülle der Freude und der Vollkommenheit des Jubels …?

Die asketischen Väter stellten richtig fest, dass das Selbstzerfleischen den Menschen nicht zu Gott führt, sondern nur den ursprünglichen Egozentrismus stärkt. Der ehrwürdige SYMEON DER NEUE THEOLOGE merkt an, dass *die maßlose und unzeitige Reue des Herzens … den Geist verdunkelt und aufstört. Sie vertreibt das reine Gebet und die Rührung aus der Seele und flößt ihr schmerzliche Qualen des Herzens ein.*[61] Der ehrwürdige JOHANNES KLIMAKOS schreibt: *So wie zu viel Holz die Flamme erdrückt und auslöscht und viel Rauch erzeugt, so macht zu viel Kummer die Seele gleichsam rauchig und dunkel.*[62] Das Problem der Symbiose von Traurigkeit und Freude wird jedoch nicht gelöst, wenn man einfach nur weniger Zerknirschung über seine Sünden übt. Ebenso inakzeptabel wäre es, diese Polaritäten auf ein Mittelmaß zu nivellieren: *Du bist weder kalt noch heiß. Wärest du doch kalt oder heiß! Daher, weil du lau bist, weder heiß noch kalt, will Ich dich aus Meinem Mund ausspeien* (Offb 3,15f). Die wechselnde Vereinigung von Kälte und Hitze in einem selbst ähnelt wiederum in hohem Maße einer bipolaren Persönlichkeitsstörung oder einer Zyklothymia

---

[61] *153 praktische und theologische Kapitel*, 46; in: *Philokalie* Bd. 3
[62] *Der Kampf gegen die Trauer* § 5, in: Asketische Lektionen Kap. 4 (russ. in: *Philokalie* Bd. 2)

(dies sind affektive psychische Störungen, die durch starke Schwankungen zwischen Depression und Überschwang gekennzeichnet sind).

Die monastische Tradition hat jedoch den Weg gewiesen, um dieses Dilemma zu lösen – die *freudigstimmende Trauer*. In diesem Konzept werden die Bedeutungen der Wörter *Freude* und *Trauer* leicht verändert; die Synthese wird jenseits von klassischer Selbstbezichtigung und tierischer Belustigung erreicht. *Bewahre mit aller Kraft die selige „Traurigkeitsfreude",* sagt der ehrwürdige JOHANNES KLIMAKOS, *und ruhe nicht von dieser Beschäftigung, bis sie dich über das Diesseitige erhebt und gereinigt vor Christus stellt.*[63] Der ehrwürdige SYMEON DER NEUE THEOLOGE sagt: *Jeder sollte sich selbst betrachten und sich vernünftig bewusst sein, dass er sich nicht allein auf die Hoffnung verlasse ohne Wehklage zu Gott und ohne Demut, noch wiederum allein auf Demut und Tränen vertraue, ohne dass er ihnen Hoffnung und geistliche Freude folgen lässt.*[64] *Du, o Christus, weißt in mir den Täter jeglichen Übels und wahrlich das Gefäß aller Arten von Laster; auch ich weiß dies, und ich bin voller Schande und Scham; ein drückender Kummer hat von mir Besitz ergriffen, und mein Herz ist von unerträglichem Kummer besessen. Aber das Licht Deines Antlitzes, das geheimnisvoll auf mich strahlte, vertrieb meine Gedanken, löschte den Kummer aus und brachte Freude in meine demütige Seele. Ich möchte also, o Christus, zwar trauern, aber die Trauer bleibt nicht an mir hängen. Ich sorge mich eher darum, dass ich dieser Freude*

---

[63] Die Himmelsleiter 7,11
[64] *153 praktische und theologische Kapitel,* 70

wegen nicht untergehen möge und sie mir, dem Un-
glücklichen, nicht die zukünftigen Freuden raubt. Nimm
Du sie jedoch nicht fort von mir, Gebieter, niemals –
nicht jetzt, und nicht im nächsten Äon.[65]

Der ehrwürdige GREGOR DER SINAITE benennt ebenso die
freudigstimmende Trauer als Ziel: *Die größte Waffe ist,*
sich in Gebet und Wehklage zu erhalten, um nicht aus
der Freude des Betens in Eigendünkel zu geraten, son-
dern sich selbst unverletzt zu bewahren durch die Erwäh-
lung der freudigstimmenden Trauer.[66] Dies ist kein me-
chanisches Verbinden zweier unversöhnlicher Zustände,
sondern eine dritte Empfindung, etwa wie das Staunen
über einen anhaltenden Dialog mit Gott. Der heilige Bischof THEOPHAN DER KLAUSNER sagt: *Freudige Trauer wird*
geschenkt, nicht erworben. Dieser Zustand ist vergleich-
bar mit dem, was wir erleben, wenn wir unsere Angehö-
rigen nach einer langen Trennung wiedersehen: es ist so-
wohl freudig als auch ergreifend – es fließen Tränen.
Freudige Trauer tritt auf, wenn der Herr mit der Seele
zusammentrifft und die Seele mit dem Herrn. Dies kann
man bei der heiligen Kommunion erwarten; und es ge-
schieht auch. Erkennt daraus, dass die Zerknirschtheit
kultiviert werden muss, diese aber ist nicht selbst schon
freudigstimmende Trauer, sondern ebnet ihr den Weg.
Der Herr spendet sie der Seele, und niemand kann den
Herrn in Seinem Handeln lenken.[67] Gewiss, es wäre
möglich, den Wert dieses Phänomens anzuzweifeln,

---

[65] *Hymnen,* 3 (vgl.: Symeon der Theologe: *Licht vom Licht, Hymnen,*
München 1951)
[66] *Über die Selbsttäuschung,* in: *Fünfzehn Kapitel (Anweisungen für*
die Hesychasten), Kap. 7 (*Philokalie* Bd. 4, russ. Bd. 5)
[67] *Briefe an verschiedene Personen* [*Pis'ma k raznym licam*] Nr. 56

indem man die Vorstellung vom zornigen Gott in Frage stellt. Die Theologie darf hier jedoch die Erfahrung, die uns in den Heiligen gegeben wurde, nicht leugnen oder vorschreiben.

Auch heutzutage gibt es freudige Traurigkeit – in der lebhaften Interaktion gewöhnlicher Laien und Priester. Für den Erzpriester ALEXANDER SCHMEMANN ist Freude das Einzige, was Furcht und Buße nicht nur rechtfertigt, sondern auch einschließen kann: *Man kann nicht wissen, dass Gott existiert und sich nicht freuen. Und nur in Bezug darauf sind Gottesfurcht, Reue und Demut richtig, wahrhaftig und fruchtbar. Außerhalb dieser Freude werden sie leicht „dämonisch", pervertieren in der Tiefe der religiösen Erfahrung selbst. Eine Religion der Angst. Eine Religion der Pseudo-Demut. Eine Religion der Schuld: All das sind Versuchungen, all das ist „Selbsttäuschung". Aber wie stark ist diese nicht nur in der Welt, sondern auch innerhalb der Kirche ... Und aus irgendeinem Grund steht die Freude bei den „religiösen" Menschen immer unter Verdacht. Das Allererste, Wichtigste, die Quelle von allem ist: „Meine Seele möge sich freuen im Herrn." Die Angst vor der Sünde rettet mich nicht vor der Sünde. Mich rettet die Freude am Herrn. Schuldgefühle und Moralismus „befreien" nicht von der Welt und von ihren Versuchungen. Freude ist die Grundlage der Freiheit, in der zu „stehen" wir berufen sind.*[68]

---

[68] *Tagebücher*, am 12. Oktober 1976

BEICHTEN IM 21. JAHRHUNDERT

Die Beichte bietet einen Raum des völligen Vertrauens und der schamfreien Offenbarung, außerhalb von sozialen Spielchen und von Konkurrenz. In unserer Welt gibt es, genauso wie vor einer Million Jahren, wenige Aktionen, deren Ziel nicht direkt oder indirekt die Steigerung / Festigung des eigenen sozialen Status wäre. Bei der Beichte endet dieses Spiel. Egal für wie schrecklich ein Mensch sich auch hält, sie wird ihn nicht erniedrigen oder erhöhen.

Beichte ist die Praxis, das auszusprechen, was auch vor sich selbst nicht leicht zu bekennen ist. Die ausgesprochene Sünde soll nicht Gott informieren, sondern ermöglicht es, die eigene Sündhaftigkeit auf neue Weise wahrzunehmen. Das Aussprechen einer Sünde verändert deren halbbewusste Position in unserer Seele. Dies ist wichtig für die Praxis der Offenheit vor Gott wie auch für die Selbsterkenntnis.

Es ist nicht die Vergangenheit, die man bekennen muss, sondern die Gegenwart, am Beispiel kürzlich geschehener Ereignisse. Die Vergangenheit kann nicht zurückgeholt und korrigiert werden, sie kann auch nicht vergeben werden, weil sie nicht mehr existiert. Es gibt, in den Worten des seligen AUGUSTINUS, nur die Gegenwart der Vergangenheit und die Gegenwart der Zukunft. Der traditionelle Versuch, die Beichte auf die Korrektur des Lebenslaufs zu reduzieren, rückt die Sünde wieder in den Mittelpunkt – sie sollte Gott jedoch auch in der Beichte nicht verdrängen. Die Beichte ist ein Flüstern über Liebe, über Hingabe und Verrat, über geistliche Blindheit und Schau

... aber alles dreht sich um Gott, oder besser gesagt um uns mit Gott. *Herr! Du weißt alles; Du weißt, dass ich Dich liebe!* (Joh 21,17).

Bei der Beichte geht es nicht immer um schlechte Dinge. Schließlich besteht unser geistliches Leben nicht nur aus Schmutz und Verbrechen. Wenn man seine kleinen spirituellen Freuden offenbart, kann man die Gewohnheit stärken, sie wahrzunehmen. Für uns ist es ungewohnt, den Inhalt unserer inneren Welt zu teilen, auch deshalb, weil er für andere wenig interessant erscheint, besonders wenn wir in unserem Beichtvater einen geistlichen Asketen sehen. Hier zeigt sich unser Fokus auf extremes und außergewöhnliches Verhalten. Diese Fokussierung verschließt uns den eigentlichen Inhalt des täglichen Lebens, einschließlich der alltäglichen Gemeinschaft mit Gott.

Zorn, Hass, Liebe, Mitleid, Begehren, Erkennen, Freude, Schmerz, — das sind alles Namen für extreme Zustände: die milderen mittleren und gar die immerwährend spielenden niederen Grade entgehen uns, und doch weben sie gerade das Gespinst unseres Charakters und Schicksals. Jene extremen Ausbrüche — und selbst das mäßigste uns bewusste Wohlgefallen oder Missfallen beim Essen einer Speise, beim Hören eines Tones ist vielleicht immer noch, richtig abgeschätzt, ein extremer Ausbruch — zerreißen sehr oft das Gespinst und sind dann gewalttätige Ausnahmen, zumeist wohl in Folge von Aufstauungen: — und wie vermögen sie als solche den Beobachter irre zu führen![69] Um das Leben zu

---

[69] Nietzsche, Friedrich: *Morgenröthe*, § 115 (2. Buch, § 64)

spüren, sucht der Mensch nach diesen Zuständen, da ihre gemäßigteren Niveaus de facto namenlos sind, und wenn wir keine Wut-, Hass-, Mitgefühle, Liebe und Leidenschaft haben, wissen wir nicht, ob wir leben. Der Tag scheint leer, wenn „nichts passiert" – nichts, was im kognitiven Apparat als Geschehen oder Ereignis bezeichnet wird. Auf der Jagd nach großen und bekannten Zuständen verlieren wir so den wirklichen Mikrokosmos unserer Seele aus den Augen, die vielleicht kaum wahrnehmbaren, jedoch einzigen Beziehungen zu unserem eigenen „Ich", zum „Es" und zu Gott, dem Herrn. Deshalb ist es unabdingbar, in der Praxis des Christentums einen Platz für die Beichte zu finden.

DIE BUßE MEINES „ICH"-S

Eine Reihe von philosophischen Schulen leugnen rundheraus das „Ich" als Wesenheit. Für den Buddhismus ist *Person* nur ein Name, der eine strukturell geordnete Kombination von fünf Gruppen (*Skandhas*) substanzloser und flüchtiger psychophysischer Elementarzustände (*Dharmas*) bezeichnet. Ihre logische Vollendung findet diese Richtung im Konzept der *Anatmavada* – der Negation des „Ich". Im Rahmen der religiös-philosophischen Traditionen des *Anatmavada* ist der Glaube an ein wirkliches „Ich" die Quelle von Affekten und Leidenschaften (*Kleshas*), also die Ursache des Leidens. In allen Versionen hinduistischer Erlösung geht es gerade darum, die Unkenntnis der eigenen Natur zu überwinden und die Begrenzungen des falschen „Ichs" loszuwerden. Dabei wird eine Reihe von Methoden zur Lösung des Problems vorgeschlagen: *Yoga* als vorübergehende Reinigung der

Psyche vom „Nicht-Ich", auch einige Richtungen der *Vedanta*, welche die Entsagung vom „Ich" empfehlen, um die metaphysische Intuition freizusetzen. *Advaita* etwa ist dabei die Auflösung des individuellen Geistes im universellen Brahman, *Sankhya* und *Yoga* lehren, dass all unsere Sorgen und Leiden aufgrund von Verwirrung (*aviveka*) bezüglich dessen entstehen, was „Ich" und was „Nicht-Ich" ist. Im befreiten Zustand (*mukti, apavarga*) ist das Wesen eines Menschen nur auf sich selbst bezogen. *Mukti* wird entweder bereits im Leben (*jivan mukti*) oder nach dem Tod (*videha mukti*) erreicht.

Die religiös-philosophischen Schulen von *Nyaya* und *Vaisheshika* bieten ebenfalls den Weg an, das „Ich" vom „Nicht-Ich" zu reinigen.

In den Upanishaden (*Brihadaranyaka Upanishad*) erzählt ein vedischer Weiser, wie der Gott Indra zur Schöpfergottheit Prajapati ging, um zu fragen, was „Ich" sei. Die erste Antwort lief darauf hinaus, das „Ich" sei der Körper, die zweite – es sei ein Schlaf voller Träume, die dritte – es sei ein traumloser Schlaf. So versuchten die Legenden und Philosopheme des alten Indiens, das „Ich" zu definieren, welches allein uns von Tieren unterscheidet.

Kehren wir zurück zur Frage der Buße und stellen wir fest, dass echte Buße eine Veränderung nicht nur des Verhaltens und der Sprache ist, sondern auch des Geistes[70], wobei „Geist" keine Vernunftshaltung ist, sondern das nämliche „Ich", jenes Subjekt, das auf die Frage

---

[70] russ. *um*, griech. *nous*, der höhere, gottgemäße Seelenteil (Anm. d. Üb.)

„Wessen Körper ist das?" „Wessen Charakter ist das?", „Wessen Psyche ist das?" antwortet: „Meine!"

Stellen wir die Frage so: Wer tut Buße und was ändert sich genau im Akt der Buße?

Im Christentum ist dieses Problem nicht so akut wie im Hinduismus: Wir nehmen uns als Person wahr, und Gott manifestiert Sich in einer Person. Die Begegnung von Personen ist das Ziel, und die Persönlichkeit ist das Mittel.

Wenn man die Buße genauer betrachtet, wie unter einem Mikroskop, und das „Ich" von seinen Handlungen trennt, wird klar, dass es keine Buße als integralen Akt gibt, denn die motivierende Ursache von Sünde und Buße erweist sich als identisch. Was wie eine drastische Einstellungs- und Verhaltensänderung aussieht, kann sich bei umfassender Analyse als grundlegend von unterschiedlicher Art herausstellen. Im Allgemeinen können die Mechanismen der reuevollen Umkehr, die Struktur der Buße und Besserung wie folgt aussehen:

- Änderung von Prioritäten unter Beibehaltung eines Ziels;
- Änderung der Mittel zum Erreichen des Ziels;
- Änderung der Art und Weise, wie wir über letzte Werte denken.

Im letzteren Fall ändern sich nicht nur das Ziel und die Mittel, sondern auch die Art der Selbstwahrnehmung bei der Zielerreichung und beim Einsatz der Mittel.

Seltsamerweise gehören die auffälligsten (exemplarischen) Beispiele biblischer Buße zu den ersten beiden Typen. Was beispielsweise im Gleichnis vom verlorenen

Sohn einem außenstehenden Beobachter als grundlegender Wandel und als Maßstab der Reue erscheint, entpuppt sich bei näherer Betrachtung als Änderung der Prioritäten unter Beibehaltung des Ziels. Der Sohn verließ seinen Vater, weil er bequemer leben wollte, und kehrte aus demselben Grund zu ihm zurück. Was hat sich bei ihm verändert? Nur die Bedingungen, um das ursprüngliche Ziel zu erreichen. In diesem Kontext ist das zerknirschte *Dann brach er auf und ging zu seinem Vater* (Lk 15,20) von demselben Bestreben motiviert wie das sündige Fortziehen *in ein fernes Land* (Lk 15,13). Der egozentrische Persönlichkeitstyp, der die günstigsten Bedingungen sucht, ist unberührt geblieben. Der pragmatische Charakter des Wendepunkts – *wie viele Tagelöhner meines Vaters haben Brot im Überfluss, ich aber komme hier vor Hunger um; ich will aufbrechen und zu meinem Vater gehen* (Lk 15,17f) – und die Tatsache, dass der Sohn speziell für seinen Vater eine Rede vorbereitete, zu der er dann auch ansetzte, weisen auf die äußerliche Natur dieser „Buße" hin; es gab keine wirkliche Veränderung am „Ich". Denjenigen aber, die Spiritualität nach der Welt der Emotionen beurteilen, erscheint es als eine kolossale Neuformatierung. Dennoch – tief im Herzen ist bei dem verlorenen Sohn nichts passiert. Daher ist der älteste Sohn so überrascht vom Verhalten seines Vaters. Und wieviel Ironie liegt doch darin, dass die Rückkehr des verlorenen Sohnes zu einem viel gepriesenen Beispiel christlicher Umkehr geworden ist!

Ebenso änderte auch der gerechte Räuber am Kreuz seine Prioritäten erst, als er dem bevorstehenden Tod gegenüberstand. Da erst bekannte er Jesus als den Sohn Gottes – als seine letzte Hoffnung. Ja, er schaute nüchtern auf die Welt, in der er den Weg des Bösen gewählt hatte, und er sah die Ungerechtigkeit in der Kreuzigung Jesu (*uns geschieht recht, wir erhalten den Lohn für unsere Taten; Dieser aber hat nichts Unrechtes getan* (Lk 23,41)), aber es liegt noch keine Reue darin, und über Ungerechtigkeit empört zu sein ist nicht dasselbe, als in sich selbst die Weltsicht zu verurteilen, die einen zum Verbrecher gemacht hat.

Alle Apostel (außer JOHANNES) haben Jesus verraten, sobald sie sich „überzeugt" hatten, dass Er nicht Der war, auf Den sie gehofft hatten (nicht der Messias, nicht der Sohn Gottes). *Da verließen Ihn alle und flohen* (Mk 14,50). Aber sie bereuten und kehrten zurück, nachdem sie dann überzeugt waren, dass Er der Messias und der Sohn Gottes war. Ihre Bestrebungen änderten sich nach der Auferstehung nicht (Apg 1,6), in ihren Augen änderte sich nur die Verteilung der Kräfte. Nun ist Er wieder Derjenige, Der *die bösen Menschen vernichten* (Mt 21,41) und *jedem nach seinen Taten vergelten* wird (Mt 16,27; Röm 2,6). Gab es in der Apostasie und Rückkehr der Apostel bei ihnen ein Umdenken über sich selbst? Ja, jedoch viel später. In den ersten Jahren ihres Dienstes jedenfalls blieben sie Anhänger eines starken und rachsüchtigen Maschiach.

Die erste Predigt des PETRUS, die wir in der Apostelgeschichte lesen, beruht auf einem Schuldgefühl (*Kehrt um!*) in Bezug auf die Kreuzigung Desjenigen, mit Dem zu rechnen ist: *Gott hat Ihn zum Herrn und Christus gemacht, diesen Jesus, Den ihr gekreuzigt habt* (Apg 2,36). Dies wiederholt die Logik der Peiniger bemerkenswert genau. Diejenigen, die Christus kreuzigten, hielten Ihn für einen Emporkömmling, wären aber zu glauben bereit gewesen, wenn Er nur Seine Macht vom Kreuz aus demonstriert hätte; auch sie hätten sich vor einem Starken und Herrlichen gebeugt, nur hielten sie Jesus von Nazareth nicht für einen solchen. PETRUS erklärt ihnen, dass ein kriminaler Fehler passiert ist: Jetzt ist aus dem „hässlichen Entlein" ein „schöner Schwan" geworden, also setzt auf Jesus, denn *diesen Jesus hat Gott auferweckt*, weil *Gott ... mit einem Eid verheißen hatte, dass Er ... dem Fleisch nach den Christus erwecken werde, damit Er auf Seinem Thron sitze* (Apg 2,32.30). Die Leichtigkeit und Einmütigkeit des Volkes, die es ermöglichten, an diesem Tag etwa dreitausend Seelen zu taufen (2,41), hätte die Apostel alarmieren müssen, eingedenk dessen, dass Christus in dreieinhalb Jahren nur zwölf versammelt hatte. Er verlangte, alles abzulehnen, alle Rechtschaffenheit, Sündhaftigkeit, Überzeugungen und Vorurteile, und Ihm zu folgen. PETRUS forderte in seiner ersten Predigt, die alttestamentlichen Prophezeiungen mit der Evangeliumsgeschichte in Einklang zu bringen und vor dem mächtigsten Vertreter des Allmächtigen Buße zu tun.

Das gleiche Schema ist bei der Bekehrung von SAULUS / PAULUS zu sehen. Der Prediger des pharisäischen Judentums gab seiner Predigt eine andere Richtung. Am Ziel, möglichst viele Menschen seiner Ideologie unterzuordnen, hielt er fest, nur die Richtung änderte sich. Betrachten wir folgende Analogie: In einer fremden Stadt geht eine Person zum Bahnhof, stellt fest, dass sie sich in die falsche Richtung bewegt, dreht genervt um und läuft in die entgegengesetzte Richtung weiter. Hat sie sich verändert? Nein – Absichten, Weltanschauung und Ziel bleiben gleich. Lediglich hat sich die bisherige Methode als unwirksam erwiesen, also hat diese Person ihre Methode geändert, nicht aber sich selbst. Das gleiche passiert mit einem Händler, der den Handel mit verlustbringenden Waren einstellt und auf profitable Waren umsteigt. Ebenso könnte eine Sekretärin auf Wunsch des neuen Chefs nicht mehr Kaffee, sondern Tee servieren und ihre Garderobe wechseln – die Lebensumstände ändern sich, nicht aber das Modell ihrer Wahrnehmung. Erst später wird der Apostel zu einer neuen Persönlichkeit in Christus heranreifen – zugleich wird sein Verhältnis zu den Erstaposteln angespannter werden.

Dies ist im Wesentlichen auch der Mechanismus der Buße des Hauptmanns unter dem Kreuz. *Und siehe, der Vorhang riss im Tempel von oben bis unten entzwei. Die Erde bebte und die Felsen spalteten sich. Die Gräber öffneten sich und die Leiber vieler Heiligen, die entschlafen waren, wurden auferweckt. Nach der Auferstehung Jesu verließen sie ihre Gräber, kamen in die Heilige Stadt und erschienen vielen. Als der Hauptmann und die Männer, die mit ihm zusammen Jesus bewachten, das Erdbeben bemerkten und sahen, was geschah, erschraken sie sehr und sagten: Wahrhaftig, Gottes Sohn war Dieser!* (Mt 27, 51ff). Eine Reihe beeindruckender Phänomene hat die Prioritäten des Hauptmanns und seiner Soldaten verändert. Sie hatten überhaupt nicht vor, einen mächtigen Wundertäter zu töten – lediglich einen schwachen und wehrlosen. Nach dem Erdbeben, der Sonnenfinsternis, dem zerrissenen Schleier und den wandelnden Verstorbenen erkannten sie ihren Fehler an. Was als Reue oder Einsicht erscheint, hat in ihrem Weltbild keinerlei Veränderung bewirkt – geändert hat sich lediglich die Kräfteverteilung zugunsten Jesu.

Der Mechanismus der Buße der Zöllner aus den Gleichnissen vom Zöllner und Pharisäer sowie von ZACHÄUS wird in den Evangelien nicht verdeutlicht. Sowohl der eine als auch das andere haben jedoch ihr mentales Weltbild unerschütterlich bewahrt. Schließlich ist der erste Zöllner ein Zöllner geworden, weil er glaubte, vor dem Starken solle man „nicht wagen, den Kopf zu erheben" – ebenso verhielt er sich auch im Tempel. Und auch ZACHÄUS beglich bei Gott weiterhin seine Schulden in Geld, nur eben nun zu einem Straf-Wechselkurs: eins zu vier.

BUßE IN DER TIERWELT

Die Buße, die durch die klösterliche Tradition zum Gipfel spiritueller Zustände erhoben wurde, kann bei Tieren als Geste der Unterwerfung gelesen werden. Auch die Tierwelt hat ihre eigene „Reue", sie wurzelt in der hierarchischen Struktur der Konkurrenz innerhalb der Art. Wenn ein Wolf, der im Kampf verliert, auf dem Rücken liegt und seinen Hals und Bauch entblößt, rettet diese Demonstration des Gehorsams sein Leben und stuft ihn in der Hierarchie herunter. Auch bei Bisons, Pferden und anderen Huftieren enden Kämpfe zwischen Männchen mit der Geste des Verlierers, der seinen Machtanspruch in der Herde „bereut". Haustiere haben auch Unterwerfungsgesten, zum Beispiel beugt sich der Hund leicht zum Boden, schaut von unten auf, wedelt mit dem Schwanz oder klemmt ihn ein. Es gibt viele Beispiele für dominantes und unterwürfiges Verhalten im Tierreich (schauen Sie einfach regelmäßig den Kanal Animal Planet).

Es ist überaus zweckmäßig, auch die Buße eines Menschen vor Gott als Unterwerfung unter den Stärksten zu begreifen, obwohl dies keineswegs die höchste Manifestation des menschlichen Geistes genannt werden kann. Eigentlich gibt es darin nichts spezifisch Menschliches, es ist das nämliche Beugen und Wedeln mit dem Schwanz.

Das Verständnis von Buße als Geste der Demut finden wir in allen Schichten des orthodoxen asketischen Schrifttums. *Ein Bruder fragte Abbas Poimen: „Ich habe eine große Sünde begangen und möchte drei Jahre lang Buße tun." „Das ist viel", antwortet ihm Abbas Poimen. „Dann ein Jahr", sagte der Bruder. „Auch das ist viel", sagte der Altvater wiederum. Diejenigen, die beim ihm waren, fragten, ob vierzig Tage genug seien. „Auch das ist viel", erwiderte er und fügte hinzu: „Wenn ein Mensch von ganzem Herzen bereut und nicht mehr sündigt, wird Gott ihn auch in drei Tagen annehmen."*[71] Wie wir sehen, erscheint Buße hier als symbolisches Abarbeiten einer sündigen Handlung. Die Zeitspanne mag unterschiedlich sein, aber der Platz der Buße in der Bewusstseinsstruktur der alten Asketen bleibt der gleiche: Gott wird die Geste des Gehorsams sehen und nicht strafen.

BUßE UND BESSERUNG

In asketischen Texten erscheint Buße als Wert und wird mit dem Prozess des Selbsterkennens verbunden. *Das Lob des Christen ist Buße mit Tränen,* sagt EPHRAIM DER

---

[71] *Gerontikon* 10,84 (Poimen 12)

SYRER.[72] *Der Weg zur Vollkommenheit ist der Weg zu dem Bewusstsein, dass ich blind, arm und nackt bin, und damit stets verbunden ist die Zerknirschung des Geistes, das vor Gott ausgebreitete Leiden und Trauern wegen meiner Unreinheit, oder, was dasselbe ist, die unablässige Buße. Reuegefühle sind die Kennzeichen wahrhaftiger Askese,* versichert THEOPHAN DER EINSIEDLER.[73] Der Bußfertige bewertet die Buße als hohes Gut und hat Interesse daran, denn dank ihres asketischen Lobpreises ist die Buße das Kriterium der Wahrheit. Wer stark bereut, der ist ein wahrer Christ! Zugleich jedoch zeigt er diese Reue ja, weil er nicht dem Bild eines wahren Christen entspricht. So wird Buße als ambivalente Praxis durch den eigenen hohen Status motiviert.

Deshalb zerfallen Buße und Selbstkorrektur oft in getrennte, sich selbst genügende Phänomene. Wie die Erfahrung heiliger Asketen zeigt, kann sich die Buße als eigenständige Frömmigkeitspraxis abtrennen und entwickeln. Ihre Erfahrungen und Praktiken werden zu einem Wert an sich, wenn sie einen eigenen Anreiz besitzen, zum Beispiel die Vorstellung, dass Bußqualen und das Gefühl der Reue Gott wohlgefällig sind: *Nahe ist der Herr den zerbrochenen Herzen und dem zerschlagenen Geist bringt Er Hilfe* (Ps 33/34,19), *Er heilt, die gebrochenen Herzens sind,* und *hilft auf den Gebeugten* (Ps 146/147,3.6). Als Anreiz dient auch die Überzeugung, dass vermehrte Demut und Buße die Seele reinigen. Ebenso kann

---

[72] *Über die Liebe zu den Armen* (russ. in: *Werke* [*Tvorenija*], Bd. 3, Moskau 1994)
[73] *Der Weg zur Rettung,* Kap. 3 (dt.: Wolf, Johannes (Hg.), Apelern 2004)

Selbsterniedrigung auch als ein Gott wohlgefälliges Opfer wahrgenommen werden: *Schlachtopfer für Gott ist ein zerbrochener Geist, ein zerbrochenes und zerschlagenes Herz wirst Du, Gott, nicht verschmähen* (Ps 50/51,19). Zusammen mit der emotionalen Selbstbefriedigung machen solche Wurzeln der Buße diese praktisch unabhängig davon, das Leben in der Praxis zu korrigieren. Es ist, als ob wir, anstatt die Wohnung zu putzen, verstärkte Zerknirschung über die Unordnung zeigen würden, uns dabei aber weder eine Reinigung vornehmen noch den Besen anfassen, vielmehr nur stöhnen und jammern, uns niederwerfen und auf verschiedene Arten geißeln.

Praktische eigene Besserung wird motiviert durch die Vorstellung davon, wie man handeln sollte, um eine Wiederholung der Sünde zu vermeiden; dies ist nicht zwingend abhängig vom Grad der Selbstvorwürfe. Natürlich unterstützt im natürlichen Lauf der Dinge ein starkes Bedauern immer die Entschlossenheit, etwas zu ändern und zu bessern, aber dies ist nichts anderes als ein Nebeneffekt.

Wie die Praxis zeigt, führen Reue, Zerknirschung, Selbstgeißelung usw. allein nicht zur Demut. Im Gleichnis vom Geldverleiher (Mt 18,23-35) sehen wir, dass dieser Mensch, der aufrichtig und demütig um Barmherzigkeit bittet, dadurch nicht barmherziger wird. Die Juden schworen einen heiligen Eid, nichts zu essen, solange sie den Apostel PAULUS nicht getötet hätten (Apg 23,14). IGNATIUS LOYOLA, GIROLAMO SAVONAROLA und andere Asketen, die sich selbst hart bestraften, griffen Sünder mit der gleichen Härte an.

Wir erinnern uns an die Praxis der Selbstgeißelung (den sogenannten Flagellantismus), die in der Abhandlung von PETRUS DAMIANI († 1072) *Lob der Geißel* propagiert wurde, sowie an die russischen sektiererischen Bewegungen der Chlysten (Geißler, 17.-19. Jh.), Skopzen (Kastraten, 18.-20. Jh.) und der Postniki (Fastende, 19. Jh.) mit AVVAKUM KOPYLOV an der Spitze. Alle legten außerordentlichen Wert auf Nahrungsverbote und strikte Askese, was sie aber keineswegs barmherziger gegenüber ihren Mitmenschen machte.

Viele Prediger sehen einen kausalen Zusammenhang zwischen Selbsterniedrigung und Demut sowie Herzensgüte, während diese zumeist überhaupt nicht miteinander verbunden sind und als separate Facetten des Bewusstseins existieren. So kann ein Atheist und Lebemann der freundlichste Mensch sein, in einem zähen Asketen (wie dem Ferapont bei DOSTOJEWSKI) dagegen können Verachtung und Aggression wuchern.

SÜNDE ALS UNVERNUNFT

Wenn Gott höchst vernünftig ist, muss der Begriff „Sünde" radikal überdacht werden. Selbst wenn Gott nur, sagen wir, zweihundert Mal klüger ist als wir, kann Er sündiges Verhalten nicht mehr genauso bewerten wie wir. Für Ihn wird jede Sünde ein Missverständnis des Sünders sein. Dabei werden nicht nur intellektuelle Fehler, sondern auch bewusste und sogar unbewusste Bestrebungen der Seele unter die Kategorie des Missverständnisses fallen.

Wird dies nicht durch die kindliche Eifersucht bewiesen? Ein zweijähriges Kind versucht aufrichtig, seinen sechs Monate alten Bruder zu kneifen oder zu schlagen, und wünscht ihm mit seiner ganzen Seele Schaden. Das Kind weiß noch nicht, was wahre Liebe ist, sie läuft für ihn auf ein Monopol auf Aufmerksamkeit und Fürsorge hinaus. Wie wird ein kluger Elternteil dieses Verhalten betrachten? Natürlich als ein vorübergehendes Missverständnis. Weder die Methode der Beeinflussung (Kneifen) noch die Ziele oder die einem primitiven Weltbild entspringende emotionale Haltung sind richtig. Die Eltern sind jedoch zu schlau, um auf der gleichen Ebene auf den kindlichen Hass zu reagieren (oder das ältere Kind ewigen Qualen zu überantworten).

Ein anderes Beispiel: Oft werden kleine Kinder, wenn sie Hunger haben, launisch und reizbar. Sie sind nicht in der Lage, die wahren Gründe ihres Zustands zu verstehen. Ihr Gehirn aber zeigt ihnen falsche Ursachen an, mit denen das Kind sogleich wütend zu kämpfen beginnt. Sein ganzes Wesen ist voller Empörung. Die Eltern wissen jedoch um die wahren Hintergründe und nehmen das aggressive Verhalten nicht ernst. Statt bestraft zu werden, bekommt das Kind Essen.

Die unterentwickelte Psyche und Weltanschauung von Kindern ist etwas Normales. Nicht ganz normal ist es, die Kategorie „Sünde" auf den Egozentrismus der Interessen zu stützen. Heute hat die Kategorie „Sünde" ihren Rechtsstatus und ihre Funktion gerade in der „Theologie" des kleinen Kindes, das vom älteren, eifersüchtigen Bruder bedroht wird.

Dies ist eines der Probleme der Theorie des sündigen Handelns. Natürlich bleibt es dringend erforderlich, das Konzept „Sünde" um seiner pädagogischen Wirkung willen anzuwenden (d. h. den Sünder von schlechtem Verhalten abzuhalten). Aber die pädagogisch verstandene „Sünde" verliert ihr Wesen und hört auf, in Wirklichkeit Sünde zu sein. Jeder, der dies verstanden hat, kommt auf die eine oder andere Weise darauf zurück, diesen Begriff zu überdenken.

Erinnern wir uns an die Frau, die beim Ehebruch ertappt wurde (Joh 8,3-11). Es ist sündhaft, Unzucht zu treiben. Die Ehebrecherin sollte zumindest aus pädagogischen Gründen bestraft werden. Aber Jesus lässt sie gehen. Er billigt ihr Verhalten nicht, versteht es aber offensichtlich ganz anders als diejenigen, die nach dem Gesetz vom Begriff der „Sünde" ausgegangen sind.

SÜNDE ALS IN DIE JAHRE GEKOMMENES KONZEPT

Wenn ein gläubiger Mensch nicht verstehen kann, warum es gut ist, wenn er die eine oder andere Sünde nicht begeht, dann wird er aus dem Grund nicht sündigen, Gott nicht zu beleidigen. „Sünde" wird auf diese Weise durch ein fremdes, äußeres Kriterium bestimmt – Gott wird bestrafen / beleidigt sein. Wenn wir den Gedanken zulassen, dass Er nicht beleidigt / zornig ist, dann verliert die „Sünde" für diese Art von Gläubigen die Basis, eine Sünde zu sein – was unsere Brüder völlig desorientiert. Was, wenn nicht der Zorn Gottes, wird ihnen anzeigen, was Sünde ist? Für eine solche Art von religiösem Bewusstsein sind diese Ängste nicht überflüssig. Deshalb fürchten die vorausschauenden Frömmigkeitseifer die

Revision der Amartologie (der Sündenlehre) so sehr, weil alles Nicht / Verständnis des Lebens auf diesem „Gott hat es gesagt!" beruht.

Die Bedeutung des Wortes „Sünde" ist aus Sicht des modernen Denkens äußerst problematisch. Das klassische Verständnis dieses Begriffs reduzierte ihn auf eine Verletzung des Willens Gottes. Heute ist das obsolet, und um ihn weiterhin verwenden zu können, muss man den gesamten Kontext akzeptieren, in dem er geboren wurde und seine harmonische Entwicklung erhielt. Für seinen authentischen Gebrauch verlangt der Begriff „Sünde" nach ideologischen Parametern, denen wir bei weitem nicht immer zustimmen können.

Das semantische Kontinuum des Wortes „Sünde" setzt zunächst die Existenz eines bestimmten Gesetzes voraus, dessen Verletzung eine Sünde ist. Wenn wir eine Sünde identifizieren, stimmen wir zu, dass wir den rechtmäßigen Zustand kennen und er erklärbar ist. Alles scheint so einfach zu sein! Es scheint, dass die Frau, die beim Ehebruch ertappt wurde, offensichtlich gesündigt hat und sich dafür verantworten muss – aber Jesus verweigert den Gesetzesrollen das Recht, Sünde genau zu bestimmen.

GALILEO GALILEI schrieb einmal den skandalösen Aufsatz *Dialog über die beiden hauptsächlichsten Weltsysteme*, nämlich die von PTOLEMÄUS und von KOPERNIKUS. Einer der Teilnehmer des Dialogs, der karikiert dargestellte Aristoteliker Simplicio (mit dieser Gestalt meint GALILEI Papst URBAN VIII.) argumentierte, dass das Universum nicht durch das Gebiet der Erklärbarkeit begrenzt sein muss, denn unser Verstand kann es nicht umfassen.

GALILEI selbst glaubte, dass der menschliche Geist die Wahrheit *mit derselben Gewissheit, wie sie die Natur selbst besitzt,* erkennen kann. Das 20. Jahrhundert der Wissenschaftsgeschichte hat gezeigt, dass wohl doch Papst URBAN VIII. recht hatte.

Unsere Welt ist so beschaffen, dass wir sie nicht ganz eindeutig erklären können. Wenn wir dieser These zustimmen, erhält der Begriff „Sünde" eine wichtige subjektivierende Qualität – „Sünde für mich". Wir können persönliche Sünde fühlen; in diesem Fall werden alle Kanons und Psalmen der Buße wiederbelebt und mit Farben gefüllt, aber „Sünde" wird zu einem individuellen geschlossenen Konzept. *Wer einen bestimmten Tag bevorzugt, tut es zur Ehre des Herrn. Und wer Fleisch isst, tut es zur Ehre des Herrn; denn er dankt Gott dabei. Und wer kein Fleisch isst, unterlässt es zur Ehre des Herrn* (Röm 14,6). So wird „Beachtung" und „Verletzung" von Tabus relativ, relativiert. Für jemanden gilt es als Sünde, Äpfel vor dem Erntedankfest zu essen, aber für jemand anderen nicht – *denn warum soll meine Freiheit vom Gewissen eines anderen abhängig sein? Wenn ich in Dankbarkeit mitesse, soll ich dann getadelt werden, dass ich etwas esse, wofür ich Dank sage? Ob ihr also esst oder trinkt oder etwas anderes tut: Tut alles zur Verherrlichung Gottes!* (1 Kor 10,29ff). Christen sollen sich nicht gegenseitig verurteilen, da der Begriff „Sünde" für verschiedene Menschen nicht gleich ist. *Der eine glaubt, alles essen zu dürfen, der Schwache aber isst nur Gemüse. Wer Fleisch isst, verachte den nicht, der es nicht isst; wer aber kein Fleisch isst, richte den nicht, der es isst. Denn Gott hat ihn angenommen. Wer bist du, dass du den Diener eines anderen richtest? Durch seinen eigenen Herrn steht oder fällt er* (Röm 14,2ff). Wir wollen festhalten: Nicht weil es schlecht ist, sollen wir nicht urteilen, sondern weil jeder in der Terminologie des Apostels „seinen eigenen Herrn" und seinen eigenen geistlichen Weg hat, der für einen anderen völlig unverständlich sein kann.

Die Idee der „Sünde" ist mit der Idee der Vergeltung verbunden, von der unsere einfachsten Gebete ausgehen: „Herr, erbarme Dich", „Herr, vergib mir." Im inneren Raum des Bewusstseins können diese Sätze sehr unterschiedliche Bedeutungen haben, aber wenn wir sie Außenstehenden erklären wollen, kommen wir nicht umhin, allen logischen Implikationen ihrer Verwendung im Gebet zuzustimmen: dass also

-   Gott so kleinlich und zornig ist, dass Er uns nicht vergibt, bis wir ausdrücklich darum bitten;
-   Gott Forderungen an uns hat, wir Ihn aber durch unser Flehen manipulieren können;
-   dieses Manipulieren fromm ist.

Leider oder zum Glück sind viele der Prämissen des Konzepts von „Sünde" als Verletzung des Willens Gottes heute inakzeptabel. Dies bedeutet, dass es an der Zeit ist, unser Verständnis dieses Phänomens so zu verändern, dass es unserer Vorstellung von Gott und der Kommunikation mit Ihm im Gebet entspricht.

EIN POSITIVES VERSTÄNDNIS VON BUSE

Gott sieht mich ganz und gar, Er ist mir auf das Äußerste gegeben. Das Problem unserer Kommunikation ist meine Verschlossenheit als ein freier Akt. Es ist nicht

190

Gott, Der zornig ist, sondern ich wende mich ab, ich laufe von Ihm weg nach Tarschisch (Jona 1,3). Meine Gabe der Freiheit von Gott ist der entschiedenste Parameter unserer Beziehung zueinander. Jede echte Sünde verleiht Gott die Rolle des Abwesenden in meinem inneren Leben. Dies geschieht, wenn mein Bewusstsein von der verzehrten Nahrung verzehrt wird, wenn meine Emotion autark existiert, ohne dass Gott daran beteiligt ist. Das gewohnheitsmäßige Sich-Einschließen in die Prozesse und Ereignisse des alltäglichen Lebens entfernt den Menschen von Gott und den Menschen vom Menschen.

Unser Nächster, der seine Erfahrung (ob angenehm oder unangenehm) in sich selbst auskostet, verschließt sich dadurch vor uns. Es ist zuweilen nützlich für Menschen, ihren Kokon zu öffnen; nicht, weil im Kokon unseres psychophysischen Bewusstseins etwas Schlimmes passiert, sondern weil das, was passiert, die Menschen voneinander abgrenzt. Dann entsteht das Bedürfnis nach einer „gegenstandslosen" Kommunikation, bei der eine Person eine andere einlädt, miteinander zu koexistieren. Dies ist naturgemäß und therapeutisch.

Im Verhältnis zu Gott geschieht ungefähr dasselbe. Hier wie in den Beziehungen zu Menschen gibt es eine doppelte Bewegung: gleichzeitig zu Ihm und von Ihm (der andere könnte mich missverstehen, verurteilen). Bei allem rationalen Verlangen nach vollständiger Einheit mit Gott ist unschwer unsere innere Eigenständigkeit von Ihm bemerkbar. So gesehen, ist Sünde mein persönliches irriges Streben, das meinem anderen Streben widerspricht. Dies ist es, was man als Sünde gegen sich selbst bezeichnen kann – ein Hindernis für die Verwirklichung des Ziels, sich für Gott zu öffnen. Als der Apostel PETRUS sich in einer frommen Gefühlswallung der Fußwaschung verweigerte, erklärte ihm Jesus, dass dies ein Fehler ist, schließlich war es das Ziel von PETRUS, ein Teil des Reiches Christi zu werden.

Ein weniger ausholendes Verständnis der Sünde führt sie auf verschiedene Arten von persönlichem Unbehagen zurück. Dies sind Streitigkeiten, Ressentiments, Lügen, Völlerei, Faulheit usw. Indem diese Dinge als unangenehm identifiziert werden, kann eine Person sie als Sünde erleben, wegen der Gott erzürnt ist. Aber die Wahrheit ist, dass Gläubige und Nicht-Gläubige gleichermaßen einen strengen internen Zensor haben, der die eine Art von Verhalten gegenüber einer anderen verurteilt. In der Psychologie nennt man dies den „inneren Kritiker", der über Kontroll- und Bewertungsfragen entscheidet.

Verhaltensmuster in unseren Köpfen kollidieren oft. Wir tragen zum Beispiel sowohl das Bild eines Pragmatikers, der viel über das Leben weiß, als auch eines edlen Ritters in uns. Wenn wir etwa zum dritten Mal der Bitte eines Freundes nachgeben, uns noch zu gedulden, bis er seine Schulden zurückzahlt, gerät das Bild des edlen Ritters in Konflikt mit dem Bild des pragmatischen Zeitgenossen. Solche inneren Konflikte sind bei Gläubigen und Nicht-Gläubigen gleichermaßen verbreitet. Dies ist ein rein psychologischer Prozess, er ist weder mit dem Glauben an Gott noch mit Seiner Verleugnung verbunden. In der Alltagssprache wird dies am häufigsten als Gewissen bezeichnet. Für Christen schreibt der Apostel JOHANNES dazu Folgendes: *Und daran erkennen wir, dass wir aus der Wahrheit sind, und damit werden wir unsere Herzen vor Ihm stillen, dass, wenn unser Herz uns verurteilt, Gott größer ist als unser Herz und alles weiß* (1 Joh 3,19f). Die Beilegung von Gewissenskonflikten ist ein Umstand des inneren Komforts / Unbehagens des menschlichen Bewusstseins. Und Gott kann nicht als „die Stimme des Gewissens" definiert werden, weil dieser Stimme des Gewissens im gleichen Bewusstsein eine andere Stimme des Gewissens gegenübersteht.

Die natürliche Alterung und Aushöhlung von Begriffen hat also um den Begriff der „Sünde" keinen Bogen gemacht – im modernen Bedeutungsfeld existiert er als Rudiment mit wirkungslosen Hinweisen auf eine anfänglich harmonische Welt, einen zornigen Gott, verbale Manipulationen usw.

Der Begriff „Sünde" wird in seiner modernen Rolle noch immer der Schaffung und Stärkung des Schuldgefühls vor Gott und den Menschen untergeordnet. Die traditionelle Beschreibung von Sündhaftigkeit setzt kein Gleichgewicht zwischen Schuldgefühl und Selbstwertgefühl voraus: Ersteres wird für reine Tugend erklärt, letzteres ist Stolz, der ja selbst auch eine Sünde ist. Der moderne Christ hat eine doppelte Haltung gegenüber übertriebenem Schuldgefühl: Einerseits bewerten wir ein solches nach wie vor als fromm, andererseits wollen wir nicht zu einem sich selbst geißelnden Neurotiker werden. Somit erweist sich der Zweck des Begriffs „Sünde" ebenfalls als verlagert – in die Richtung nüchterner Selbstbewertung.

Echte Buße finden wir, genauso wie alle Arten der falschen, wiederum bei den heiligen Vätern. Damit die Buße nicht zum Selbstzweck wurde, benötigten die ehrwürdigen asketischen Väter eine Art Gegengewicht. Sie bestärkten in sich die Überzeugung, dass die Ergebnisse ihrer asketischen Werke wertlos seien, und das bewahrte sie vor Überhebung. Der ehrwürdige SISOES DER GROßE, dessen *Gesicht wie die Sonne leuchtete*, bat Christus vor seinem Tod, ihm noch Zeit zur Reue zu geben: *Ich weiß nicht, ob ich auch nur den Anfang zur Buße gelegt habe.*[74] Selbst die tiefste Buße des größten Heiligen wird nicht als solche wahrgenommen – sie existiert als Kommunikationsmittel, nicht als greifbare Aufgabe, dieses oder jenes Laster zu beseitigen. Die Beseitigung der Laster erweist sich lediglich als Material der Kommunikation mit Gott, als Brennholz, das im Feuer unseres Gesprächs mit dem Auferstandenen aufgeht (Joh 21,9).

Aus diesem Grund wurde die Buße als unablässige Beschäftigung praktiziert, sie stellte eine Form der Gemeinschaft mit Gott dar. Der heilige IGNATIJ (BRJANTSCHANINOW) schreibt: *Die unablässige Buße besteht in der ununterbrochenen Zerknirschung des Geistes, im Kampf mit den Gedanken und Empfindungen, in denen sich die im Herzen verborgene sündige Leidenschaft offenbart, im Zähmen der leiblichen Gefühle und des Bauches, im demütigen Gebet, in der häufigen Beichte.*[75] Und der

---

[74] vgl. die *Vita* (Dimitrij Rostovskij, hl.: *Die Viten der Heiligen* [*Žitija svjatych*], am 6. Juli)
[75] *Asketische Erfahrungen* [*Asketičeskie opyty*]. Bd. 1, Kap. 2

ehrwürdige Abbas PINUSIUS: *Die Buße soll niemals aufhören; denn jeden Tag begehen wir sie (die geringfügigen
Sünden) freiwillig oder unfreiwillig, bald aus Unwissenheit, bald aus Vergessenheit, in Gedanken und Worten,
bald aus Täuschung, bald aus unvermeidlicher Begeisterung oder aus fleischlicher Schwäche.*[76] Der heilige JO-
HANNES CHRYSOSTOMUS: *Du musst wehklagen und stöhnen, wehklagen ohne Unterlass. Denn darin liegt das Bekenntnis. Sei nicht heute fröhlich, morgen traurig, dann
wieder fröhlich. Im Gegenteil, weine und klage unaufhörlich.*[77]

Somit ist die wahrhafte Buße in den Schriften der Väter
eine Form der Kommunikation, bedingt durch die Gefahr
des spirituellen Narzissmus, der unter den Bedingungen
eines einsamen, intensiven asketischen Lebens fast unvermeidlich ist. Die heiligen Väter haben gleich zwei
Probleme gelöst: die engste Gemeinschaft mit Christus
und die Entwertung der dafür notwendigen enormen Anstrengungen. Das Mönchtum ist ein hoher Preis für die
Gemeinschaft mit Gott, und seine Abwertung war unum-
gänglich, um nicht in der Eigenliebe zu erstarren.

VERGEBUNG IST UNMÖGLICH UND UNNÖTIG

Auch das Konzept der „Vergebung" hat bedeutende semantische Veränderungen erfahren. Im modernen Verständnis von Spiritualität wird es völlig überflüssig. Im
aktuellen   Koordinatensystem   der   Kriterien   für

---

[76] Johannes Cassianus: *Unterredungen mit den Vätern* 20,11 (dt.:
BKV I 59)
[77] *Homilien über den zweiten Korintherbrief* Hom. 4 (dt.: BKV I 72)

Spiritualität ist es unmöglich, einer Person zu vergeben, und für einen geistlichen Menschen ist es auch nicht notwendig.

Denn wenn wir aus Herablassung vergeben, ist dies mit einer Erhöhung unserer selbst über diejenigen verbunden, denen wir so großzügig vergeben.

Wenn wir vergeben – in dem Sinne, dass wir den Schmutz eines anderen mit unserer Güte bedecken – macht uns das nicht besser: Die finstere Tat, die wir vergeben haben, ist für uns finster geblieben. Wir leben weiterhin in einer Welt voller schwarzen Flecken, die wir lediglich durch Willensanstrengung in die Vergangenheit übertragen haben.

Der Vorrat an Vergebung als bewusste Methode des Vergessens ist aufgrund seiner biologischen Einbettung nicht endlos. Auf diese Weise Sünde zu vergeben, spannt unseren Geduldsfaden. Zum Beispiel haben wir einer Person schon dreimal vergeben, dass sie Kaffee über uns verschüttet hat. Aber wenn das zum vierten Mal passiert, werden wir vierfach ärgerlich reagieren! Egal wie sehr man versucht zu vergessen – echte Beleidigungen verschwinden nicht einfach aus dem Gedächtnis. Außerdem werden vergessene Dinge bekanntlich bei einer Wiederholung schnell wieder ins Gedächtnis gerufen. Früher oder später wird ein solcher „Vergebender" empört ausrufen: „Wie oft denn noch?!" Es ist kein Zufall, dass die Apostel den Lehrer fragten: *Herr, wie oft muss ich meinem Bruder vergeben, wenn er gegen mich sündigt? Bis zu siebenmal?* (Mt 18,21). Jesus antwortete, dass man bis ins Unendliche vergeben muss. Wenn man mitzählt, dann ist dies unmöglich. Es braucht einen anderen Grund für Vergebung als Geduld und Herablassung.

Nicht selten vergeben wir, um das innere Unbehagen, das durch die Fortsetzung der Konfliktsituation entsteht, loszuwerden. In diesem Fall kann man das nicht Vergebung des Beleidigers nennen, denn es geht uns nicht um ihn, sondern um unser inneres Unbehagen. Wir verbessern unser Wohlbefinden, indem wir einen unangenehmen Spannungszustand loswerden. Es ist blinde Vergebung, die keinen Blick für den Menschen selbst hat; dabei wird sie natürlich von edlen Sätzen wie „Ich verstehe alles", „Gott gebietet es zu vergeben" usw. begleitet.

Eine andere Möglichkeit, seine Vergebung überall zu versprühen, ist die Verachtung. Bei Abbas DOROTHEOS gibt es zu diesem Thema eine vielsagende Geschichte: *Bevor ich mich aus dem Koinobion entfernte, gab es dort einen Bruder, den ich nie verlegen oder trauernd oder wütend auf jemanden sah, während ich bemerkte, dass viele der Brüder ihn oft ärgerten und beleidigten. Dieser junge Mann aber ertrug alle Beleidigungen eines jeden von ihnen, als sei überhaupt nichts geschehen. Ich war immer erstaunt über seine äußerste Friedfertigkeit und wollte wissen, wie er sich diese Tugend angeeignet hat. Einmal nahm ich ihn beiseite, verbeugte mich vor ihm und bat ihn, mir zu sagen, welchen Gedanken er stets in seinem Herzen bewahrt, so dass er, wenn er von jemandem geschmäht oder beleidigt wird, eine solche Langmut erweisen kann. Er antwortete mir verächtlich und ohne Verlegenheit: „Soll ich etwa ihren Unzulänglichkeiten Beachtung schenken oder Beleidigungen von ihnen annehmen wie von Menschen? Sie sind bellende Hunde." Als ich dies hörte, senkte ich mein Haupt und sagte mir: Dieser Bruder hat einen Weg gefunden, bekreuzigte mich und entfernte mich von ihm, zu Gott betend, dass er mich und ihn beschützen möge. So kommt es, wie gesagt, vor, dass jemand aus der Verachtung seines Nächsten nicht in Unruhe gerät, und doch ist es offensichtliches Verderben.*[78]

Alle drei gängigen Methoden der Vergebung sind also unvollkommen. Ihre Kehrseite ist aufgeschobene Aggression und latente Arroganz. Jesus war nicht so. Das bedeutet, dass wir eine vierte Methode finden müssen, um einem Nächsten zu vergeben, bei der weder der Vergebende noch der Vergebene leiden müssen, auch nicht in ferner Zukunft.

Wahrhaftig zu vergeben bedeutet, den Sünder so sehr zu verstehen, dass sein Handeln in unseren Augen kein Verbrechen mehr ist. Verzeihen bedeutet nicht, nachzugeben oder etwas nicht für kriminell zu erachten; es bedeutet, die Deformation allen Verhaltens und Denkens aus der Sicht des Sünders selbst zu sehen.

Und der Herr zeigt uns diesen Weg! Von denen, die Ihn kreuzigten, sagte Er: *Vater, vergib ihnen, denn sie wissen nicht, was sie tun* (Lk 23,34). Es scheint, dass jene kaum eine noch schlimmere Sünde hätten tun können. Er aber betrachtete sie als Ordnungshüter im Land, das heißt, sie taten Gutes, sie wussten einfach nicht, dass sie Böses taten. Er forderte auch von den Aposteln solch tiefer blickendes Verständnis und forderte sie auf, gegen sie gerichtete Sünden aus der Sicht der Mörder zu betrachten: *Es kommt die Stunde, in der jeder, der euch tötet, meint,*

---

[78] *Unterweisungen und Briefe* 7

Gott einen heiligen Dienst zu leisten (Joh 16,2); aus Sicht jener, die innerhalb ihres eigenen semantischen Koordinatensystems rechtschaffene Diener der Frömmigkeit, Kämpfer gegen die schädliche Bewegung waren. Verzeihen bedeutet, das Dunkel als Licht zu sehen, das heißt, die helle Absicht im Dunkel des Resultats. Jesus sagte zu der Ehebrecherin: *Ich verurteile dich nicht; gehe hin und sündige nicht mehr* (Joh 8,11). Um wahrhaft nicht zu verurteilen, muss man den Sünder vollständig verstehen, in dessen Wahrnehmung das Geschehene keine Sünde oder eine Sünde anderer Ordnung war.

Auf der Welt tut niemand Böses um des Bösen willen, schrieb PIERRE ABAELARD.[79] Das ist wahr: Selbst der allerletzte Bösewicht, der sich an der Gesellschaft rächt, tut dies, um eine Art von Gerechtigkeit wiederherzustellen. Es ist notwendig, auf die Absicht zurückzukommen, (intentional) das schlechte Verhalten eines anderen als gut zu verstehen. Klingt absurd? Nicht absurder als: *Liebt eure Feinde, segnet, die euch fluchen* (Mt 5,44). Dies ist eine der wichtigen Bedeutungen dieses Gebotes.

Der heilige GREGOR DER THEOLOGE hat diesen Gedanken folgendermaßen formuliert: *Wenn du Gott sein willst, zeige deine Aktivität nicht darin, nach den Bösen zu suchen, denn dies trennt dich von Dem, Der den Bösen rechtfertigt, sondern indem du nach dem Guten selbst dort suchst, wo es nicht zu sein scheint.*[80] So bleibt für das Konzept der „Vergebung" als besonderem Akt des Zunichtemachens fremder Sünden kein Platz. Wir sind

---

[79] Abaelardus, Petrus: *Scito te ipsum (Ethica)* (lat./dt.: Reclam 2014)
[80] "(Gedanken in Vierzeiler geschrieben. § 56). Epigramme in vier Zeilen

nicht beleidigt von einer Person, die uns versehentlich auf die Füße getreten ist, denn wir wissen, dass sie es genauso wenig wollte wie wir. Wir schreiben dem Sünder nicht unser eigenes Bewusstsein zu, um sein Verhalten wie unser eigenes zu interpretieren. In seiner Welt sehen seine Taten anders aus.

Der Platz, den das Konzept der „Vergebung" im Denken eines Menschen hat, hängt weitgehend von der für ihn geltenden Definition des Christentums ab. Daher rührt die Vielzahl der Modelle von Vergebung im christlichen Schrifttum. Zu den pragmatisch denkenden Juden etwa sagte Jesus: *Wenn ihr aber den Menschen ihre Verfehlungen nicht vergebt, so wird euch euer Vater eure Verfehlungen auch nicht vergeben* (Mt 6,15). Apostel PAULUS dagegen schrieb unter Rücksicht auf das Denken der glühenden römischen Brüder: *Übt nicht selbst Vergeltung, Geliebte, sondern lasst Raum für das Zorngericht Gottes; denn es steht geschrieben: Mein ist die Vergeltung, Ich werde vergelten, spricht der Herr* (Röm 12,19). Ein reifer Christ ist jemand, der von der Notwendigkeit frei ist, seine Vergebungen zu zählen, seine Rache auf Gott zu verlagern oder zu glauben, dass er sich durch das Vergeben Punkte für den Eintritt in das Himmelreich verdient. Wenn ein geistlicher Mensch einen Sünder nicht völlig versteht, dann ist es mit seiner Spiritualität nicht weit her, denn auch der Sünder versteht und liebt seinesgleichen nicht.

Wenn wir einem Menschen vergeben, ohne Verständnis für ihn zu haben, wäre es richtiger, dies Geduld zu nennen: Wir haben nicht vergeben, sondern ertragen. Wenn wir dagegen die Tat verstehen, gibt es keinen Raum mehr für Vergebung. Wichtig ist nicht, ob wir unserem Nächsten vergeben oder nicht, sondern von welchen Voraussetzungen wir ausgehen, wie wir zur Vergebung oder Verurteilung kommen.

Wenn jemand vergibt, weil Gott ihm dies befohlen hat, dann wird er durch das Gebot zum Wohlverhalten gezwungen; er ist wie ein müdes Pferd, das von der Peitsche zum Laufen gebracht wird. Ein anderer dagegen vergibt nicht, weil er Emotionen (Wut, Empörung, Verachtung) nicht zurückhalten will, weil er nicht die Absicht hat, nach innen zu husten, flüsternd zu niesen und all seine Negativität zu schlucken; ein solcher wird in der Tat eines anderen bald seine eigenen ungezügelten Emotionen und Wünsche erkennen, und in seiner Unversöhnlichkeit ist er der Akzeptanz näher.

Wenn ein Mensch dem anderen nicht vergibt, weil jener das Gesetz der Frömmigkeit verletzt hat, dann gibt es in diesem Modell überhaupt kein Nicht-/ Vergeben der Person. Es gibt nur das Gesetz und die Gesetzestreuen / Übertreter. Je aufmerksamer wir gegenüber unseren Nächsten sind, desto näher sind wir daran, sie zu verstehen. Wenn man einem Menschen gegenüber aufmerksam ist, muss man ihm nicht später mühsam vergeben.

SCHÖN ZU BEREUEN KANN EINEM NIEMAND VERBIETEN

Der Große Kanon des Heiligen ANDREAS VON KRETA wird von den Gläubigen wegen seines bußfertigen Tons und seiner Poesie geliebt. Diejenigen der Laien, die sich damit zufriedengeben, ziehen ihren Vorteil daraus in Form eines Raumes für persönliche Buße und Niederwerfung vor dem barmherzigen Gott. Ein bewussteres Verhältnis zum Text kann der Allgemeinheit auch nur schwerlich empfohlen werden. Die darin nahegelegte Praxis der Selbstdemütigung vor Gott kann das Gottesbild selbst beschädigen – denn Er scheint hier unserer Selbstdemütigung geradezu zu bedürfen.

Viele Bußkanons sind als allgemeine, äußerst umfassende Texte gestaltet und führen den Reumütigen in den Kampf mit allen Sünden der Welt auf einmal. Für diejenigen, die sich ihrer individuellen Hauptleidenschaften noch nicht gewiss sind, verwischen allgemeine Phrasen wie „die Seele mit Sünden beschmutzt" und „die Gebote vernachlässigt" den Weg der gerade erst begonnenen Introspektion nur noch mehr. Buße kann, wenn sie denn wirklich darauf abzielt, sich selbst heranzubilden, nicht mehr als zwei oder drei Punkte umfassen. Sie muss so stringent wie möglich sein, also nicht überladen mit einer Aufgabenliste auf allen Gebieten zugleich.

Es gibt so viele rhetorische Pirouetten im Bußkanon des ANDREAS VON KRETA, dass man sich unwillkürlich fragt, warum ein so zierreicher Kanon für die Fastentage der ersten Woche der Großen Fastenzeit gewählt wurde. Alles, womit sich in der Fastenzeit die Kirche schmückt, spricht von Bescheidenheit; das Gleichnis vom Zöllner und Pharisäer, das gerade erst im Gotteshaus gelesen wurde, hat uns daran erinnert, dass bußfertige Einfachheit besser ist als kunstvolle Rechtschaffenheit. Aber die Worte des Kanons streben nicht nach der Offenheit des Zöllners oder der Einfachheit des Vaterunser: *Wehe, wie hast du den Lamech, den einstigen Mörder, nachgeahmt und hast die Seele wie den Mann, den Verstand wie den*

Jüngling, und wie der Mörder Kain, deinen Bruder, den Leib getötet durch dein wollüstiges Streben. – Verwundet bin ich und geschlagen. Siehe, wie die Pfeile des Feindes meine Seele und meinen Leib durchbohrt haben. Siehe die Striemen, die Geschwüre und Verfinsterungen: So klagen laut die Wunden meiner selbstgewählten Leidenschaften.[81]

Die Dreifaltigkeits- und Gottesmutterverse sind kunstvoll mit schweren dogmatischen Aufgaben beladen; für einen, der sich in der orthodoxen Dogmatik auskennt, ist das nicht notwendig, wer aber darüber nichts weiß, wird es meiner Ansicht nach nicht leicht haben, die byzantinischen Formeln der Triadologie und Christologie zu erfassen und zu verstehen: *Die einfache, ungeteilte Dreiheit bin Ich, in den Personen unterschieden, und als Einheit im Wesen geeint bin Ich, so spricht der Vater und der Sohn und der göttliche Geist. – Als einfache Dreiheit, ungeteilt und eine Wesenheit, eine Natur, als Lichter und Licht, sowohl heilige Drei als das Eine Heilige wird Gott, die Dreieinheit gepriesen: Wohlan meine Seele, lobpreise und verherrliche das Leben und die Fülle des Lebens, Ihn, den Gott aller. – Wie aus dunkel-roten Fäden eines Fells, ward das geistige Purpurgewand, das Fleisch des Emmanuel, in Deinem Schoße gewebt, o Allreine. Daher verehren wir Dich in Wahrheit als Gottesgebärerin.*[82]

---

[81] Am Donnerstag der ersten Fastenwoche, 2. Ode, 3. und 5. Vers (dt. vgl.: Ignatiew, Dimitri, Erzpriester: *Gottesdienste der 1. Woche der Fastenzeit*, München o.A.)
[82] Ebenda, 6. Ode, 5. Vers und 7. Ode, 7. Vers

Nein, diesen großartigen Kanon der Buße braucht man nicht zu übersetzen. Vater ALEXANDER SCHMEMANN hatte recht: Unsere Menschen lieben den Gottesdienst, weil sie ihn nicht verstehen, für seine Fähigkeit, uns in eine andere Dimension des Lebens zu versetzen. *Es liegt eine absolute (ich übertreibe nicht) Kluft zwischen dem Inhalt (was gelesen, gesungen, „vollzogen" wird) und seiner Wahrnehmung durch die Gläubigen. Da ist ein unbewusstes, besser – unterbewusstes Erschrecken bei dem Gedanken, dass es plötzlich „verständlich wird". Aber Gott sei Dank ist alles dick mit dem Firnis der slawischen Sprache bedeckt, verhüllt durch eine Ikonostase und mit Vorhängen, verdünnt und unschädlich gemacht durch Bräuche und Traditionen, im Bewusstsein und Stolz darauf, dass wir „das alles" (was?) – „bewahren" und „bewahrt haben".*[83]

BUSE UND ADRENALINSUCHT

Für Laien kann und darf sich das Rezept, wie man Gott im Auge behält, nicht auf die monastische Methode beschränken. Tiefe Buße ist für einen Menschen eine Grenzerfahrung. Wer die Gnade Gottes nur damit in Verbindung bringt, macht Gott unfreiwillig zu einer Geisel dieses extremen (und daher seltenen) Zustands. Die ehrwürdigen Mönche, von denen es nicht so sehr viele gegeben hat, konnten ein starkes Bußgefühl in einen dauerhaften Zustand verwandeln, ohne sich damit selbst besonders zu schaden. Aber wir müssen auch an die vielen anderen Frömmigkeitsjäger denken, die im Eifer der

---

[83] *Tagebücher,* am 19. Januar 1977

asketischen Tat bei der Suche nach kleinsten Gedanken und Gelüsten hängengeblieben sind, während sie zugleich ihre Nächsten mit kindlicher Leichtigkeit aus den verschiedensten Gründen in die Hölle schicken.

Buße ist als Grenzzustand für die Psyche schwierig und stimuliert deshalb ihre kompensatorischen Prozesse. Zum Ausdruck kommen diese in einer erhöhten Aufmerksamkeit gegenüber den Sünden anderer (die zu wenig oder auf falsche Weise bereuen) und gegenüber der Unvollkommenheit der Kultur ringsum insgesamt.

Die heutige Zeit neigt dazu, den Eifer des Predigers infrage zu stellen, nicht so sehr wegen des Inhalts der Predigt als viel mehr für ihren Eifer und ihre Leidenschaftlichkeit. Qualvolle Buße höchsten Maßes erregte in der gesamten Geschichte der orthodoxen Askese Misstrauen, besonders aber tut sie das heutzutage. Oft besteht die Sündhaftigkeit einer Handlung und Stimmung im Streben nach starken Emotionen, d. h. nicht die Lust auf fleischliche Genüsse oder Ruhm zieht die Sünde an, sondern ein unbewusstes Verlangen nach neuen, erregenden Zuständen, sei es auf einer riskanten Skipiste oder in der Hitze eines Fußballspiels. Dazu gehört auch die leidenschaftliche Entlarvung des eigenen inwendigen Bösewichts – als ob man in seinem inneren Kino in Gedanken einen Horrorfilm sieht. Sich vor sich selbst zu erschrecken ist bittersüß. Bei einem strikten Verbot von Extremerfahrungen im weltlichen Leben bleibt die Schärfe des Bußerlebnisses als einziges Mittel übrig, um das Verlangen nach stressverursachenden Erfahrungen zu befriedigen. Unerwarteterweise sind hier die Asketen, die sich wegen der Schuld der Menschheit vor Gott oder persönlicher Unzulänglichkeiten die Hemden zerreißen, in der gleichen Richtung unterwegs wie Roofer, Kletter-Junkies, Bungee- und Seilspringer und anderen Extrem-Adrenalinsüchtige.

Nicht jede dramatische Buße zielt darauf ab, Adrenalin auszuschütten, aber im 21. Jahrhundert wäre es unangemessen, diesen Aspekt zu ignorieren.

BUßE UND KONKURRENZ

Die evolutionäre Konkurrenz innerhalb der Spezies neigt dazu, alles in ein Element der Überlegenheit und des Wettbewerbs zu verwandeln. Für Christen, denen nur eine äußerliche Sicht der Dinge gegeben ist, wird auch die Buße zum Gegenstand des Wettbewerbs. Die Intensität und Dramatik der Bußpraktiken wird von einem unerfahrenen Christen als Kriterium der Spiritualität empfunden: Wer sein Bußgefühl länger und schmerzintensiver ausdrückt, der ist auch spiritueller. Vielleicht ist das auch so, doch bleibt in diesem Fall das besagte ehrgeizige Wettbewerbsdenken unangetastet. So unterscheidet sich Schlagdame im Wesentlichen nicht vom klassischen Damespiel, nur eine Regel ist anders: Bei der Schlagdame-Variante ist formal der Verlierer im Verhältnis zum Gegner der Gewinner. Ebenso führt das Konkurrenzdenken einerseits zu maximaler Buße, andererseits rückt diese im Rahmen der Konkurrenz um die Spiritualität in den Hintergrund. Wenn wir in der Buße konkurrieren, wird diese genauso zum Mittel des Wettbewerbs wie alles andere, denn das Ziel ist Überlegenheit.

Buße tut, wer eine hohe Meinung von sich selbst hat. Der Demütige dagegen betrachtet seine Niedrigkeit als einen Teil seiner selbst.

Zur Buße führt ein ausgewachsener Eigendünkel: Ich bin eine helle Seele, kein Sünder, mir steht es nicht an, zu sündigen. Schlechte Taten, Worte, Gedanken, Stimmungen weist der Reuige als fremd und ungewohnt für seine heilige Seele von sich. Zur Buße gelangt derjenige, der fühlt, dass er gefallen ist, dass er schlimmer gehandelt hat, als er könnte. Ich etwa weiß nicht, wie man ein Orchester dirigiert, und akzeptiere unaufgeregt meine völlige Unfähigkeit diesbezüglich; derjenige dagegen, der sich für einen guten Dirigenten hält, bereut es, schlechter zu dirigieren, als er eigentlich könnte. Je höher also die Meinung des Asketen darüber ist, was in ihm steckt, desto stärker wird seine Buße ausfallen. Wenn ich ein reiner Engel bin, werde ich mir die kleinsten Flecken nicht verzeihen.

Demut in diesem Sinne ist das Gegenteil von Buße. Der bescheidene Mensch erkennt die Mängel seines Charakters oder Leibes und seine geistliche Besitzlosigkeit als gegeben an. Der demütige Mensch hat akzeptiert und lebt damit, wovon der Büßer überrascht und entsetzt ist. Es ist kein Zufall, dass die orthodoxen Heiligen ihre Gürtel bis zum Ende ihrer Tage nicht lockerten, ihre asketische Selbstbeschränkung nicht abschwächten. Schließlich sind sie nicht so sehr leidenschaftslos als viel mehr weise geworden. Der Weise wird sich nicht auf ein gebrochenes Bein stützen oder mit krummer Hand einen

Speer werfen: Er kennt und versteht seine Mängel. Die Demütigen reißen ihre Leidenschaften nicht mit der Wurzel aus, sondern lernen, diese mit Bedacht zu umgehen, in Bahnen zu lenken, zu sublimieren.

ORTHODOXES GEBET UNSERER ZEIT

GEBET ALS UNSCHÄTZBARER WERT

In der Frage des Gebets zieht zunächst eine gewisse Diskrepanz zwischen den Gebetspraktiken und den klassischen Parametern Gottes die Aufmerksamkeit auf sich. Auf diese Diskrepanz hat Christus Selbst hingewiesen. Warum soll man seine Bedürfnisse vor Gott äußern, wenn *euer Vater weiß, was ihr braucht, noch ehe ihr Ihn bittet* (Mt 6,8)? Gott braucht den informativen Teil des Gebets nicht: Die Bedeutung liegt nicht in dem, was ausgesprochen wird, sondern im Akt des Aussprechens. Gleichzeitig listen wir in fast jedem Gebet unsere Bedürfnisse auf oder bestellen einfach unser tägliches Brot. Es scheint überflüssig zu sein, das Gebet damit zu beladen.

Dasselbe lässt sich über die wohlgesetzten Worte des Gebets sagen: *Wenn ihr betet, sollt ihr nicht plappern wie die Heiden, die meinen, sie werden nur erhört, wenn sie viele Worte machen; macht es nicht wie sie* (Mt 6,7), das heißt, glaubt nicht, Gott mit Verzierungen oder einer Fülle von Worten anzuziehen; Er lässt Sich davon nicht kaufen. Wir aber haben unsere Texte mit schönen rhetorischen Figuren, Slawismen und Parallelismen ausgeschmückt. Wir sprechen Gott sogar in einer anderen Sprache an als der, in der wir an Ihn denken – dies ist bereits der Anfang der Schauspielerei.

Im Evangelium weist der Herr auf einige der wichtigsten Parameter des Gebets hin: *Wenn ihr betet, macht es nicht wie die Heuchler! Sie stellen sich beim Gebet gern in die Synagogen und an die Straßenecken, damit sie von den Leuten gesehen werden. Amen, Ich sage euch: Sie haben ihren Lohn bereits erhalten. Du aber, wenn du betest, geh in deine Kammer, schließ die Tür zu; dann bete zu deinem Vater, Der im Verborgenen ist! Dein Vater, Der auch das Verborgene sieht, wird es dir vergelten* (Mt 6, 5f). Hier geht es darum, dass das Gebet nicht in den Kontext der Anerkennung eingebettet werden sollte. Die Pharisäer beteten öffentlich, da dies als Zeichen der Rechtschaffenheit galt. Wenn wir nun ebenfalls, auch nur für uns selbst, das Gebet als Zeichen der Rechtschaffenheit betrachten, geschieht uns dasselbe: Wir gewinnen eine gewisse Befriedigung bereits aus der Gebetstätigkeit an sich. Der Rat Jesu, die Kammer zu schließen, ist gegen die gesellschaftliche Zustimmung gerichtet, die aus dem Gebet ein autonomes Vergnügen macht: Die psychologische Belohnung (d. h. der Vorteil) erweist sich als hinreichender Grund. Hinter der „verschlossenen Tür" wiederholt sich die Formel: Ich persönlich schätze und befürworte meine Gebetsarbeit, ich persönlich glaube, dass sie vor Gott rechtschaffener ist als Fernsehen. Und hier schließt sich die Falle: Es entsteht eine eigenständige psychologische Begründung dafür, Gebete zu sprechen.

Der Ausweg aus der Sackgasse ist die Erkenntnis der Absurdität des Gebets. Wenn Gott alles weiß, *bevor ihr Ihn bittet* (Mt 6,8) und wenn Er *größer ist als unser Herz* (1 Joh 3,20), dann ist das Gebet ausschließlich unser Bedürfnis, nicht aber ein Element, um Gott zu gefallen.

Wenn wir nicht aufhören, das Gebet als relevant für unser Rating und als Maßeinheit unserer Frömmigkeit zu betrachten, geraten wir in dieselbe Falle wie die

Pharisäer des ersten und aller nachfolgenden Jahrhunderte. Der Zusammenhang zwischen Gebet und Status muss gelockert oder ganz aufgehoben werden. Man kann dem, der betet, keinen Vorrang vor demjenigen geben, der nicht betet, nicht einmal in sich selbst. Anderenfalls wird, egal wie fest du deine Tür verschließt und heimlich zu deinem Vater betest, dein Selbstwertgefühl mit dir zusammen eintreten und dich mit deiner eigenen Frömmigkeit schlagen. Große Asketen, die das Gebet schätzten, zahlten dafür mit bewusster und aufrichtiger Selbsterniedrigung.

In der Geschichte des Christentums ist das Gebet zu einem eigenständigen Wert geworden. Es wurde dazu verwendet, die Heiligkeit der Heiligen zu messen, es wurde dazu verwendet, die orthodoxen Dogmen zu lehren, Emotionen zu wecken, die Heiligenleben nachzuerzählen und lesen zu lernen. Um Geist und Ohren zu erfreuen, wurde es von logischen und rhetorischen Pirouetten, von Melos, Polyphonie und Begleitmusik überwuchert. Das auffallendste Beispiel für die Vermischung von Gebet und Glaubenslehre ist das Singen des Glaubenssymbols in der Liturgie: Dies ist kein Gebet, aber es wird harmonisch in gleicher Weise wahrgenommen, weil das Gebet schon lange gebetsfremde Lasten trägt.

In unserer Zeit, die davon durchdrungen ist, alles psychologisch zu bewerten, ist es besser, das Gebet als individuelles psychisches Bedürfnis zu betrachten: „Herr, ich weiß, dass es dumm ist, aber Folgendes will ich Dir sagen …" Darin liegt die notwendige Torheit des Christentums: *da die Welt angesichts der Weisheit Gottes auf dem Weg ihrer Weisheit Gott nicht erkannte, beschloss Gott, alle, die glauben, durch die Torheit der Verkündigung zu retten* (1 Kor 1,21). Wir müssen die Gebetspraxis abwerten, damit ihre tiefste Bedeutung nicht von ihrer Wahrnehmung als Bonus für die Spiritualität überschattet wird.

GEBETSKOKON

In der betenden Erkenntnis Gottes stehen wir unweigerlich vor denselben erkenntnistheoretischen Einschränkungen wie die Wissenschaft: Die Qualität der Frage bestimmt die Ergebnisse der Forschung. Von der Qualität unserer Gebetsanliegen hängt unsere geistliche Erfahrung ab.

Wer nach Alltag und Alltäglichem fragt, wird in jedem Fall auf dieser Ebene der Beziehung zu Gott bleiben, und seine Erfahrung kann wie folgt beschrieben werden: Gott gibt mir was, gibt's mir nicht, gibt's, gibt's nicht ... Ein Christ, der all seine Gebete dem Bereuen der Sünden widmet, wird Vergebung erlangen (oder nicht erlangen) und jedenfalls dadurch die Ebene seiner Kommunikation mit Gott definieren. Es ist besser, auf die Gegenständlichkeit des Gebets ganz zu verzichten – dann werden wir ohne Anlass, d. h. um der Begegnung selbst willen, Gott entgegengehen.

Bitten um Hilfe und inbrünstiges Gebet um Sündenvergebung werden von Schuld und Angst diktiert. Aber der Apostel zerreißt diesen Gebetskokon und sagt: *Denn ihr habt nicht einen Geist der Knechtschaft empfangen, sodass ihr immer noch Furcht haben müsstet, sondern ihr habt den Geist der Kindschaft empfangen, in dem wir rufen: Abba, Vater!* (Röm. 8,15). Hier ist Gebet nicht mehr

Instrument zur Beeinflussung Gottes, sondern Sohn-
schaftsverhältnis zum Vater und Begrüßung des Bruders
(Joh 20,17), wo der Mensch in seinem Beten keine Tugend
sieht, sondern alles, was geschieht (unter anderem sein
Beten), als Umarmung (Synergie) mit Gott wahrnimmt.

GEBET UND „ICH"

Unser Bewusstsein ist heterogen; dies äußert sich auch
im Gebet. Oft spricht aus uns die Einsamkeit, sie schreit
die Gebetsworte geradezu heraus, und das „Ich" bringt
das Gebet hervor, als sei es dieses selbst. Die Essenz eines solchen Gebets wird der Ausruf sein: *Hier bin ich,
Herr!* – dies ist die heiligste und authentischste Selbstprä-
sentation vor Gott.

Aber auch Adam ist in uns lebendig, und der versteckt
sich vor Gott im Gebüsch. Orthodoxe Christen neigen oft
gerade zu dieser Art von Gebet – wir verstecken uns
sozusagen hinter dem Gebetstext, daher darf dieser ex-
plizit nicht mein eigener sein (nicht mein „Ich") – nicht
ganz verständlich, nicht in meiner Sprache und unbedingt mit einem heiligen Namen signiert: vom heiligen
JOHANNES CHRYSOSTOMUS, vom heiligen SYMEON META-
PHRASTES, vom heiligen BASILIUS DEM GROßEN usw. Der
Orthodoxe steht dem Gebet vor wie ein Priester in der
Liturgie: Nicht er ist sein Schöpfer, nicht seine Ideen sind
das, nicht er handelt dabei, sondern er ist nur sozusagen
gegenwärtig und wärmt sich an der göttlichen Wärme.
Individualität wird auf die ehrfürchtige Proklamation der
kanonischen Meisterwerke reduziert und davon absor-
biert.

Dies zeigt sich besonders in der archaischsten Form des Gebets – dem Gottesdienst: Der Klerus muss unbedingt anders gekleidet sein, das Gotteshaus und alles darin ist anders; der Priester ist so sehr der Gottesdienstordnung untergeordnet, dass er es noch nicht einmal wagen würde, die Worte „Wieder und wieder…" miteinander zu vertauschen. Es gibt hier keinen Platz für die Manifestation eines einzigartigen „Ichs", Selbstdarstellung ist unangemessen.

Der persönlichste Moment des Gottesdienstes ist die Predigt, aber auch da verstecken sich Priester, wenn nicht hinter der Lesung des Synaxarion und der heiligen Väter, dann hinter einem Nebel von Zitaten, Slawismen und einem spezifischen (andersartigen) Jargon der Predigt.

Die Aufgabe, das „Ich" des Predigers und des Betenden zu verbergen, ist erreicht. Darin liegt keine Feigheit, sondern nur die Scham vor *der* Begegnung, deren ehrfürchtige Freude dadurch verdeckt wird.

GEBET UND ZEIT

Wüstenväter, und lautere Frauen,
Zum Herzensaufstieg in Höhen,
die Augen nicht schauen,
Und zur Bestärkung hienieden
in Mühen und Lasten,
Einst mannigfach gottgeweihte Gebete verfass-
ten.

A. Puschkin

Die Tradition des verbalen Gebets entstand in der klösterlichen Einsamkeit. Das Gebet, das als separate Aktivität verstanden wird, erfordert viel Mühe und Zeit. Die betende Person fokussiert ihre Aufmerksamkeit, tunnelt ihr Sein, verweigert sich vorübergehend der Welt, um Raum für das Gebet zu haben. Um dieser Entfernung vom Alltag willen legten Mönche Gelübde ab, errichteten Klostermauern und nähten sich besondere Gewänder. Das Leben eines Mönchs wird von dieser Möglichkeit bestimmt – allem Weltlichen zu entsagen, um qualitativ hochwertiges Gebet und Einkehr zu erreichen.

Bei Laien gibt es statt solcher Zurückgezogenheit nur einen Minderwertigkeitskomplex. Oft reden wir uns zwar damit heraus, dass wir nicht genug Zeit für das Gebet haben, aber wenn wir ernsthaft beten, wird sie auch wirklich nicht ausreichen.

Das Gebet, das als Loslösung von allen übrigen Werken wahrgenommen wird, *zum Herzensaufstieg in Höhen, die Augen nicht schauen*, widerspricht dem beharrlichen Aufruf der Kirche, *ohne Unterlass* zu beten (1 Thess 5,17). Die

215

Idee des reinen Gebets macht Gebet und Leben zu einem Gegensatz: Die Praxis des Gebets als Weg des Aufstiegs zu Gott widerspricht der Existenz des weltlichen Lebens und verleugnet mit ihrer Forderung nach Einsamkeit / Abkehr die Welt innerlich.

Einige heilige Väter waren nicht ohne Ironie in Bezug auf die Bindung des Gebets an eine bestimmte Zeit: *Wir geben unsere Regel nicht auf, wir erfüllen sie fleißig in der dritten, sechsten und neunten Stunde*, berichtete ein gewisser Abbas aus einem palästinensischen Kloster, und der selige EPIPHANIOS VON ZYPERN antwortete geistreich: *Anscheinend verbringt ihr die übrigen Stunden des Tages im Müßiggang, ohne zu beten.*[84]

Zwischen Gebet und Nicht-Klosterleben muss man eine Entscheidung für das eine oder das andere treffen. Viele Laien haben es nie geschafft, Gebet und Alltagshektik in Einklang zu bringen, gaben deshalb das ernsthafte Gebetsleben enttäuscht auf und standen anschließend mit leeren Händen da.

Doch angesichts der Tatsache, dass Gott Fleisch angenommen hat und Mensch geworden ist, stellt sich die Frage auf neue Weise: Ist es notwendig, sich jedes Mal von der Welt zu trennen, um bei Ihm zu sein? Aus der Sicht der Laien ist ein Christ keineswegs verpflichtet, sich von der Welt abzuwenden, um Christus zu begegnen, Der gekommen ist, um die Menschen zu vereinen.

Laien ist es stets schwergefallen, das unablässige Gebet mit den alltäglichen Sorgen in Übereinstimmung zu

---

[84] *Gerontikon* 12,5 (Epiphanios 3)

bringen. Das in der Blütezeit der Kirche populäre Buch *Aufrichtige Erzählungen eines Pilgers vor seinem geistlichen Vater*[85] ist der letzte und äußerste Versuch, das weltliche Leben mit der klösterlichen Praxis des getrennten verbalen Gebets zu verbinden. Warum aber ist diese Methode gescheitert? Erstens konzentriert sie sich immer noch auf das Verhaltensmuster des Einsiedlers; zweitens würde sie im Falle eines „Erfolgs" aus klösterlicher Sicht als „Selbsttäuschung" interpretiert werden.

Die Lösung dieses Dilemmas könnte in der Gleichsetzung von Gebet und gottgewidmetem Handeln liegen. Für eine solche Gleichsetzung sprach sich der [anglikanische] Bischof von Woolwich JOHN ROBINSON († 1983) in seinem Buch *Ehrlich vor Gott*[86] aus: *... eine Aktivität, die im christlichen Vertrauen und der Hoffnung unternommen wird, dass Gott hier ist - dies ist Gebet.* Man kann an dieser Stelle auch die Argumentation von JESUS SIRACH über die Buchweisheit anführen, die eine separate Zeit erfordert, und über die Handwerker, die für Bücher keine Zeit haben: *Die Weisheit eines Schriftgelehrten liegt in der guten Zeit der Muße, und wer wenig Arbeit hat, wird weise werden. Wie wird weise werden, wer den Pflug hält ...?* Dann zählt er die einfachen Arbeiter auf, die mit ihrem Handwerk beschäftigt sind: *Ebenso jeder Handwerker und Baumeister, wer immer nachts wie tags beschäftigt ist; diejenigen, die Gravuren in Siegel einritzen, oder der dabei verweilt, eine Verzierung zu verändern; er richtet sein Herz darauf, ein treffendes Bild zu gestalten...*

---

[85] dt.: Jungclaussen, Emmanuel (Hg.): *Aufrichtige Erzählungen eines russischen Pilgers* (Freiburg ²⁰2020)
[86] dt.: *Gott ist anders* (München 1963)

So auch ein Schmied, der nahe am Amboss sitzt und auf die Werke aus Eisen achtet. Der Hauch des Feuers bringt sein Fleisch zum Schmelzen und mit der Hitze des Schmelzofens kämpft er, der Klang des Hammers dringt immer wieder ans Ohr und vor seinen Augen ist das Modell des Werkstücks … So auch der Töpfer, der bei seiner Arbeit sitzt und mit seinen Füßen die Töpferscheibe dreht, der ständig in Sorge um seine Werke ist, und jedes seiner Werke wird gezählt (Sir 38,24ff). Jeder von ihnen ist auf seine Weise nicht weniger notwendig als ein Weiser.

In der Vita des ehrwürdigen MAKARIOS VON ÄGYPTEN wird erzählt, wie Gott dem Heiligen als Beispiel zwei Frauen anführte, die einfach und gewissenhaft in Freundschaft und Einverständnis im Haus arbeiteten: *Nachdem er die Geschichte gehört hatte, sagte der ehrwürdige Makarios: „Wahrlich, Gott sucht weder eine Jungfrau noch eine verheiratete Frau, noch einen Mönch, noch einen Laien, sondern die freie Absicht, die Er annimmt wie das Werk an sich, und dem freien Willen eines jeden Menschen gewährt Er die Gnade des Heiligen Geistes, Der im Menschen wirkt und das Leben eines jeden leitet, der gerettet werden möchte."*

Der heilige THEOPHAN DER EINSIEDLER formulierte das Konzept der Alltagstätigkeit als einer Art des Gebets so: *Erlauben Sie sich das Folgende als Regel: eine jede Tat von Anfang an Gott zu widmen und es Gott zuzuwenden, während sie getan wird. … Man kann beten, ohne im Gebet zu stehen. Jede Erhebung des Geistes und des Herzens zu Gott ist wahrhaftiges Gebet. Wenn Sie dies zwischendurch tun, so beten Sie. Ich erinnere mich, dass Basilius der Große die Frage, wie die Apostel unaufhörlich beten konnten, wie folgt gelöst hat: In all ihren Taten dachten sie an Gott und lebten in unaufhörlicher Hingabe an Gott. Diese Geisteslage war ihr unaufhörliches Gebet. Dies sei Ihnen ein Beispiel. Ich glaube, ich habe Ihnen schon geschrieben, dass von geschäftigen Menschen, zu denen Sie gehören, nicht dasselbe verlangt werden kann wie von Menschen, die nur dasitzen. Ihre Hauptsorge sollte sein, dass sie keine falschen Empfindungen bei ihren Werken zulassen und versuchen, diese auf jede erdenkliche Weise Gott zu widmen. Diese Zuwidmung wird die Taten in Gebet verwandeln ... Es erweist sich, dass so, wie von guten Blumen ein guter Duft ausgeht, auch von Taten, die mit gutem Willen getan werden, ihr eigener Wohlgeruch entströmt und aufsteigt wie Weihrauch aus einem Räuchergefäß. Es ist ein weiteres Gebet.*[87] Die Forderung des heiligen THEOPHAN, Gott stets alle Angelegenheiten zu widmen, ist nicht nur ein Versuch, die Armseligkeit des Betens auszugleichen, sondern der Wunsch, das Konzept von Gebet selbst zu erweitern und ein entsprechendes Verhältnis zu Arbeit und Leben als vollwertigen Formen des Gebets einzuführen.

Die heiligen Väter haben auf verschiedene Weise die Notwendigkeit des unaufhörlichen Gebets betont: In der Unablässigkeit liegt die Möglichkeit, zeitliche Kunstpausen in der Gemeinschaft mit Gott zu überwinden. Der heilige GREGOR PALAMAS schreibt: *Wir müssen nicht nur selbst immer beten, sondern auch die anderen immer dasselbe lehren, alle überhaupt: die Mönche und die Laien, die Weisen und die Einfältigen, die Ehemänner*

---

[87] *Briefe* Nr. 555

*und die Ehefrauen und die Kinder – und sie zum unauf-
hörlichen Beten ermutigen.*[88] Der ehrwürdige SYMEON
DER NEUE THEOLOGE lehrt: *Wer unaufhörlich betet, der
vereint darin alles Gute.*[89] – *Außerhalb des unaufhörlichen Gebets können wir uns Gott nicht nähern,* fasst es
der ehrwürdige ISAAK DER SYRER zusammen.[90]

Die häufigste Art des unaufhörlichen Gebets ist das Jesusgebet; traditionell in seinem Inhalt, spiegelt es einen
wichtigen Trend zur Vereinfachung des Gebets wider:
seine Befreiung von einer festgelegten Zeit.

GEBET UND UNTERHALTUNG

Der ehrwürdige ISAAK DER SYRER sagte, dass das Gebet
einfach und nicht kompliziert sein sollte: *Ein Wort des
Zöllners rettete ihn, und ein Wort des Räubers am Kreuz
machte ihn zum Erben des Himmelreichs.* Viele Asketen
betrachten den Text eines Gebets als nicht notwendiges
Element der Unterhaltung: Wie es etwa bei unseren
Schuhen Details gibt, die zum Gehen unnötig sind und
nur der Dekoration dienen, so gibt es auch viele nicht
zwingend erforderliche Dinge in unserem Gebet, daher
ist es so wortreich. Als Verzierung dienen bei diesen Texten Komponenten der Unterhaltung, etwa rhetorische
Phrasen, Aphorismen, Metrum und Reim (insbesondere
bei den Akathistoi).

---

[88] *Vita des heiligen Gregor Palamas* (russ.: *Philokalie* Bd. 5)
[89] Kommentar zu 1 Thess 5,17
[90] *Asketische Homilien,* Hom. 69

Der melodische Gesang, der harmonische Chor und unsere angenehmen Empfindungen tragen ein wenig zu unserer Unterhaltung bei – aber das ist nicht das eigentliche Gebet. Wenn du irgendwo zu Besuch bist, und dort ist die Veranda gemütlich, die Eingangshalle bemerkenswert, die Pasteten sind köstlich und der Tee duftet, so bedeutet das noch lange nicht Freundschaft. Freundschaft ist etwas jenseits von Komfort und Kuchen.

Mit anderen Worten: Das orthodoxe Gebet kann keine strengen Kriterien haben. Es gibt Regeln für das Gebet, aber es gibt keine Kriterien für seine Richtigkeit. Kriterien dürfen nicht für das Ziel gehalten werden; wie der heilige IGNATIJ (BRJANTSCHANINOW) einmal sagte: *Halte nicht eine Oase in der Wüste für das Gelobte Land.*

Wenn Gott durch das Gebet Trost spendet, dann denken Sie nicht, dass der Zweck des Gebets Trost ist. Wenn Gott im Gebet Belehrung schenkt, denken Sie nicht, dass der Zweck des Gebets Belehrung ist. Wenn Gott Ihre Gebete erfüllt, denken Sie nicht, dass der Zweck des Gebets darin besteht, Ihren Willen zu erfüllen. Denn sonst werden Sie, solange Sie keine ernsthaften Probleme in Ihrem Leben haben, lieber in Ruhe Radio hören – um Gott nicht mit Kleinigkeiten zu belästigen.

ABWERTUNG VON GEBETSZUSTÄNDEN

Der große heilige Gebetslehrer THEOPHAN DER KLAUSNER hat zwei Konzepte, die für unsere Zeitgenossen äußerst schwierig sind: über die Arbeit als Gebet und über die Wärme im Gebet. Im zweiten Fall ist das Kriterium für Erfolg /-losigkeit des Gebets die Wärme in der Seele oder deren Abwesenheit. Wärme ist bei diesem Konzept Ziel des geistlichen Lebens und Zweck aller asketischen Übungen. *Man muss die Seele massieren, und sie wird warm werden. Wenn Wärme eintritt, werden die Gedanken zur Ruhe kommen – und das Gebet wird rein. Doch alles geschieht aus der Gnade Gottes.*[91] *Wenn Ihr Herz beim Lesen der gewohnten Gebete warm wird, dann entfachen Sie auf gleiche Weise auch die Herzenswärme für Gott.*[92] Dieser „Wärmezentrismus" als Kriterium für das wahre Gebet sagt aus, dass Sie auf dem richtigen Weg sind, das heißt, dass das Gebet in die eigene Natur eindringt. Wärme stellt sich hier als Abbild der Gegenwart Gottes dar – es ist nicht nur eine Spekulationsblase, die man mit seinem Intellekt aufbläst und selbst darüber staunt. Jedoch erklärt der heilige THEOPHAN DER KLAUSNER dabei nicht, was er genau mit dem Begriff der Wärme meinte.

Häufig aber haben die heiligen Väter eine gegenteilige Ansicht: dass das Gebet gestaltlos sein sollte, dass es weder logisch harmonieren muss noch visuelle Vorstellungen benötigt. Die Andersartigkeit ist hier das Kriterium der Wahrheit. Mit anderen Worten: Wenn das Gebet einen langen kunstvollen Text oder eine bestimmte Zeit erfordert, oder ein Gefühl der Wärme in der Seele oder ein Schmerzgefühl in den Beinen, so weist dies alles auf seine Unreife hin.

Die Forderung nach Gestaltlosigkeit entstammt ihrer Natur nach der mittelalterlichen Tradition des

---

[91] *Briefe* Nr. 1457
[92] *Unterweisungen im geistlichen Leben* [*Nastavlenija v duchovnoj žizni*] §2

orthodoxen Hesychasmus. Allerdings ist es unmöglich, vom Hesychasmus nur einen Teil zu entlehnen – das wird so wenig funktionieren wie ein Bruchstück eines Mobiltelefons. Im Rahmen dieser Gebetstradition sind Praktiken der Kontemplation, Körperhaltung, Atmung, Stille und Konzentration (die vielbeschworene Fokussierung auf den Nabel) unverzichtbar. Dies sind alles notwendige Bestandteile jener Gebetstechnik. Und wenn Hesychasten über das von Vorstellungen freie Gebet sprechen, dann spüren wir, dass dies einen Wert hat, und wir wollen es kopieren. Aber das funktioniert außerhalb des gesamten Komplexes der hesychastischen Tradition nicht.

So schreibt THEOPHAN DER KLAUSNER darüber: *Ich stoße bei den Vätern darauf, dass man beim Beten alle Bilder aus dem Kopfe vertreiben muss. Ich selbst versuche dies zu tun und bemühe mich, in der Überzeugung zu verweilen, dass Gott überall ist ... Es gelingt jedoch nicht, mich ganz von den Bildern zu befreien ... Damit, dass sich der Kopf beim gefühlvollen Gebet schwertut, weiß ich nicht, wie ich umgehen soll.*[93] *Wenn Sie wütend sind, dann stellen Sie sich etwas vor, aber wenn Sie beten, vertreiben Sie alle Bilder. Wenn Sie Bilder zulassen, besteht die Gefahr, dass Sie zu einem Traumgespinst beten. Können Sie sagen, dass das Bild, das Sie in Ihrem Kopf haben, die Wahrheit ausdrückt? Daher darf man es nicht ... Deshalb muss man sich an die Gestaltlosigkeit gewöhnen. Aber*

---

[93] *Briefe* Nr. 1150

es gibt nur einen Weg - das Gebet des Herzens. Der Geist dagegen kann ohne Bilder kaum sein.[94]

Wir können uns auch aus heutiger Sicht nicht auf Zustände und Empfindungen als etwas Wertvolles und Feststehendes berufen.

In Studien des 21. Jahrhunderts wurde festgestellt, dass Veränderungen der Bewusstseinszustände mit Hilfe neurobiologischer Interventionen die Versuchspersonen in ein Gefühl der Präsenz, der Euphorie usw. versetzten. Viel wurde darüber in der wissenschaftlichen und populärwissenschaftlichen Literatur berichtet. So beschreibt beispielsweise ein Artikel des argentinischen Physikers und Neurowissenschaftlers ENZO TAGLIAZUCCHI die Wirkung von Psilocybin wie folgt: *Neurale Korrelate religiöser Erfahrung umfassen Regionen des Gehirns und des limbischen Systems, die jenen entsprechen, welche unter anderem mit Schlaf, psychedelischen Zuständen und Epilepsie in Verbindung gebracht werden. Wenn man jemandem im passenden Kontext Pilze verabreicht, verstärkt das den Erwerb religiöser Erfahrungen.* MATTHEW ALPER führt in *The ‚God' Part of The Brain* (2014) ein *ethnobotanisches Argument gegen die Existenz der spirituellen Realität* an: *All unsere „spirituellen" kognitiven Aktivitäten, Wahrnehmungen, Empfindungen und Verhaltensweisen sind eine Manifestation von ererbten Impulsen, die durch die neuronalen Verbindungen des Gehirns erzeugt werden, und können daher nicht als Zeichen für irgendeine tatsächliche spirituelle Realität gewertet werden.*

---

[94] *Briefe* Nr. 1063

Die gleiche Richtung verfolgten die Autoren populärer Bücher DEAN HAMER, DICK SVAAB, TOR NØRRETRANDERS und andere, die alle auf die Unzuverlässigkeit mentaler Zustände als Identifikatoren von Spiritualität hinweisen. Die orthodoxe Askese kennt diese Haltung; der heilige IGNATIJ (BRJANTSCHANINOW) hat sie besonders gründlich ausgearbeitet und sich dabei auf Zitate der heiligen Väter gestützt. *Dein vor Gott gebrachtes Gebet sei still und demütig, nicht erregt und stürmisch … Unreines Feuer – blinde, stoffliche Gefühlswallung – darf nicht vor den allheiligen Gott gebracht werden*, schrieb er in seiner Abhandlung *Über das Gebet.*[95]

Andererseits kann auch der Verweis auf den reinen Rationalismus (HILARY PUTNAMS „Gehirn im Tank") nicht als Maß für Spiritualität dienen, da er die mentale Welt in eine Logik presst, zu der diese nicht verpflichtet ist.

Das hier umrissene Dilemma führt uns dazu, auf die Suche nach dem Rezept für das richtige Gebet zu verzichten. Wie JOHANNES CASSIANUS schrieb, *gibt es so viele Gebete aller Art, wie in einer einzelnen Seele, ja in allen Seelen, verschiedene Zustände und Eigenschaften sich erzeugen können … Niemand kann stets gleichförmige Gebete darbringen. Anders bittet einer, wenn er heiter ist, … wenn er beschwert ist, … wenn er bittet.*[96] Es gibt also ebenso viele Arten von Gebeten, wie es Menschen gibt. In diesem Kontext wird das für den einen richtige Rezept keineswegs für einen anderen nützlich sein. Daher müssen die Widersprüche im orthodoxen Erbe in Bezug auf

---

[95] *1. Abhandlung über das Gebet* (dt.: *Ausgewählte Schriften Band 1: Klagelied eines Mönchs*, Hagia Sophia 2020, S. 143)
[96] *Unterredungen mit den Vätern* 9,8

Inbrunst oder Leidenschaftslosigkeit im Gebet, auf Vorstellungskraft oder Gestaltlosigkeit so belassen werden, wie sie sind, ohne den Versuch zu unternehmen, darin den am meisten oder wenigsten orthodoxen Ansatz zu bestimmen. Wenn jemand einen äußeren Effekt des Gebets sehen will, können wir orthodoxe Christen durch Liebe und Angemessenheit von Gott Zeugnis geben. Die inwendigen Parameter der Gebetsverrichtung aber sind ausschließlich durch die persönliche Kommunikation eines konkreten Menschen mit Gott bedingt.

GEBET UND EMOTIONEN

Damit das Gebet immer aufrichtig ist, sollte es nicht von Emotionen geleitet werden, sonst wird es auf den Wellen dieser Emotionen entweder obenauf oder am Boden sein. Emotionalität ist unpersönlich, die Welt der Emotionalität ist das Meer psychischer Reaktionen, in das wir wie Papierboote geworfen werden. Sämtliche Emotionen sind viel zu stark in der Biologie verwurzelt, als dass die Qualität des Gebets daran ablesbar wäre; sie hängen vom Temperament, der Kulturepoche und sogar von der Mode für bestimmte Emotionen ab. Wenn wir bereits in irgendeine Art von Emotion eingetaucht sind, dann wird das aufrichtige Gebet davon gefärbt, und wenn nicht, ist das weder schlechter noch besser und sagt nichts über das Gebet aus.

Das Gebet wird unaufrichtig sein, wenn wir es für unsere Pflicht halten, bewusst in einen besonderen Zustand einzutreten. Denn egal, wie sehr wir uns bemühen – ein starkes Gebetsgefühl ist nicht immer präsent. Wenn beim Lesen des neunten Abendgebets keine Aufwallung der

Reumütigkeit eintritt (*niederfallend, bete ich Elender ...*
und erzittere vor Reue) – heißt das, dass ich sie unbedingt
aus mir herauspressen muss? Nein, das heißt es nicht.
Es ist notwendig, das Gebet von der emotionalen Direk-
tive zu befreien. Es fällt einem Menschen nicht deshalb
schwer zu beten, weil er faul oder zu wenig spirituell ist,
oder weil er keine Zeit hat, sondern weil unsere Gebets-
texte emotional äußerst überladen sind. Sie erfordern
eine Flut von starken Emotionen, und der Beter hat
Mühe, sie aus sich herauszuholen. In den Abendgebeten
lesen wir zum Beispiel: *Nicht wie ein Mensch, schlimmer
als ein Tier sündigte ich vor Dir ... Erbarme Dich meiner,
Deines verzagten und unwürdigen Dieners, ... ich verlo-
rener und elender Sünder* (Gebet 3); *richte meine gefal-
lene und durch zahllose Sünden befleckte Seele auf* (Gebet 4); *würdig jeglicher Verdammnis und Qual* (Gebet
des hl. JOHANNES VON DAMASKUS).

Die Aufgabe, emotionale Spannung als obligatorischen
Bestandteil des Gebets aufrechtzuerhalten, muss fortge-
nommen werden; das Gebet muss von Emotionen unabhängig gemacht werden – was nicht „gefühllos" bedeutet.

Das Stehen vor Gott bedeutet Hinwendung zu Ihm, Fokussierung auf Ihn. Emotionen aber sind nur eine Welle,
die den Hintergrund dieses Stehens vor Gott schwanken
lässt. Die mittelalterliche Mystik schätzte die Gebetszu-
stände hoch, aber die Moderne ist fest davon überzeugt,
dass in der Analyse der Emotionen nicht der Mensch gefunden wird, sondern sein Affekt. Emotionen erfassen
wie ein Flutstrom die Persönlichkeit, und diese ist in einem solchen Strom kaum noch auszumachen. Daher

gibt es in der orthodoxen asketischen Tradition sowohl Richtungen, in denen Emotionalität gewürdigt wird, als auch Richtungen, die jegliche Emotionalität ausräumen.

Durch emotionale Vorbestimmtheit wird das Gebet umständlich, schwer ausführbar und oft künstlich, da zwar nicht das Gebet selbst, aber die im traditionellen Gebet vorausgesetzte Stimmung durch das Vorschreiben bestimmter Emotionen einen Zwang ausübt. Wir lesen ein Gebet, sehen, dass es ein frommes Gefühl beschreibt, und um den Anforderungen des Textes zu entsprechen, manipulieren wir unser Bewusstsein, indem wir dieses Gefühl in uns hervorrufen. Eine solche Arbeit an sich selbst verdrängt Gott.

Durch diese Praxis kontrastierender Selbsteinstimmung (manchmal Freude, manchmal Traurigkeit) sammelt sich in uns allmählich ein unbewusster Widerstand gegen das Gebet – hauptsächlich deshalb, weil es mit emotionalem Zwang gegenüber uns selbst verbunden ist.

Um kein Theater vor Gott zu inszenieren, müssen wir die Emotionen vom Gebet lösen. Dann wird es einfacher sein, in jeder Position zu beten. Ein emotionaler Gebetsausbruch kann und soll nur situativ bedingt sein: Wenn uns jemand beleidigt oder beglückt hat, dann beten wir freudig oder beleidigt, gehässig oder reumütig. Emotionale Natürlichkeit wird dem Gebet einen zusätzlichen Schub verleihen.

KURZES GEBET MIT PÜNKTCHEN

Im 19. Jahrhundert empfahlen der ehrwürdige SERAPHIM VON SAROW und der heilige Bischof THEOPHAN DER

228

KLAUSNER kurze Repliken als alltägliche Gebetsansprache. *Wir sollen tagsüber öfters in kurzen Worten von Herzen Gott anrufen, entsprechend dem Bedürfnis der Seele und den gerade getanen Werken. Sprich etwa, bevor du etwas anfängst: „Segne, Herr." Wenn deine Arbeit beendet ist, sage: „Ehre sei dir, o Herr" – sprich es nicht nur mit deiner Zunge, sondern auch mit dem Gefühl deines Herzens.*[97]

Die Essenz des „Gebets mit Pünktchen" im 21. Jahrhundert besteht darin, die Gebetsarbeit von der Last der Emotionen und Ziele zu befreien. Mehrmals in der Stunde sagen wir: „Herr, hier bin ich ..." – und dann nennen wir unseren Zustand oder unser Handeln: „Hier bin ich, Herr, in Eile"; „Hier bin ich, Herr, ruhend / lachend / beunruhigt" ... – Emotion oder Selbstironie dürfen vorhanden sein, müssen aber nicht.

Diese Mini-Gebetsrufe werden die gewöhnliche Zeit mit Gott verbinden. Wahres Gebet darf keine pragmatischen Ziele haben, keiner Aufgabe wie Selbstberuhigung / Selbsterregung oder Manipulation untergeordnet sein. Das Pünktchen-Gebet heftet den Tag an Gott, ohne einen separaten Ort für sich zu benötigen. Und wenn es stattgefunden hat, erinnern wir uns am Ende des Tages sogar an die unbedeutendsten, unscheinbarsten Momente davon und an uns selbst darin. Dies hilft außerordentlich beim summarischen Gebet vor dem Schlafengehen. (Am Morgen empfiehlt es sich, einen Segenswunsch

---

[97] Theophan der Klausner, hl.: *Vier Worte über das Gebet* [*Četyre slova o molitve*], 2

zu beten, etwa so: „Herr, Dein Wille geschehe, segne meine heutigen Pläne.")

Die Hinwendung zu Gott ist Ziel und Inhalt des geistlichen Lebens. Beim Pünktchen-Gebet geht es nicht um Bitten oder Verherrlichung, es ist einfach eine gewisse Antwort auf die Existenz Gottes. So signalisieren sich Mutter und Kind gegenseitig ihren Aufenthaltsort, um sich nicht in einer Menschenmenge zu verlieren. Dies gibt erstens dem Gebet Leichtigkeit (Natürlichkeit) und zweitens die Möglichkeit, während des Tages die Bewegungen unserer Leidenschaften, Emotionen und Stimmungen zu beobachten, derer wir uns häufig nicht bewusst sind.

Es gibt eine Lücke in unserer Selbstwahrnehmung: Wenn die Sprache keinen Namen für einen Zustand hat, dann gibt es ihn auch nicht in der Erfahrung. Unser Zustand „Ich bin weder traurig noch glücklich" hat keine Bezeichnung – wir nehmen ihn daher nicht einmal wahr. Wenn wir aber im Laufe des Tages in irgendeiner Weise vor Gott über unseren Zustand Zeugnis ablegen, werden wir ihn erblicken.

Am wichtigsten aber: Uns wird die Wahrheit offenbar, dass der Kampf mit dem Unbehagen, den wir so viele Jahre lang als Gottesverehrung ausgegeben haben, unter Gläubigen und Ungläubigen auf den gleichen Grundlagen stattfindet.

Das Motiv für die Regulierung schlechter Wünsche basiert auf sozialen und psychischen Parametern. Das Brechen gesellschaftlicher Tabus führt zu innerem Unbehagen. Dies bezieht sich nicht unmittelbar auf die Religion, denn auf die Religion bezieht sich Gott, nicht die

Verhaltensregeln. *Seine Neigungen und Abneigungen als seine Pflicht auslegen ist die große Unreinlichkeit der „Guten".*[98] Deshalb zürnen wir nicht, stehlen wir nicht, erschlagen wir unseren Nachbarn nicht mit einer Schaufel usw., weil es uns selbst unangenehm ist; wir umschiffen diese Situationen zu unserem eigenen Besten. Bequem zu leben ist unser natürlicher Wunsch und unsere innere Notwendigkeit. Die wahre Lage der Dinge offenbart sich uns, wenn wir beginnen, unsere Erfahrungen ohne Wertung, rein phänomenologisch zu fixieren. Der Betende lernt, seinen inneren Bewegungen nachzugehen, ohne das Ziel, dort etwas zu ersticken, auszulöschen oder zu entzünden.

Indem wir die Bewahrung des inneren Komforts von der Religion trennen, befreien wir Gott von polizeilichen Aufgaben und brauchen unsere Beziehungen zu Ihm nicht mehr über das Nicht-/ Befolgen Seiner Befehle zu gestalten, sondern können dies über unser gemeinsames Dasein mit Ihm tun.

Wenn Sie beispielsweise fest davon überzeugt sind, dass Ihre Frau gerade wie eine gute Waschmaschine waschen oder Kleider aufhängen oder bügeln müsste, wenn Sie heimkommen, und es erweist sich, dass sie fernsieht – was tun? Sie heftig dafür tadeln! Wenn Sie dagegen nicht so fest davon überzeugt sind, dass ihre Aufgabe das Waschen und Bügeln ist, werden Sie normal auf jede ihrer Verhaltensweisen reagieren. Das ist dann möglich, wenn wir keine bestimmten Anforderungen an das Verhalten

---

[98] Nietzsche, Friedrich: *Nachgelassene Fragmente* (eKGWB/NF-1882,4 [64])

einer anderen Person haben. Aber wir haben Anforderungen an Gott. Unserer Meinung nach ist Er für die Harmonie des Universums verantwortlich und hat Forderungen bezüglich meiner persönlichen Sündhaftigkeit. Wenn wir solche vorgefassten Einstellungen ablegen, werden wir frei für eine vollständigere Gemeinschaft mit Gott.

GEBET ALS ERHOLUNG

Im Idealfall sollte das Gebet nicht als Gebetsanstrengung verstanden und praktiziert werden. Die Mühe der Konzentration und der Abwehr von allem anderen verurteilt uns zum inneren Widerstand gegen das Gebet, weil es eine Schwierigkeit darstellt. Rationale und emotionale Anstrengungen werden von der menschlichen Psyche aufgrund des mit Stress verbundenen natürlichen Unbehagens abgestoßen. Infolgedessen wird die Wahrnehmung des Gebets selbst verzerrt; Gemeinschaft mit Gott wird zum asketischen Werk, und die Hagiographen beschreiben das Gebet als schwere Last. Für die weniger Leidenschaftlichen wird es zu einem Joch und zu einer Quelle von Schuldgefühlen.

Das Gebet soll jedoch dem gewöhnlichen Leben nicht entgegenstehen, es nicht verdrängen. In der inneren Welt des Bewusstseins gibt man ihm besser einen Platz als Element der Freiheit. Kognitionspsychologen sagen, dass unser Gehirn nicht länger als eine Minute angespannt und nicht länger als zwanzig Minuten en bloc arbeiten kann. In den Zwischenräumen zwischen seinen Kontraktionen und Anspannungsblöcken braucht es Ruhe – zumindest ein paar Sekunden ungezwungenen

Denkens. Unser Kurzgebet muss seinen Platz zwischen den Blöcken der intellektuellen oder emotionalen Anstrengung einnehmen, dann wird das Gebet eine Art der Entspannung sein, ähnlich dem Gefühl der Befreiung oder einer Pause zwischen Anstrengungen. In der assoziativen Verbindung wird das Gebet als eine Form der Entspannung für das Bewusstsein wünschenswert sein.

Wenn die unnötigen Gebetslasten durchdacht abgelegt werden, wird die Hinwendung zu Gott viel intensiver als in der traditionellen täglichen (Morgen- und Abend-) Gebetsregel des Laien. Gebet ist Hinwendung zu Gott, deshalb sind Worte unwichtig, Emotionen unwichtig, das Ziel unwichtig – wichtig ist die Verbindung der Person mit Gott. Wichtig ist die Eingewöhnung in das Gebets in Momenten kurzer Ruhe; dann wird die Hinwendung zu Gott häufiger, weil sie nicht schwierig ist, *denn Mein Joch ist sanft und Meine Last ist leicht* (Mt 11,30).

POSTMORTALES GEBET

Die ganze Welt, jeder Baum, jeder Schimmelpilz und jeder Grashalm ist Teil unserer Form der Existenz. *Wie Gras sind die Tage des Menschen, er blüht wie die Blume des Feldes* (Ps 102/103,15). *Was soll ich rufen? Alles Fleisch ist wie das Gras und all seine Treue ist wie die Blume auf dem Feld. Das Gras verdorrt, die Blume verwelkt, wenn der Atem des Herrn darüber weht. Wahrhaftig, Gras ist das Volk* (Jes 40,6f). Sich als Teil dieser Flüchtigkeit zu fühlen, ist die beste Grundlage für Selbsterkenntnis. Akut stellt sich die Frage in Bezug auf sich selbst: Wer bin „Ich"? Wie werde ich zu Gott gehen und mit Ihm die Ewigkeit in einem Atemzug atmen?

Wir stehen vor Gott, dabei halten wir unser Problem fest im Arm, verstecken uns dahinter, verstecken uns hinter seinem Thema, verstecken uns hinter den Emotionen. Statt uns selbst legen wir Gott eine Aufgabe in die Hände, die er für uns lösen kann. Gott Selbst existiert in diesem Konstrukt aufgrund des Inhalts der Gebete – deshalb sind sie so wortreich.

Unser ängstliches „Ich" ist immer auf den Gegenstand unserer Bedenken gerichtet. Um zu Gott zu gehen, muss man aus jedem Kontext heraustreten, damit man, vor Gott stehend, nicht hat: Probleme, Ereignisse, Aufgaben, Geschlecht, Alter, Sünden und Pläne. Das „Ich" selbst, als hätte es seine Zeit bereits gelebt, die Taten seines längst vergangenen Lebens schon vergessen, tritt vor Gott und hat das Leben hinter sich zurückgelassen, steht außerhalb davon.

Der Tag, an dem wir diese Zeilen lesen, wird vergehen, wie gestern vergangen ist und das letzte Jahr, die beide auch unsere Gegenwart waren. Wir stehen vor Gott, Der bezeugt, dass alles schon vergangen ist: Er ist außerhalb der Zeit, und Er sieht das bereits. Du hast ein rechtschaffenes / sündiges Leben geführt, du warst ein Held / Abschaum, bekannt / unbekannt – egal, alles ist vorbei. Hier nun stehen wir mit Gott, zwei Bewusstseine, und was zwischen uns ist, ist ein seltsames Gebet. „Seltsam", weil wir spüren können, wie sehr wir mit Ihm nichts zu besprechen haben. Bei uns hat sich gewohnheitsmäßig alles um Geld, Gesundheit, Sünden usw. gedreht, und wenn das alles wegfällt (und das wird es definitiv), entsteht eine völlig zwangsläufige Verwirrung.

So muss man daher mindestens einmal am Tag vor Gott erscheinen. Andernfalls werden wir bis zum Ende unserer Tage wie mit einem Regenschirm durch den Anlass unseres Gebets von Ihm abgeschottet sein und uns hinter diesem Anlass verstecken. Der Anlass ist der Anfang des Glaubens; aber er ist auch das Ende, wenn wir diese grobe Sachbezogenheit unserer Gemeinschaft mit Gott nicht wenigstens auf halbem Wege ablegen.

Nennen wir ein solchen Stehen vor Gott „postmortales Gebet". Sein Wesen ist die Abtrennung von den funktionalen Aufgaben. Der Betende benutzt nicht die Tatsache seiner Sündhaftigkeit oder Rechtschaffenheit, um mit Gott zu kommunizieren, dies sind separate Themen. Wenn wir es schaffen, in diesem letzten Zustand der Ruhe vor Gott zu stehen, wird Gott aufhören, funktional zu sein. Er muss nichts (mehr) für meine Geschäfte tun, und auch ich muss nichts tun, alles ist schon vergangen, und wir richten unsere Aufmerksamkeit über die zeitlichen Sorgen und Zwischenfälle hinweg aufeinander. Dann ist ein Mensch geistlich befreit und nimmt Gott anders wahr. Die Situation selbst macht es notwendig, Ihn anders zu messen. Keiner von uns ist arm, reich oder schuldig. Das postmortale Gebet befreit von Pragmatismus in der Beziehung zu Gott.

Dazu muss das Leben von den Ereignissen des Lebens unterschieden werden. Die Ereignisse werden auch ohne uns stattfinden, so als ob es uns nicht gäbe. Wenn eine Person mit einem Ereignis assoziiert wird (einen Baum gepflanzt, eine Brücke gebaut), verdeckt dies die Persönlichkeit, weil das Ereignis selbst unpersönlich ist: Wenn nicht dieser, so hätte ein anderer gebaut, gepflanzt usw.

Eine Person kann sich nicht vollständig in einem Ereignis manifestieren, sie ist immer mehr, immer persönlicher als das Ereignis, so bedeutend es auch sein mag.

Im Gegensatz zum majestätischen Heidentum predigt das Christentum einen nackten Gott, Der Sich vor uns und für uns am Kreuz entkleidet hat. Wir müssen nur aus unseren Kokons herauskommen, um Ihn zu treffen! Der Nacktheit brauchen wir uns nicht zu schämen, weder eigener noch Seiner; unter dem goldbestickten Brokat theologischer Lobreden bleibt Jesus doch stets unbekleidet.

Ich glaube, eine Minute solchen Vorstehens wird uns mehr offenbaren als viele Stunden egozentrischer Klagen und Stoßseufzer. Wer nicht darüber nachdenkt, wie es Gott geht, wie Er Sich fühlt, wenn Seine Kinder allein sind, der hat nie angefangen, die Persönlichkeit Gottes zu suchen, und sich stattdessen mit Seinen göttlichen Funktionen zufriedengegeben.

BETEN MIT EIGENEN WORTEN

Wenn wir in den Worten eines anderen beten, werden sie dennoch zu unseren, und umgekehrt – wir haben in dieser Welt keine eigenen Worte, wir verwenden die Worte und Konnotationen anderer. Wir beten immer in fremden Worten, und selbst wenn wir unsere eigenen verbalen Kompositionen benutzen, werden diese Kompositionen nach Mustern und Algorithmen des Denkens erstellt, die wir irgendwo gelernt haben. Möge unser Herz nicht darum verlegen sein, dass wir stets mit unseren eigenen und niemals mit unseren eigenen Worten beten.

SCHEMA DES GEISTLICHEN WEGS IN DER HEUTIGEN ZEIT

BESTIMMUNG DER KOORDINATEN DES GEISTLICHEN LEBENS

Orthodoxen Asketen fehlt es sowohl in der Theorie als auch in der Praxis am Monitoring, obwohl ein solches bei asketischen Werken dringend notwendig ist. Wenn ein orthodoxer Asket eine Leidenschaft besiegt – Unzucht, Stolz usw., – kann er es sich nicht leisten, dies zuzugeben. Er hat sich ein Verbot auferlegt, diesen Sieg zu akzeptieren, und die Vorgabe gemacht, dass dieser unmöglich ist. Sich als Gewinner zu erkennen, wäre ein Zeichen von Stolz. In Ermangelung von Orientierungspunkten erklärt und glaubt der Asket, dass er ganz tief am Boden ist.

Hier können wir das klassische „Paradox des Lügners" erblicken: „Kreter lügen immer", sagte EPIMENIDES; er ist Kreter, das heißt, wenn er die Wahrheit gesagt hat, hat er gelogen, wenn er gelogen hat, dann hat er die Wahrheit gesagt. Wenn ein Heiliger erkennt, dass er heilig ist, dann ist er nicht heilig (stolz); und wenn er heilig und adäquat ist, dann müssen wir ihm glauben, dass er nicht heilig und zutiefst sündig ist. Wenn ein Asket wahrheitsentsprechend seine völlige Sündhaftigkeit bezeugen würde, dann müsste er nicht verherrlicht, sondern bemitleidet werden. Wenn er damit jedoch seine Überlegenheit zeigen wollte (zumindest darin, dass er seine Sünden sieht), wäre er nicht heilig, er wäre unaufrichtig und eitel.

In dieser Situation beginnt der Asket, sogar wenn er die Leidenschaft als Ganzes überwunden hat, noch nach deren kleinsten Splittern zu suchen. Die heiligen Väter gingen von der Prämisse aus, dass *das Sehen der eigenen Sünde und die daraus geborene Buße Taten sind, die auf Erden kein Ende haben*[99] und verurteilten sich weiterhin selbst für die kleinsten Gedanken und sogar für die „Samen der Verderbnis" bis aufs Sterbebett. Vielleicht hatten sie die so aufgedeckten Sünden wirklich, aber viel wichtiger als deren Existenz war die Notwendigkeit, sie zu entdecken. Schließlich bezeichnet der heilige IGNATIJ selbst noch den Wunsch, Gnade zu erlangen, als Stolz: *Wenn sich in dir die Erwartung der Gnade verbirgt, * schreibt er, *hüte dich: Du bist in einer gefährlichen Lage! Eine solche Erwartung zeugt von einer verborgenen Wertschätzung deiner selbst, und diese Wertschätzung bezeugt einen verborgenen Eigendünkel, in dem Stolz liegt. Auf den Stolz aber folgt leicht die Selbsttäuschung und hängt sich an diesen.*[100] *Ein rücksichtsloses, hitziges Streben danach, in sich selbst das gnadenhafte Herzensgebet zu offenbaren, ist verboten; dieses Streben ist verboten, weil seine Ursache in Unwissenheit liegt oder im unzureichenden Wissen und in der stolzen Selbstgewissheit, des gnadenvollen Gebets fähig und würdig zu sein.*[101]

Da sich der Asket nicht für fähig zum gnadenvollen Gebet und überhaupt zum Erfolg im geistlichen Leben hält, bleibt er in seiner Bewegung stecken. Nicht, weil er schlecht ist – keineswegs –, sondern weil er in einen

---

[99] Ignatij Brjantschaninow, hl.: *Asketische Erfahrungen* [*Asketičeskie opyty*] (Bd. 2, S. 127)
[100] Ebenda
[101] Ebenda.

methodologischen Konflikt gerät: Er weiß nicht, ob er seine Leidenschaften besiegt hat oder nicht, da er nicht zugeben kann, wenigstens einer einzigen davon Herr geworden zu sein. Hieraus folgt, dass ein Koordinatensystem notwendig ist, das uns sagt, ob wir gehen oder auf der Stelle treten. Leider kann die traditionelle orthodoxe Spiritualität diese Frage nicht beantworten.

Die klösterliche Spiritualität ist kontemplativ orientiert. Für Laien ist die Situation völlig anders, daher ist es nicht produktiv, sich mechanisch fromme klösterliche Praktiken aufzuerlegen.

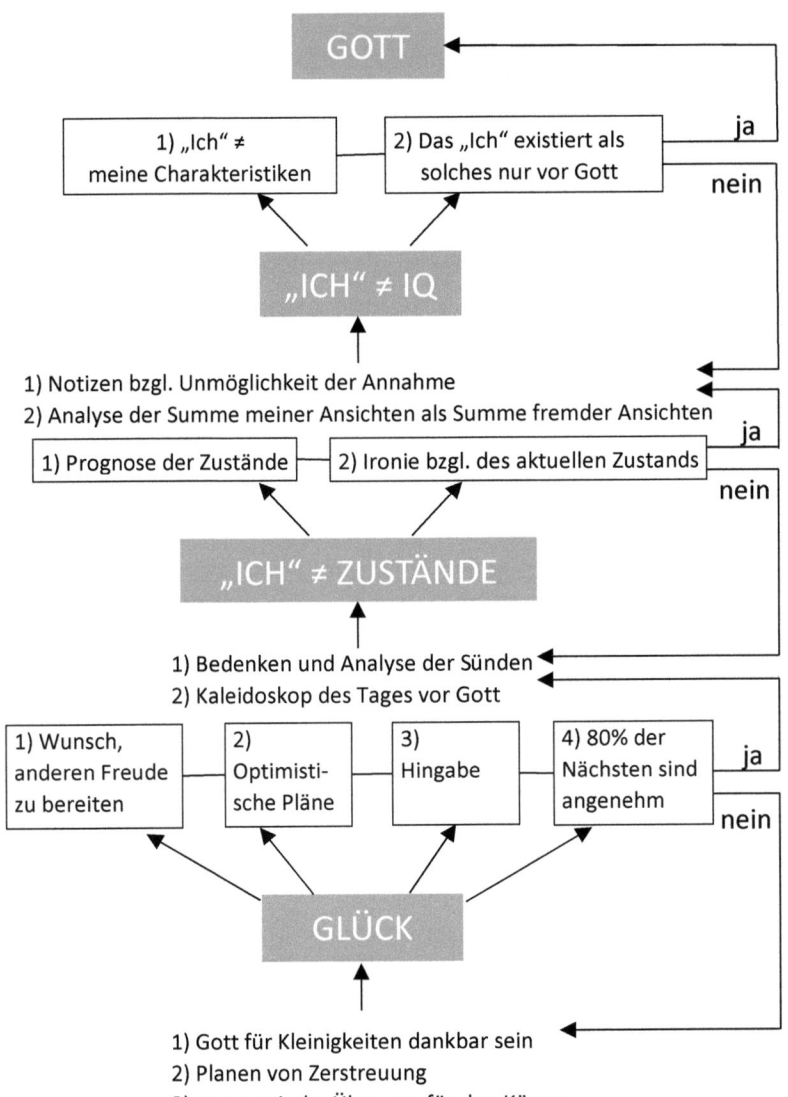

GLÜCK ALS GEBOT

Unser erster dogmatischer Orientierungspunkt ist das Glück, verstanden als religiöser Ruf. Beine sind geschaffen worden, um zu laufen, nicht um weh zu tun, und Seelen sind da, um sich zu freuen. Daher muss das Glück religiös als der Zweck eines jeden Tages verstanden werden. Wenn wir den Tag glücklich verleben, dann werden wir Gottes Plan erfüllen, wenn wir aber unglücklich sind, bedeutet dies, dass der Mensch sich heute nicht entfaltet hat, sich nicht realisiert hat, dass er noch in den Geburtswehen steckt. Unsere erste religiöse Aufgabe ist es, den Tag glücklich zu verbringen. Das Glück muss sich nicht in lautem Lachen äußern, es kann auch leise daherkommen – auf unterschiedliche Weise.

Glück hängt nicht nur von Dingen und Ereignissen ab, sondern in hohem Maße auch davon, ob wir uns erlauben, glücklich zu sein. Wir können entscheiden, was uns glücklich macht. Und es gibt einfache Gewohnheiten, die uns dabei helfen.

Übungen

1. Gott für die kleinen Dinge dankbar sein.

   Während wir den Tag verbringen, dürfen wir nicht große Ereignisse von Gott erwarten, etwa einen gefundenen Schatz oder die Weihe zum Bischof. Wir müssen dankbar sein für das, was wir haben, für die kleinsten Kleinigkeiten, dann werden wir nach und nach lernen, diese kleinen Dinge wahrzunehmen, unseren inneren Blick auf das Schöne, Beruhigende, Fröhliche auszurichten. Beispielsweise finden wir in den

Tagebüchern von Vater A. SCHMEMANN oft Dankbarkeit für einen ruhigen Abend, ein gemütliches Café usw.

2. Zerstreuung planen.

An die Zukunft zu glauben und etwas Angenehmes zu planen, kleine Zerstreuungen, ist eine wertvolle Funktion der Psyche. Jeden Tag mit etwas Unterhaltung zu färben, hilft uns Schwierigkeiten zu überwinden und zu überleben.

3. Leibesübungen machen.

Die Psychosomatik und Somatopsychik beeinflussen unser Selbstgefühl stark. Wenn wir eine grundlose Depression oder irgendeine Art von neurotischen Symptomen verspüren, brauchen wir körperliche Aktivität: Bewegung, Gymnastik, Fitnessstudio, Schwimmbad usw. Körperliches Training ist ein erotisches Element, das uns auf die eine oder andere Weise ästhetischen und emotionalen Komfort bringt.

Fortschrittskontrolle

Diese drei Punkte müssen so lange praktiziert werden, bis bei Ihnen der Wunsch entsteht, andere zu erfreuen, Sie kreative Pläne schmieden und das Gefühl haben, wenigstens 80% der Menschen in Ihrer Umgebung seien Ihnen angenehm. Hat es funktioniert? Dann sind Sie auf dem richtigen Weg.

Jesus sagt: *Ich bin gekommen, damit sie das Leben haben und es in Fülle haben* (Joh 10,10). Der gesunde Wunsch, jeden Tag jemanden zu erfreuen, bedeutet, dass Sie in Fülle mit Leben angefüllt und bereit sind, es mit anderen zu teilen.

Dies wird auch durch kreative Pläne belegt – durch Träume davon, etwas Gutes anzufangen, irgendwohin zu fahren, etwas zu lesen.

Begeisterung entsteht nicht von selbst, sie braucht eine Art Kick, eine Bewegungsenergie, die zu etwas Neuem führt.

Schreiben Sie auf ein Blatt Papier die Namen der Personen, mit denen Sie regelmäßig in Kontakt sind, und zählen Sie, wie viele davon in Bezug auf Sie gut sind. Solange Sie der Meinung sind, dass die Hälfte der Liste Schurken sind, bleiben wir weiterhin bei diesen Übungen, die Sie so weit bringen sollen, dass Sie 80% ihrer Nächsten akzeptabel finden.

ICH BIN NICHT DASSELBE WIE MEINE SEELENLAGE

Unser zweites Dogma: „Ich" ist nicht dasselbe wie meine Gemütszustände. Nachdem wir aufgehört haben, uns mit unseren Zuständen zu identifizieren, werden wir weniger auf uns selbst fixiert sein und nicht unsere emotionalen Zustände als „uns selbst" ansehen. Die Aufhebung der Gleichsetzung unserer selbst mit unseren Gefühlswallungen wird uns helfen, hinter Ausbrüchen von bedrückenden oder verstörenden Gefühlen, hinter Leidenschaften und Stimmungen sowohl unser eigenes „Ich" als auch das unseres Nächsten zu finden.

Übungen

1. Reflexionen. Wer ist „Ich" und was sind meine Zustände? Analyse der Sünden.

Ein Mensch lebt in einem emotionalen Feld. Alle unsere Emotionen – Zorn, Neid, Zuneigung, Zielstrebigkeit usw. sind tierischen Ursprungs. Es ist hilfreich, diesbezüglich eine gewissen Ironie an den Tag zu legen, um die Identifizierung zwischen sich und den eigenen Gemütszuständen zu lösen: Ich bin von Mutlosigkeit, Freude oder grünem Neid übermannt, ich bin im siebten Himmel usw. Wir schreiben nicht nur „Ich" und anschließend ein Verb, sondern wir müssen es auch so verstehen, dass das „Ich" getrennt von seiner Handlung und seinen Befindlichkeiten steht. Meine Zustände sind nicht mein „Ich" – sie sind ein Tier, das in mir ist. Dieses Tier mag un-/ zufrieden sein, bekämpft werden oder besiegt sein – es spielt keine Rolle, da das „Ich" nicht auf seine Zustände reduziert wird. In diesem Sinne müssen wir auch die „Sündenfälle" betrachten, d. h. solche Zustände, die wir nicht mögen. Genau genommen haben wir unsere persönliche Einschätzung der eigenen Werke und der Werke von anderen als Schmuggelware durchgeschleppt, diese Einschätzung Gott zugeschrieben und „Sünde" genannt. Dies fällt besonders ins Auge, wenn in der einen Umgebung eine Sünde wie etwa das Rauchen nicht als Sünde angesehen wird, in einer anderen jedoch schon. Der eine kann Heavy Metal oder Death Metal hören und orthodox sein, ein anderer hält es für eine Sünde – weil der eine sowas mag und der andere nicht.

Um nicht automatisch dem eigenen Geschmack und der eigenen Wertung eine sakrale Bedeutung zu verleihen, muss man De-Identifikation üben. Ist einem Menschen eine Sünde unterlaufen, so

muss er urteilen: Was war das, was hat mich getrieben? In der Sünde fühlen wir, dass im Verhältnis zu uns Gewalt verübt wurde: „Ich" und Emotion, „Ich" und Stimmung stehen sich hier gegenüber. „Ich wollte das nicht tun" oder „Ich wollte
das nicht auf diese Weise tun", also bereue ich es
jetzt. Es ist der Konflikt der Verhaltensmuster
Raskolnikovs: „Bin ich ein angstgetriebenes Geschöpf oder habe ich das Recht?" Die eine Ver-
haltensmatrix gab ihm das Recht zu töten, die andere aber hat sich nirgendwohin verflüchtigt, sondern präsentierte ihre Verhaltensnorm weiterhin
als richtig. Und Raskolnikov, der glaubte, „das
Recht zu haben", fuhr zugleich fort, es für ein Verbrechen zu halten. Wir können dieselbe Dualität
in uns selbst als Sünder sehen. „Ich" identifiziere
mich nicht mit meiner bösen Tat, sondern wurde
von einer Art Leidenschaft gezwungen, einem
Gemützustand, etwa war ich beleidigt, also
platzte ich mit einer Beleidigung heraus. Hier ist
mir völlig klar, dass meine Emotionen nicht „Ich"
sind.

Schließlich ist es ja im Grunde Reue, wenn ein
Mensch sagt: Ja, diese Emotionen sind in mir,
aber das wahre „Ich" ist nicht so. Mein wahres
„Ich" sagt sich von einem bestimmten Teil meiner Emotionalität los, schon allein deshalb, weil
ich diese nicht vollständig beherrsche. Meine
Emotionalität ist mein „Es".

Ein Mensch dagegen, der nach einem bestimmten Ereignis vollständig und entschieden bereut,
verschließt sich durch seine Buße den Weg zur
Analyse des Geschehenen. Reaktive Selbstrecht-
fertigung bietet – ebenso wie Selbstvorwürfe –

keinen Raum für Analyse, ohne die sich jedoch das Ereignis viele Male wiederholen wird. Das wiederholte Treten in den gleichen Fettnapf wird leider für viele Jahre zu einem Teil des Beicht- und geistlichen Lebens, da der Mensch nicht verstanden hat, wie er zu diesem oder jenem Ereignis kommt, sondern nur bereut, wie schrecklich es ist und wie schrecklich er selbst ist.

2. Kaleidoskop des Tages vor Gott.

Wir hatten bereits davon gesprochen, dass das geistliche Leben eines Menschen vor Gott am besten durch Pünktchen-Gebete, durch Gebets-Repliken markiert wird. So binden wir unser Leben an Gott, diese Momente bleiben in Erinnerung, und wenn wir abends vor Ihm stehen, wird dieser Tag wie ein offenes Buch vor uns liegen. Diese kleinen Drei-Sekunden-Gebete repräsentieren den Tag für uns selbst, geben ihm emotionalen Inhalt und richten ihn auf Gott aus. Außerdem wird uns klar, dass der Wellengang unseres Lebensmeeres nicht unser „Ich" ist. Ja, ich wurde tagsüber bestürmt: Einmal war ich oben auf einem Wellenkamm, dann unter Wasser. Aber am Ende des Tages kann ich von außen auf meinen Kurs schauen und sagen, dass weder derjenige, der obenauf war, noch derjenige, der unten war, „Ich" gewesen bin.

Fortschrittskontrolle

1. Prognose der Zustände.

Wir beginnen zu erkennen, wie primitiv die wichtigsten emotionalen Bewegungen unserer Psyche sind, wir hören auf, sie als etwas Besonderes zu schätzen: Ach, was für eine Wohltat / Todsünde habe ich begangen! Was für ein glorreicher Heiliger / Bastard und Abschaum ich doch bin! Wir übertreiben oft unsere Sünden, und das erscheint uns als rechtschaffene Selbstkritik. Aber so wird die Grundlage für das Verurteilen gelegt: Wenn wir sehen, wie ein anderer dasselbe tut, leiten wir daraus ab, dass auch er eine große Sünde begeht. Selbstvorwürfe sind gefährlich für die Umstehenden! Die meisten unserer Sünden kommen aus der wilden Natur, genauso wie unsere Emotionalität: Du hast den Kuchen deines Bruders gegessen, konntest dich nicht zurückhalten, und das macht dich zu einem Tier. Wenn wir uns selbst kennen, können wir unsere Zustände vorhersagen, nicht unbedingt, um sie loszuwerden, zumindest aber, um sie gelassener wahrzunehmen. Es besteht keine Notwendigkeit, um jeden Preis jeglichem Gemütszustand zu widerstehen, es genügt zu fixieren, dass er unangenehm ist. Es ist mir unangenehm, dass ich meiner Schwiegermutter gegenüber unwirsch bin, wenn sie zu Besuch kommt, also versuche ich es zu vermeiden. Gott hat damit nichts zu tun, ich kämpfe für meinen eigenen Komfort. Unsere inneren Reaktionen auf Ereignisse und Zustände sind weitgehend vorhersehbar. Also müssen wir sie vorhersagen und uns darauf vorbereiten, um dann während einer emotional reflexiven Reaktion auf unsere Selbstironie zurückgreifen zu können.

2. Ironie bezüglich des aktuellen Zustands.

Ein Zeichen spirituellen Reiferwerdens ist die Selbstironie im Verhältnis zur eigenen Spiritualität. Jetzt habe ich was gegessen und bin gleich viel gütiger, jetzt lobt man mich, und schon liebe ich die ganze Menschheit. Woher kommen diese „geistlichen Erhebungen"? Von meinem Tier, demselben, von dem auch der „höllische Abgrund" meiner Sündenfälle herrührt. Selbstironie hilft uns, das Ausmaß unserer Tugend und Sündhaftigkeit zu nivellieren, ohne uns die Schärfe der Wahrnehmung von Lob, Beleidigungen usw. zu nehmen: Hinterher unsere Reaktionen zu bereuen ist gut, aber das Ironisieren ist gefahrloser: Durch inbrünstige Buße steigern wir die Bedeutung der Prozesse, die wir bereuen. Im Gleichnis vom verlorenen Sohn (Lk 15,11-32) maß der Vater der Reise des verlorenen Sohnes *in ein fernes Land* nicht viel Bedeutung bei: Was der Sohn als großen Sturz und völligen Verlust seiner Sohnschaft empfand, spielte keine Rolle für den Vater. Der Sohn ging mit Pathos fort und kehrte mit Pathos zurück, hatte sogar eine besondere Rede vorbereitet. Aber für den liebenden Vater bedeuteten die Kategorien Schuld und Gerechtigkeit nichts, für ihn war etwas anderes wichtig: Der Sohn war fort, und jetzt ist er wieder da! Alles andere aber, worüber sich beide Söhne Sorgen machten, spielte keine Rolle. Durch Selbstironie trennen wir unser „Ich" von unseren Gefühlen; so wird uns gewahr, dass unser „Ich" nicht dasselbe ist wie unsere Zustände. Ich kann viele verschiedene Zustände haben, aber ich ertrage sie so, wie ein Schiff einen Sturm, günstigen Wind oder Windstille. Der Weg der Sorge um unsere Emotionen, seien sie gut oder schlecht, ist überaus traumatisch, das Hervorheben unseres „Ich" dagegen ein bedeutender Fortschritt im geistlichen Leben, der unsere Selbstidentifikation vor kritischen Schäden bewahrt.

„ICH" ≠ IQ

In der vorherigen Phase haben wir mit Hilfe intellektueller Fähigkeiten die Verknotung mit den Emotionen entwirrt. Es war der Intellekt, der uns sagte: Warum uns um Emotionen sorgen, wir müssen den Prozess des Lebens genießen! Unsere therapeutische Ironie beruht auf intellektueller Arbeit. Doch auch mein Intellekt ist nicht „Ich", ich bin nicht dasselbe wie meine intellektuellen Fähigkeiten.

Es kommt vor, dass uns der IQ fehlt, um eine komplexe intellektuelle Aufgabe zu erfüllen. In diesem Moment sagen wir: „Ich versteh das nicht!" Was ist dieses „Ich", das versteht oder nicht? In dieser einfachen Aussage unterscheiden wir zwischen uns und den Funktionen unseres Intellekts. Dies ist wichtig für die Kommunikation mit den Nächsten, die etwas nicht verstehen, deren Intellekt auf eine andere Art von Aufgaben abgestimmt ist, deren Kompetenz in einem anderen Bereich liegt.

Übungen

1. Notieren, wenn uns die Annahme von etwas nicht möglich ist.

   Bei der Ausführung intellektueller Aufgaben sollten wir jene Momente fixieren, in denen wir alles verstehen, es aber nicht akzeptieren können. Der antike griechische Philosoph ZENO VON ELEA überraschte mit Aporien – logisch korrekten, aber paradoxen Argumentationen, IMMANUEL KANT – mit Antinomien, SØREN KIERKEGAARD, LEO SCHESTOW, MERAB MAMARDASHVILI und andere Denker betonten ebenfalls die Bedeutung der Paradoxien des menschlichen Denkens. Selbst beim Betrachten von Abbildungen einer optischen Täuschung können wir zwar zustimmen, dass sich das Bild bewegt, dies jedoch nicht als Realität akzeptieren. In schwierigeren Fällen können wir dagegen die Realität im Gegensatz zu einer Illusion nicht akzeptieren. Diese Dilemmata sind für Materialisten besonders relevant. Die moderne Bewusstseinsphilosophie und Neuropsychologie postulieren für unser Denken die Abwesenheit von Willensfreiheit und überhaupt den Epiphänomenalismus (das Getäuschtsein) des Bewusstseins. Dem entsprechen die Identitätstheorie bei DAVID LEWIS und DAVID ARMSTRONG, der Physikalismus bei DICK SVAAB und SAM HARRIS, der philosophische Zombiemensch bei DANIEL DENNETT und andere. Wenn der Mensch dem Fehlen der Freiheit des Willens zustimmt, zeigt er ja sein Einverständnis damit, dass er weder zustimmen noch ablehnen kann. Dabei hat er doch gerade zugestimmt, dass er keinen freien Willen hat. Wenn jedoch der Mensch ein Mechanismus ist, dann ist alles ein Mechanismus; und dann verliert diese Aussage ihre Bedeutung.

Die Erkenntnis der Unmöglichkeit, diese oder jene These oder Erscheinung zu akzeptieren, ist für unsere Selbsterkenntnis äußerst nützlich. Da gebietet uns unser Herr Jesus Christus: *Ihr wisst, dass die Herrscher ihre Völker unterdrücken und die Großen ihre Vollmacht gegen sie gebrauchen. Bei euch soll es nicht so sein, sondern wer bei euch groß sein will, der soll euer Diener sein, und wer bei euch der Erste sein will, soll euer Sklave sein. Wie der Menschensohn nicht gekommen*

ist, um Sich dienen zu lassen, sondern um zu die-
nen und Sein Leben hinzugeben als Lösegeld für
viele (Mt 20,25ff). Damit zerstört Er alle Hierarchien
im Christentum. Wir verstehen das und wollen es
akzeptieren, können es aber nicht. Schließlich ist
uns ebenso klar, dass ohne Hierarchie selbst eine
Brücke über einen Fluss nicht gebaut werden
kann: oben der Chefingenieur, verantwortliche
Vorgesetzte, Vorarbeiter, unten die Bauarbeiter.
Hierarchie ist der Eckstein aller konstruktiven Arbeit: vom Matheunterricht in der Schule bis zum
Start eines Raumschiffs. Ohne Chef und Unterge-
bene wird nichts dabei herauskommen. Somit akzeptieren wir zwar irgendwie die Gerechtigkeit
Christi, aber nicht bis zum Schluss: Unser Ver-
ständnissystem versagt, unser Denkapparat lässt
uns im Stich. Wen – „uns"? Wiederum mein
„Ich".

2. Analyse der Summe eigener Ansichten als
    Summe der Ansichten anderer.

Wir alle haben eine Art Weltanschauung, wir argumentieren, wir verteidigen unsere Meinung.
Schauen wir jedoch genauer auf uns selbst (ich
rate dringend dazu!), werden wir, wenn auch
nicht sofort, feststellen, dass die sogenannte
„meine Meinung" aus einem Kaleidoskop von gelesenen Büchern, gehörten Ideen, unbewussten
Einflüssen, Gesprächen, Referenzen und Erinne-
rungen besteht. Gäbe es uns nicht, würden „unsere" Gedanken dennoch in den Köpfen anderer
Menschen in verschiedenen Variationen herum-
geistern. Der Kreislauf von Ideen, Vermutungen
und Entdeckungen ist insgesamt unpersönlich,

unabhängig davon, dass diese vom Gehirn einer bestimmten Person produziert werden.

Somit ist meine kostbare Einzelmeinung (als semantische Konstruktion) und unser gesamtes intellektuelles Weltbild ein Flickenteppich aus schönen Fragmenten der Ansichten anderer Leute. Das ähnelt einer Krähe, die alles in ihr Nest zieht, was glänzt. Wollen wir dies für uns selbst festhalten; dann wird die Kritik und Entlarvung „meiner" Ideen durch andere aufhören schmerzhaft zu sein. Denn diese intellektuellen Kunstgegenstände sind nicht dasselbe wie „Ich", mein „Ich" ist etwas anderes.

Wenn wir einander lieben wollen, ist es wichtig aufzuhören, die Menschen nach den Parametern eigene / fremde, gute / böse, heilige / sündige, als falsch oder richtig argumentierend usw. zu definieren – all das verbirgt diese Menschen vor uns und hindert uns daran, sie zu erreichen. So ist beispielsweise auch die von einem Heiden proklamierte These über die Existenz des viergesichtigen Brahma bzw. Svantovit (des Gottes der Sonne, des Feuers, des Krieges und der Ernte bei einem Teil der frühen Slawen) aus einem Mosaik vermischter Konzepte entstanden. Und meistens werden heidnische Aussagen wie „Gott hat vier Gesichter" nach dem gleichen Algorithmus aufgebaut wie die christliche These „Gott hat drei Gesichter". Die Behauptungen sind sehr unterschiedlich, können jedoch in ihrem Wert und dem Algorithmus, mit dem die Aussage aufgestellt worden ist, identisch sein. Ein Priester etwa sagt zum Beispiel zu einer Frau: „Sie können während Ihrer Periode keine Kommunion empfangen." Ein anderer Priester sagt zu einer anderen Frau: „Sie können während Ihrer Periode die Kommunion empfangen." Diese Frauen werden sich unterschiedlich verhalten, aber im Wesentlichen tun sie dasselbe – das, was der Priester gesagt hat.

Wenn wir einen Menschen wie uns selbst sehen lernen, das Selbst losgelöst von all seinen besonderen Charakteristiken, wird es uns leichter fallen, unseren Nächsten wahrzunehmen, selbst wenn er ein Häretiker ist. Indem wir uns selbst verstehen, wird es für uns einfacher, sein Denken, seine Reaktionen und seine Einschätzungen zu verstehen, es wird einfacher sein, ihn zu lieben.

Fortschrittskontrolle

„Ich bin nicht meine Eigenschaften" bedeutet, dass meine Einschätzung meines Charakters von den Parametern meines Intellekts bestimmt wird. Wir sagen: „Ich bin ein schlechter Mensch", „ich bin ein gieriger Mensch", „ich bin ein fauler Mensch" usw. Das klingt gut, anscheinend sogar demütig. Aber es erweist sich, dass ich meiner kognitiven Analyse vertraue, wenn ich eigene Mängel aufdecke. Ich habe meine Meinung und verkünde mein Urteil – daher bin ich ein Gefangener meines IQ. Jemand könnte sagen: „Ich glaube aber, du bist ein dummer Mensch!" Dann werden wir beide im Vertrauen auf unser jeweiliges Urteil argumentieren und unsere Unschuld beweisen, bis wir heiser sind. Und das alles, weil wir nicht berücksichtigt haben: Unser Weltbild als Frucht unserer intellektuellen Aktivität beruht auf der Gleichsetzung von „mir" und „meinen Eigenschaften". Aber „Ich" ist nicht meine Eigenschaften; „Ich" ist jenseits meiner äußeren emotionalen und intellektuellen Gegebenheiten. Die setzen sich aus dem IQ und verschiedenen Lebensumständen zusammen, aus Bekannten, Büchern, Filmen usw. Wenn wir uns dies in Ruhe bewusst machen, wird uns das mehr als einmal helfen, im Leben über bestimmten Situationen zu stehen und uns nicht in den Kampf ums „Ich" hineinziehen zu lassen, wo es tatsächlich nicht um mich geht, sondern um Begleitparameter. Das „Ich" (als solches) existiert nur vor Gott.

Wir nehmen uns gegenseitig als evolutionäre Wesen wahr. Wir essen gerne Tomaten, sie scheinen uns zu schmecken, da sie gut für den Körper sind; eine faule Tomate scheint aus dem gleichen Grund ungenießbar. Hunde fressen Exkremente und sie mögen es, weil sie einen anderen Magen-Darm-Trakt haben. Wenn wir in unserem Nächsten eine Gefahr sehen, erscheint er uns hässlich, unverschämt usw.; wenn wir in ihm nicht die Verwirklichung unserer Interessen sehen, kann es sein, dass wir ihn, egal wie er auch sein mag, überhaupt nicht wahrnehmen. Leider oder zum Glück basiert unsere Einschätzung auf einem evolutionären System, das nie nach dem Menschen selbst fragt, sondern nur nach seinen Eigenschaften. Unser „Ich" bleibt unbeansprucht, und selbst wenn Menschen heiraten, bewerten sie ihren Lebensgefährten nach den üblichen äußeren Merkmalen.

Dies ist die funktionale Ebene der Kommunikation. Die Kommunikation mit einem Lehrer, einem Verkäufer, einem Berater, einem Polizisten findet auf der Ebene der Funktionen statt, der Mensch als Ganzes (mit seinen inneren Erfahrungen, seinem mentalen Raum usw.) wird in dieser Beziehungsstruktur nicht wahrgenommen.

Folglich kann die Person, mit der wir auf dieser Ebene kommunizieren, verlustlos durch eine andere ersetzt werden – einen anderen Verkäufer, Polizisten usw., durch einen Roboter oder ein Computerprogramm. Man kann ein Gedankenexperiment durchführen, das die These „Du hast keine Freunde, du bist mit Funktionen befreundet" deutlich macht. Stellen Sie sich vor: Sie haben mit Sicherheit erfahren, dass einer Ihrer Freunde Sie seit einiger Zeit verachtet, vor gemeinsamen Bekannten verleumdet, Geld von Ihnen stiehlt, mit Ihrer Frau schläft – wird er danach Ihr Freund bleiben? Nein. Das heißt, sobald eine Person ihre Rollenfunktion Ihnen gegenüber ändert, verliert sie den Status eines Freundes. Das heißt, als Monade einer einzelnen Persönlichkeit interessiert er Sie nicht, es ist wichtig, dass er Ihren Bedürfnissen entspricht (die als Kompensationsformen fehlender Elemente Ihrer eigenen Psyche entstehen).

In Analogie zur Computerwelt könnte man davon sprechen, dass die Datei „Persönlichkeit selbst" in der Regel weder von Freunden und Kollegen noch von Liebhabern aufgerufen wird – sondern nur einige Parameter davon, die deren Psyche fehlen, als kompensatorische Komponenten. Eine höhere Kommunikationsebene ist möglich, wenn die metaphysischen Begriffe „Seele" und „Gott" auf praktischer Ebene angewendet werden. Als Seele wollen wir eine bestimmte einzelne Monade „Ich" der menschlichen Persönlichkeit bezeichnen, nämlich das, was sein Denken in den Akten „Ich denke", „Ich fühle nicht", „Ich verstehe nicht" wahrnimmt. Wenn wir in uns hineinschauen, können wir unser „Ich" (uns selbst), wenn auch nicht ohne Mühe, von unseren psychischen Gegebenheiten unterscheiden: von unseren Fähigkeiten und

Unfähigkeiten sowie von unserer Intelligenz (IQ). Dies zeigt sich besonders deutlich in dem Akt der Freude, etwas zu verstehen, oder auch dem Akt der Erkenntnis eigener Unfähigkeit dazu, es zu begreifen. Indem wir uns selbst beobachten, können wir davon ausgehen, dass andere ein ähnliches Niveau an Selbsterkenntnis haben; eine solche Übertragung vermittelt jedoch kein wahres Wissen, eher projiziert sie unser „Ich-Konzept" auf den anderen.

Im Akt der Kommunikation wird mehr oder weniger qualitativ nur das wahrgenommen, was von zwei Subjekten nach außen abgegeben wird, während der mentale Raum des Gesprächspartners in vielerlei Hinsicht ein „Ding an sich" bleibt. Und wo wir von uns selbst wissen können, dass wir in dem einen oder anderen Fall unsere innere Welt und die Qualität der Erfahrungen unzureichend ausgedrückt haben, bekommen wir von unserem Gesprächspartner ausschließlich den *geäußerten Gedanken* (FJODOR TJUTSCHEW) und eine gewisse, konventionell zu verstehende Sprache des emotionalen Ausdrucks übermittelt.

Eine genauere Analyse zeigt, dass bei der Kommunikation die Verknüpfung „Wunsch – Befriedigung" innerhalb desselben Bewusstseins zu beobachten ist, d. h. es entsteht eine Wechselwirkung mit den (vorhandenen oder mangelnden) Komponenten unserer Psyche; mit anderen Worten: Selbstbefriedigung mit Hilfe des anderen. Nur Gott kann einen Menschen nichtevolutionär, nichtadaptiv wahrnehmen. Und nur Er kann der gegenseitigen Wahrnehmung des Menschen durch den Menschen jenseits von deren geistigen und körperlichen Qualitäten

Raum geben. In diesem Kontext tritt die Existenz Gottes als praktischer Kommunikationsraum in Erscheinung. Das evolutionäre Niveau der Interaktion des „Ich" mit einer anderen Persönlichkeit erfordert dagegen von ihm keine freie mentale Singularität, und die Entwicklung der Computertechnologien bestätigt dies von Jahr zu Jahr mehr. Heute werden erfolgreich Dialogprogramme wie *Alexa* oder *Google Assistant* entwickelt. Mögen diese Programme derzeit auch auf recht primitive Dialoge abzielen, so findet sich etwa bei *Yandex Alisa* in den Optionen bereits die Möglichkeit der Unterhaltung über allgemeine philosophische Themen und Lebensfragen.

Es fällt nicht schwer, dem Optimismus der Entwickler zuzustimmen, dass diese Computeranwendungen in naher Zukunft in der Lage sein werden, die „menschliche" Kommunikation zu kompensieren oder komplett zu ersetzen („menschlich" in Anführungszeichen, da die Anwendungen, sozialen Netzwerke, Online-Spiele usw. bereits recht konkret die Gesichtslosigkeit und den Pragmatismus fast aller Arten menschlicher Interaktion offenbaren). Zusammenfassend können wir sagen: Die Entwicklung der Digitaltechnologien im 21. Jahrhundert hat den Mangel an Menschlichkeit in der zwischenmenschlichen Kommunikation offenbart. C. S. LEWIS schrieb darüber bereit in der Mitte des 20. Jahrhunderts (*Die Abschaffung des Menschen*, 1943).

Einige Studien in diesem Bereich gehen von der Prämisse der kausalen Definiertheit des Bewusstseins aus und suchen nach einem materiellen Substrat für die Kommunikationsfähigkeit. *Wir würden uns nicht wundern*, schreibt PETR GREČKO, *wenn im Laufe der Zeit*

Hormone des gegenseitigen Verständnisses entdeckt werden. Schließlich wurden Glückshormone bereits gefunden - Endorphine. Es ist allerdings nicht ganz klar: Sind wir glücklich, weil der Körper Endorphine produziert hat, oder werden Endorphine produziert, weil wir glücklich sind?[102] Methoden zur chemischen Stimulation glücksnaher Zustände existieren bereits, doch verdächtigt man sie in etwa des gleichen Substitutionscharakters, wie ihn die funktionale Kommunikation von Individuen besitzt.

Der evolutionäre Mangel an Verlangen nach tiefer Wahrnehmung einer anderen Persönlichkeit ist das gemeinsame Los aller Kommunikation, einschließlich der Kommunikation mit Gott. In den meisten religiösen Traditionen und Theologemen wird Gott als Quelle alles Guten angesehen. Ebenso wie voneinander brauchen die Menschen auch von Ihm ständig Gutes oder Böses, nicht aber Ihn selbst. *Siehe, wir haben alles verlassen und sind Dir nachgefolgt. Was werden wir dafür bekommen?* (Mt 19,27), bitten die Apostel Christi mit reinem Herzen. Fragen der Art „Wie ist es für Ihn Selbst?" oder „Wer ist Er Selbst, abgesehen von dem Nutzen oder der Bedrohung Seiner für uns?" bleibt in den Weltreligionen fast unberührt. Die Persönlichkeit Gottes erweist sich ebenso wie die Persönlichkeit des Menschen als grundsätzlich nicht benötigt, weder für das Überleben noch für die Befriedigung körperlicher und psychischer Bedürfnisse. Die

---

[102] *Dispositionen: Ontologische Perspektive und kommunikative Anwendung* [*Dispozicii: ontologičeskaja perspektiva i kommunikativnaja applikacija*] (in: *Fragen der Philosophie* [*Voprosy filosofii*] Moskau 4/2012, S. 99 ff.)

Realität und Notwendigkeit einer solchen Ebene der Kommunikation wird immer in Frage gestellt werden.

Die meisten Menschen sind mit der funktionalen Ebene der Kommunikation zufrieden, sie spüren kein Defizit der Persönlichkeit und keine Motivation zu deren Entwicklung und Erforschung. Ein „Freund", der ein Gefühl der Fürsorglichkeit vermittelt, vor der Einsamkeit rettet, bei intellektuellen Spielen assistiert und Gefühlsströme teilt oder reguliert, erweist sich als vollkommen ausreichender Gesprächspartner und Lebensbegleiter. Es verdient Interesse, dass sich im Film *Her* des Regisseurs und Drehbuchautors SPIKE JONZE (der 2014 einen Oscar für das beste Drehbuch gewann) der Protagonist in seine elektronische Gesprächspartnerin Samantha verliebt; die Gesamthandlung erscheint nicht unwahrscheinlich, wenn man von einer umfassenden funktional-psychologischen Ausgereiftheit solcher elektronischen Anwendungen in der Zukunft ausgeht. Hier darf an unsere hochentwickelte Fähigkeit erinnert werden, Kommunikationsobjekte zu vermenschlichen und zu hypostasieren: Menschen sprechen mit Haustieren, bauen Beziehungen zu ihren Lieblingsobjekten auf, zu Figuren von Computerspielen usw.

So ist es möglich, mit dem „Fräulein" Alexa befreundet zu sein und sich in sie zu verlieben, weil sie unsere intellektuellen Bedürfnisse befriedigen kann; hätte sie einen Körper, könnte sie das auch mit den leiblichen tun.

Diese Situation macht deutlich, dass unser „Ich" von niemandem gebraucht wird und nicht genutzt werden kann, außer von Gott. Und nur Gott sieht uns auch, transparenter als im Röntgenbild, jenseits all unserer Abenteuer.

GOTT

Gott gewonnen zu haben ist nichts, was sich auf Monitoren fixieren lässt. *In Ihm leben wir, bewegen wir uns und sind wir* (Apg 1728). Gott ist das Ende jeder Erklärung des einen durch das andere.

Erst wenn wir verstehen, dass die singuläre Monade unseres „Ich" von niemandem gebraucht wird, beginnen wir, Gott auf eine qualitativ andere Weise nötig zu haben. Erst dann stöhnen wir: „Oh, Herr! Du bist mein Einziger, niemand sonst sieht mich!" Und wir erkennen die ganze Vulgarität unseres Verhältnisses zu Gott als zu einem Apparat der Befriedigung unserer Bedürfnisse. Auch Läuse klammern sich fest und saugen aus, was sie zum Leben brauchen; sie scheinen einer Person sehr nahe zu sein, brauchen aber kein bestimmtes Individuum, sondern nur nützliche Substanzen.

Von Hause aus ist die Seele des Menschen Heidin. Sie braucht nicht Gott, sondern die für sie notwendigen Elemente von Ihm: Gesundheit, Erfolg usw. Genauso biologisch ist das „Herr, bestrafe uns nicht, vergib uns". Schuldgefühl ist Gefühl der Gefahr (jetzt straft Zeus dich mit Blitzen!), Vergebung ist Gefühl der Sicherheit. Für das Flehen um Vergebung genügt tierischer Instinkt; eine Drohung seitens Gott oder eines inneren Konflikts reichen aus, um Vergebung zu erflehen, aber Gott braucht es dazu nicht. Nach SØREN KIERKEGAARD entsteht Religion als eine Form der Gottesbeziehung erst, nachdem der Mensch alle ethischen und ästhetischen Bedeutungen erschöpft und als leer begriffen hat. Dann wird Religiosität frei.

Ein beträchtlicher Teil der lichten Asketen und der Sündenliebhaber widmete sich auf die eine oder andere Weise den Leidenschaften: die einen, um sie zu verhindern, die anderen, um sie zu befriedigen. Nur wenige haben zweckfreie Gemeinschaft mit Gott Selbst und an Sich erreicht. Kinder Gottes kann man daran erkennen, dass sie sich für Folgendes interessieren: „Wie geht es Gott, wie hat Er meinen Tag erlebt?" Die Ansicht, dass Er immer am Anschlag der Glückseligkeit ist, sollte man zweckmäßigerweise ausklammern. Sich um Gott zu kümmern ist eine angemessene Reaktion auf Gottes Sorge für uns. So verlässt der Geist die Fessel des Egozentrismus. Schließlich ist selbst die heiligste eigene Reinigung von Leidenschaften eine gewisse Form der Hinwendung zu sich selbst, eine Kultivierung von sich selbst als Geliebter / Verhasster.

So heldenhaft der Heilige im Kampf um seine Reinheit auch sein mag, *ein Mensch kann nicht frei von Leidenschaften sein; er kann sie beherrschen, aber er hat nicht die Macht, sich ihrer vollständig zu entledigen*, sagt CHRYSOSTOMUS.[103] Es wäre bedrückend, sein ganzes Leben allein damit zuzubringen, dass man zurückhält, worüber man machtlos ist.

Was sollen wir tun? Mit Christus gehen, ob wir gerecht sind oder sündig, und mit Ihm unser Kreuz tragen. Wenn du nicht sündigen willst, nimm Schlaftabletten, und wenn du nicht ausschließlich Sünder sein willst, so eile, etwas

---

[103] *Kommentar zum Matthäus-Evangelium* 16. Hom., Kap. V,7 (dt.: BKV I 23)

Gutes zu tun in einer Welt, die sich kaum daran erinnern wird, dass es dich einmal gegeben hat.

WEGGABELN GEISTLICHER WERTE

DER PARADIGMATISCHE KREIS DER WELTANSCHAUUNG

Unser Weltbild definiert und tabuisiert nicht allein unser Denken, sondern auch die praktische Erfahrung. So wie ein im Kreis laufendes Zirkuspony nur begrenztes Potenzial hat, Erfahrung zu sammeln, so findet auch jede Weltanschauung im Alltag stets Bestätigung. Jeder gelebte Tag versichert dem Gläubigen, dass Gott existiert, dem Atheisten – dass er nicht existiert und dem Agnostiker – dass dieses Problem nicht eindeutig gelöst werden kann.

Eine Veränderung der Weltanschauung offenbart selten eine tiefgreifende Veränderung – meist läuft es auf eine Umbenennung von Göttern und Werten hinaus. Heutzutage ist es leichter geworden, aus dem Ring der Manege auszubrechen: Auf der Suche nach zusätzlichen Informationen – und der moderne Informationsraum ist vielfältig wie nie – stößt man auf eine Masse heterogener Quellen aus Wissenschaft, Religion, Revisionismus, Irrationalem, Rationalem usw. Allerdings kommt es auch in einem solchen Fall selten zu qualitativen Veränderungen des Weltbildes. Das weltanschauliche System hat die Fähigkeit, Erfahrungsdaten herauszufiltern und Informationen sich selbst genehm zu interpretieren. Allein weltanschauliche Erschütterungen und Krisen stellen eine echte Chance dar, aus dem Kreis der paradigmatischen Begrenztheit herauszukommen.

Der Klassiker der Sozialpsychologie LEON FESTINGER formulierte 1957 die sogenannte Theorie der kognitiven

Dissonanz: Sie beschreibt soziales Verhalten, dessen Motivation der Wunsch ist, aus dem Zustand der Unsicherheit herauszukommen. Grundlage bewussten Handelns ist nach FESTINGER ein System aufeinander abgestimmter Ansichten und Einstellungen, das er (synonym mit dem Begriff „Weltbild") als die „kognitive Landkarte" bezeichnet, die ein Individuum von der Realität besitzt. Unvorhersehbare Ereignisse und neue Informationen stimmen nicht mit dem bestehenden Weltbild überein und reduzieren dessen Orientierungspotenzial. *Dissonanz*, schreibt FESTINGER, *d. h. die Existenz widersprüchlicher Beziehungen zwischen einzelnen Elementen des Wissenssystems ist an sich schon ein motivierender Faktor. Kognitive Dissonanz kann als ein Zustand verstanden werden, der zu Maßnahmen führt, die darauf abzielen, sie zu reduzieren.*[104] Zur Überwindung von Unbehagen aufgrund von kognitiver Dissonanz verweist FESTINGER auf die freiwillige und unfreiwillige Suche nach ergänzenden Informationen. Für die Psyche ist es jedoch am einfachsten (und geschieht daher am häufigsten), dass sie diese Informationen dazu nutzt, um eines der Elemente des Weltbildes zu stärken und das andere zu schwächen.

Durch die Polyphonie der modernen Kultur entsteht eine Situation, in der mehrere Denkparadigmen im Rahmen einer Weltanschauung operieren können. Einerseits ermöglicht das Vorhandensein mehrerer normativer Verhaltensmodelle einem Individuum, unterschiedlich auf Fakten und Ereignisse zu reagieren. Andererseits erzeugt

---

[104] Teorija kognitivnogo dissonansa, Moskau 2018 (vgl. dt.: Theorie der kognitiven Dissonanz, 2. Ed., Göttingen 2012, Kap. 1)

es Unsicherheit und Stress, da sich bei jeder Wahl eines normativen Verhaltensmodells die übrigen Modelle in Form von Bedauern über ihre verlorene Perspektive bemerkbar machen (die „Stimme des Gewissens", die diesen inneren Konflikt widerspiegelt).

Der moderne Gläubige zum Beispiel ist beim Erreichen seiner Ziele oft nicht weniger pragmatisch als der Materialist; gleichzeitig suchen seine religiösen Muster ebenso intensiv nach ihrer Verwirklichung wie die übrigen. Daher rührt eine innere Instabilität der Gläubigen – wie den Atheisten und Agnostikern fehlt auch ihnen eine einzige Werteskala innerhalb einer Weltanschauung.

So versucht jeder Mensch, selbst wenn er sich für offen erklärt, seinen Horizont und seine Erfahrung zu begrenzen. Wir können nicht jeden Morgen die Welt erkunden, wir wollen vertrauten Pfaden folgen und das, was wir bereits kennen, als gut empfinden. Wir experimentieren nicht, wir suchen kein Abenteuer, wo wir es für gefährlich halten. All dies ist richtig, aber es trägt nicht zur Entwicklung des geistlichen Lebens bei. Und daher hören wir von überall: „Ich bin jetzt seit zwanzig Jahren orthodox, ich bete, ich faste, ich höre Radio Maria, ich habe das Wort zum Sonntag abonniert, aber von Jahr zu Jahr ändert sich nichts ..." Das ist so weit verbreitet, dass es fast normal ist.

Ist ein Ausweg aus der Manege des Weltbilds möglich, und wird er überhaupt benötigt? Stellen Sie sich einen Marienkäfer vor, der Ihre Handfläche hochkriecht. Welchen Finger er auch immer entlangkrabbelt, um die Spitze zu erreichen, er fühlt, dass dies eine Sackgasse ist, sozusagen hat seine Methode eine Krise. Das Gehen, das gerade noch den Marienkäfer emporgeführt hat, ist jetzt nur noch als Zurückgehen oder Treten auf der Stelle möglich. Es führt nirgends weiter hin, jetzt muss er fliegen.

Der Marienkäfer wird das tun. Viele Orthodoxe aber kehren um oder treten auf der Stelle, weil sie der vorherigen Methode des Aufstiegs treu bleiben.

ÄUßERSTE EINSAMKEIT

Es gibt Situationen, in denen ein Raum für geistliches Reiferwerden geöffnet wird. Nennen wir die erste solche Situation „äußerste Einsamkeit". Der Marienkäfer ist oben angekommen. Das ist Einsamkeit aufgrund der Leistung, Einsamkeit aus der Tatsache, dass man alles richtig gemacht, alles getan hat – aber dabei sich selbst nicht ausgefüllt hat. HOWARD JOHN WESLEY zum Beispiel, ein beliebter Baptistenpastor in Alexandria, Virginia, verblüffte einmal seine Kirche, indem er unvermittelt ankündigte, den Predigtdienst zu verlassen, weil er Distanz zu Gott empfände, müde sei und der Wiederherstellung der geistigen und körperlichen Gesundheit bedürfe: *Es ist unmöglich, aus einem leeren Gefäß einzuschenken. Es ist gefährlich für einen Pastor, leer zu sein. Ich bin so müde, dass eine Nacht voll Schlaf es nicht heilen kann, ich bin müde in meiner Seele.*[105]

Dies geschieht natürlich nicht nur im Protestantismus und nicht nur unter Hirten. Da ist ein orthodoxes Gemeindemitglied – er hat die Dogmen studiert, die Heilige

---

[105] Predigt im Dezember 2019

Schrift gelesen, war in einer frommen Gemeinde aktiv usw. Dann erkannte er, dass er ganz allein auf dieser Erde war. Er hat Verwandte, Freunde, Kameraden, aber niemand versteht ihn wirklich – jeder versteht ihn in dem Maße, wie es notwendig ist, um gut mit ihm auszukommen: Man weiß, dass er Musik liebt, also schenkt man ihm zum Geburtstag irgendeine neue CD, man nimmt Rücksicht darauf, dass er Nichtraucher ist, man raucht also nur auf dem Balkon. Vieles berücksichtigen wir nur, um die Kommunikation zu erleichtern. Aber niemand interessiert sich für das ultimative Geheimnis eines Menschen, das für nichts, für absolut nichts von Nutzen ist.

Oft bewerten sich Menschen (insbesondere Teenager) auch selbst nach äußeren Parametern: den körperlichen und intellektuellen Gaben, dem materiellen Reichtum, der Stellung in der Gesellschaft usw. Später beginnt der eine oder andere zu verstehen, dass alle äußeren Erfolge nicht so wichtig sind wie *der verborgene Mensch des Herzens* (1 Petr 3,4) dort drinnen, auf der anderen Seite all dieser Dinge. Dieser *innere Mensch* (2 Kor 4,16) interessiert niemanden außer uns selbst, niemand appelliert an ihn – und sollte es auch nicht.

Dies aber ist die Situation extremer Einsamkeit; du verstehst, dass gerade du, nicht deine Muskeln, dein Gehirn, dein Aussehen, deine Herkunft, sondern du selbst – allein bist. Es genügt, sich anders zu verhalten, und selbst Frau und Kinder werden sich von dir abwenden, weil sie bei aller Zuneigung doch nur das Äußere wahrnehmen. Und so verhält es sich bei dem Marienkäfer. Wenn er die Fingerspitze erreicht, beginnt er, nach Gott zu suchen. Denn nur Gott allein ist Der, Der mir Gesellschaft leisten kann,

Der mich sehen, hören, verstehen kann, während alle anderen nur meinen äußeren Parametern, Erfolgen und Misserfolgen Gesellschaft leisten.

Wenn Sie mitten auf der Straße hinfallen und sich das Bein brechen, werden Sie sogleich von netten Menschen umringt; die werden Sie irgendwohin tragen, einen Krankenwagen rufen, ihre Zeit für Sie opfern und vielleicht sogar ihr Geld. Aber gibt es „Dich" in dieser Geschichte? Es gibt darin kein „Du" – wenn ein anderer Mensch hingefallen wäre, würden sich diese Menschen auf die gleiche Weise um ihn kümmern. Es würde dasselbe gesagt und getan.

Der Mensch versteht, dass er etwas anderes ist als die Ereignisse seines Lebens, aber dennoch wird er von ihnen mitgerissen. In diesem Modus wird er sich nicht einsam fühlen und immer damit beschäftigt sein, die Ereignisse zu regulieren. Ich sage nicht, dass das schlecht ist, aber es reicht aus, um das eigene Leben ohne Lichtblick auszufüllen. Ein junger Mönch, der in ein Kloster eingetreten ist, beschäftigt sich mit seinen Sünden. Ein Altvater daselbst mit seinen neunundsiebzig Jahren beschäftigt sich ebenso mit seinen Sünden. Das ist gut, aber es liegt darin eine Art, im Kreis zu gehen und in dem einen (guten) Werk steckenzubleiben.

Die orthodoxen Praktiken sind zweitausend Jahre alt. Wir sehen, wohin jeder der Wege führt, was seine Vor- und Nachteile sind. Wenn ein aufrichtiger Mensch nach dem Spirituellen strebt, aber nichts erreicht, dann wird sein Streben zu einer separaten Beschäftigung, die bedeutungsvoll genug ist, um sein Leben zu füllen. Ein solcher Asket wird niemals seine Position in Bezug auf Gott infrage stellen. Er ist seinem Gestern treu. Aber die erste und die zweite Erfahrung mit der Orthodoxie ist nicht immer die beste und nicht die einzig mögliche – warum sollte man sie zum Standard machen?

Nicht jeder reift so weit, dass er an das Ende der Sackgassen des spirituellen Lebens gelangt. Aber wenn einem Menschen dies passiert, erkennt er, dass etwas getan werden muss. Und er beginnt, Gott auf andere Weise zu suchen, als er Ihn zuvor in Gebetsbitten gesucht hat wie: Gewähre uns dies, gib uns das und auch noch jenes – unbedingt! Dass die Tomaten nicht verwelken und das Reich Gottes nicht vergeht. Dies ist noch keine Begegnung mit Gott, sondern gewissermaßen Seine Benutzung. Wir beginnen, Gott zu suchen, wenn wir nach dem Einzigen fragen, Der uns sieht. Dann aber wird uns die Tatsache, dass Gott alles weiß und alles sieht, nicht schrecken, sondern erfreuen. Und dann gewinnen wir etwas.

ÄUßERSTE DEMUT

Es gibt auch andere Grenzsituationen. Der Marienkäfer könnte an einem anderen Finger entlangkrabbeln, auf einer anderen Sackgasse - nennen wir sie die „äußerste Demut". Diese kommt mit dem Verständnis, dass in der Verwirrung von Evolutionärem und Spirituellem in einem Menschen das Gute, mit dem er sein Selbstwertgefühl aufrechterhält, sich oft als Teil des Bösen herausstellt, gegen das er kämpft. Und dass es sinnlos ist, weiterhin die Rechtschaffenheit aus Plastilin zu formen. Deshalb, wie der ehrwürdige SYMEON DER NEUE THEOLOGE schrieb, *betrauerten die Heiligen ihre Tugenden wie Sünden.*

Dies verändert die Situation der Gotteswahrnehmung radikal. Die Formel „Du mir, ich Dir" ist nicht mehr möglich (gutes Benehmen im Tausch für das Reich Gottes). Wenn du begreifst, dass du überhaupt nichts hast, kannst du nicht mehr mit den Fingern abzählen, was du für Gott getan hast. Die klösterliche Haltung „Ich bin schlimmer als jedes Geschöpf" macht deine Liste der Tugenden vor Gott zunichte. Die Laien haben das natürlich so verstanden, dass man mit aller Kraft sich selbst anschwärzen muss, aber hier geht es nicht um Selbstgeißelung. „Ich bin schlimmer als jedes Geschöpf" bedeutet, dass eine Beziehung zu Gott, deren Charakter die menschliche Tugend als notwendigen Bestandteil voraussetzt, nicht mehr denkbar ist. Alle Handlungen, die darauf abzielen, Gott „zu gefallen" (mit denen die Laien hoffen, Gottes Rechnung zu begleichen) müssen überdacht werden – es gibt nichts, um mit Gott zu handeln. Aber um dies zu verinnerlichen, muss man ans Limit gehen. Nur aus einer solchen Situation heraus entspringt eine Neubewertung der Werte und öffnet sich ein Raum für geistliches Wachstum.

Geistlich zu wachsen bedeutet, das bisherige Modell der Gemeinschaft mit Gott zwar als gut und nützlich anzuerkennen – aber nicht für einen selbst. Eine geistliche Krise ist sinnlos, wenn der Asket im alten Denkparadigma verbleibt. Er wird dann verurteilen, was er gestern praktiziert hat und was andere Christen heute praktizieren, d. h. er wird sein Weltbild nicht erweitern, sondern einfach einen eingeschränkten Blickwinkel gegen einen anderen eintauschen. Somit ist die äußerste Demut ein notwendiges, aber nicht hinreichendes Moment für die qualitative Bereicherung der geistlichen Erfahrung.

ÄUßERSTE FREUDE

Den umgekehrten Weg bildet der Zustand äußerster Freude. Der Marienkäfer klettert hinauf und erkennt allmählich, dass Gott ihm so viel Gutes geschenkt hat: Er hat ihn aus dem Nichts ins Dasein gebracht, ihm Gehör und Sehvermögen geschenkt ... Ehre sei Dir, o Gott! Äußerste Freude kann kein Gebot sein, sie kann nicht erzeugt oder geplant werden; wenn sie nicht vorhanden ist, wird dieser Pfad verschlossen bleiben. Aber wo sie geschieht, kann sie den üblichen Stil der Beziehungen („Herr, erbarme Dich über uns Sünder!") umbilden.

Äußerste Freude ist nicht ganz dasselbe wie Danksagung. Wenn wir konkret danken („Danke, Herr, für dies und das"), ist dies kein Grenzzustand, sondern beschränkt sich auf den Gegenstand der Danksagung: Ich weiß, wofür ich dankbar bin, und das Gefühl der Dankbarkeit vergeht ziemlich schnell. Ein Zustand dagegen, in dem man versteht, dass allein schon die Möglichkeit, Danksagung zu entbieten, ein Geschenk Gottes ist, überschreitet das Schema der Beziehungen zu Gott und macht die Frage nach dem Sinn des Lebens, einschließlich des geistlichen Lebens, gegenstandslos. Das Leben und die Gemeinschaft mit Gott hören auf, Werkzeuge zum Erreichen eines Ziels zu sein.

Ultimative geistliche Freude ist der Moment des möglichen Übertritts einer Person in eine anderen Ebene der

Gotteswahrnehmung. Die Gefahr des Zurückfallens liegt hier in der Vergegenständlichung der Dankbarkeit.

In Grenzzuständen kann eine Person also zu einer anderen Qualität der Beziehung zu Gott wechseln. Der Wert dieser Zustände besteht nicht darin, dass sie gut oder schrecklich sind, sondern dass sie extremal sind und daher das Potenzial bieten, aus der Routine der kaufmännischen und funktionalen Beziehungen mit Gott herauszukommen.

SCHWIERIGKEITEN BEI DER NEUFORMATIERUNG

Es besteht die Gefahr, dass der Mensch, insbesondere ein kreativer Mensch, innehält und Treue zu sich selbst erweist. Dies ist teilweise unvermeidlich. Die Orthodoxie als große Tradition steht ebenfalls unter dem Eindruck ihrer früheren Größe und heutigen Macht.

Der Grund dafür, dass Menschen in Selbstnachahmung verfallen, ist ein tiefes Missverstehen des Gegenstands der Nachahmung. Wenn ein heutiger Mönch ein schwarzes Gewand anzieht oder ein Bischof mit einem schmuckverzierten Stab herumläuft, ist das nicht schlecht, aber es gibt dabei ein Problem: Wir erinnern uns an jedes Element der Tradition, aber wir denken nicht darüber nach, wozu wir in der modernen Welt diese Nachahmung sekundärer Zeichen der Tradition brauchen. Daher neigen wir in unserem Bemühen, unserer Tradition treu zu bleiben, dazu, der Tradition als solcher treu zu bleiben und nicht dem, was zu ihr geführt hat.

Die Orthodoxie hat ihren eigenen tiefen Inhalt. Wir haben es nicht nötig, was auch immer nachzuahmen, nicht einmal, Nachahmer Christi zu sein. Nicht, weil Nachahmung oder Kostümierung an sich schlecht sind – nur ersetzen sie die Manifestationen persönlicher Hinwendung zu Gott und den Nächsten.

Christen, die der Tradition auf einer tieferen Ebene als jener der Nachahmung folgen wollen, bleiben oft zwischen den bekannten Formen der Gemeinschaft mit Gott stecken. Heute verbreitet sich immer mehr ein Glaubenstypus, der schon die Lust an der Nachahmung verloren hat, aber noch nicht zu einem neuen Beziehungsformat fähig ist. Insbesondere können solche Christen sich nicht lebendig mit der neutestamentlichen Idee des bevorstehenden Nahens des Weltuntergangs identifizieren; sie können nicht glauben, dass der gute Gott diejenigen, die gesündigt haben, erbarmungslos mit einem unauslöschlichen Feuer verbrennt; sie können einem liturgischen Ritus nicht zustimmen, bei dem man nicht nur sich selbst Gottes unwürdig fühlen muss, sondern auch denken soll, dass Ihm dies gefällt. Sie wählen dann einen unproduktiven Weg – „nicht zu hören" und nicht näher über die Worte der Gottesdienste nachzudenken.

Um die Positionierung in Bezug auf das Format des geistlichen Lebens einfacher zu machen, wollen wir zwei extreme Arten von Spiritualität betrachten. Die erste Art ist die Identifizierung der geistlichen Reife anhand sekundärer spiritueller Zeichen: Imitation der Normen des Typikon, Cosplay, Kontrolle der Gesichtszüge usw. Das ist so ähnlich, als würden wir in unserem Wohnzimmer die

Signale des Bodenpersonals auf einem Flugplatz nachahmen: Wir würden ebenso Fahnen schwenken, ohne zu verstehen, wozu diese Bewegungen und Fahnen überhaupt gebraucht werden. Nachahmung wird, wenn der Ort und die Umstände andere sind, nicht richtig verstanden und bleibt daher, selbst wenn sie notwendigerweise von einschlägigen Interpretationen begleitet wird, für unsere Zeitgenossen eine Art obskurer Indianertanz.

Wir versuchen aufrichtig, Millionen von Menschen für die Orthodoxie zu gewinnen. Viele von ihnen kommen, weil sie so schön und kraftvoll ist. Für viele ist es wichtig, Mitglied einer riesigen, soliden Organisation zu sein und erhabene Reden im Munde zu führen. Doch schon bald stellt sich heraus, dass diese Menschen zu nichts anderem fähig sind, als Muster zu kopieren und nachzuahmen, wie kleine Kinder mit ernsthaften Absichten.

Eine andere extreme Art von Spiritualität ist es, die Welt aus der Sicht Gottes und Gott im Akt der Wahrnehmung der Welt als Bruder wahrzunehmen. Das heißt, wir nehmen die Welt nur deshalb aus der Sicht Gottes wahr, weil wir Gott als Bruder betrachten. Für diejenigen, denen das unerreichbar erscheint, habe ich es bewusst als Extrempunkt bezeichnet. Wir haben uns schon vor langer Zeit und unmerklich von Gott als unserem Bruder losgesagt. Wir haben einen Gott – „im Himmel" – einen König mit allen dazugehörigen Prädikaten. Er Selbst aber hatte Sich als unser Bruder beworben und wollte nur allzu gern zu unserer Familie gehören.

ABLEHNUNG DES VERTIKALEN GEISTLICHEN FORTSCHRITTS

Wir werden versuchen, die Schritte zu skizzieren, die uns dabei helfen, von einer Art der Spiritualität zu einer anderen zu gelangen. Es bringt wenig, sich der Idee von Fortschritt und Selbstvervollkommnung zu unterwerfen – der Idee einer geistlichen Stufenleiter. Es ist besser, die vertikale Leiter des Fortschritts durch eine horizontale Vielfalt von Beziehungen zur Komplexität von Welt, Mensch und Gott zu ersetzen.

Das orthodoxe Konzept des spirituellen Aufstiegsweges, das sich uns als Leiter darstellt, gibt uns gleichzeitig nicht die Möglichkeit, die nächste Stufe zu erklimmen – schließlich ist dies eine Erhebung, dabei sollen wir uns ja nicht als erhöht betrachten, das wäre mangelnde Demut. In der Asketik ist die Auslegung der Seligpreisungen des Evangeliums als Leiter (oder Pyramide) von Tugenden weit verbreitet; aber wenn man versucht, demütig zu sein, dann ist es im Grunde unmöglich, auch nur die erste Stufe für sich zu beanspruchen, weil da stets noch jemand auf Stufe Null steht. Daher werden wir nicht in der Lage sein, eine andere Variante des geistlichen Lebens zu beschreiten, bevor wir nicht das Prinzip akzeptieren, den Schritt vorwärts nicht als Höhersteigen (Fortschritt) zu betrachten, sondern als eine Änderung unserer Beziehung zu Gott hin zu einem angemesseneren und produktiveren Typ.

Wir müssen dies als Axiom akzeptieren, denn sonst, d. h. wenn wir an der traditionellen Sichtweise auf den geistlichen Fortschritt festhalten, werden wir uns selbst keine Veränderung erlauben. Der Mensch denkt so: „Wenn ich mich zu einer Veränderung entschlossen habe, bin ich dadurch etwa besser geworden?" Nein, es gibt einfach unterschiedliche Modelle religiösen Verhaltens, unterschiedliche Arten der Beziehung zu Gott. Jemand behandelt Gott wie einen König und hält sich für einen un-/ treuen Knecht oder Leibeigenen: Für den einen ist das normal, für einen anderen wunderbar, einem dritten aber sind solche Palast-Analogien unbequem. Aber wenn man diese Typen vergleicht, darf man nicht sagen, der eine sei *noch* ein Sklave Gottes, der andere *schon* Sein Freund, Bruder, Pate, Brautwerber usw. Man muss darin vielmehr verschiedene Arten von Beziehungen sehen.

Das eine ist in keiner Weise besser als das andere – das muss man akzeptieren und die Idee des Fortschritts loswerden, die Leiter flachlegen. Dann können wir unsere Veränderungen eine gewöhnliche Modifikation nennen: Im Winter haben wir einen Mantel angezogen und sind dadurch nicht besser geworden als im Sommer – der Mensch ist der gleiche, bloß einige Umstände haben sich geändert. Das gleiche gilt im geistlichen Leben: Der eine betet viel, der andere schnell, der dritte reumütig, der vierte will die ganze Welt zur Orthodoxie bekehren.

Der fünfte hingegen hat LAOTSE gelesen und will überhaupt nichts. (In *Tao Te Ching*, § 80, steht, dass es am besten ist, wenn die Leute befreundet sind, sich vom Hügel aus ansehen und so zufrieden sind, dass sie sich nie besuchen. Für uns ist das befremdlich, LAOTSE hielt es dagegen für idyllisch.)

DAS ANDERE IN ANDEREN AKZEPTIEREN

Was hilft uns dabei, das richtige Verhältnis zur Vielfalt bestehender Rezepte der Wahrnehmung des Lebens und der Arten von Gemeinschaft mit Gott zu gewinnen? Es ist die Abschaffung jener binären Gegensätze, welche gerade die Idee des Fortschritts und die Idee der Unveränderlichkeit hervorbringen: Fortschritt demütigt die vorherigen Positionen gegenüber den nächsten, Unveränderlichkeit die nachfolgenden vor den vorherigen.

Wir können gegenüber einem Heiden, Baptisten, Mormonen, Atheisten usw. entgegengesetzte Einschätzungen abgeben, aber unsere Einschätzung wird nicht universell sein. Indem wir die Existenz verschiedener Beziehungsformen zum Höheren als letztem Sinn akzeptieren, werden wir die Entgegensetzung los, die uns daran hindert, Veränderungen in uns selbst zu akzeptieren. Das Gleichnis vom barmherzigen Samariter hätte uns das lehren sollen, aber es ist unbeachtet geblieben.

Wir gehen die Straße entlang und sehen welche, die „Hare, Krishna, Hare, Rama" singen – das ist ihre Art, Gott wahrzunehmen. Sie passt nicht zu mir, ich will kein Vaishnava sein; meiner Meinung nach kann ein Europäer kein vollwertiger Shivait werden, denn die alten indischen Religionen erfordern ein anderes Bewusstseinsparadigma – aber das ist mein Problem, nicht ihres.

Wir akzeptieren die Verschiedenartigkeit der Beziehung zu Gott (für Atheisten: zur Wahrheit), damit wir bei der Entscheidung zugunsten einer Veränderung nicht denken, dass wir etwas Gutes oder Böses tun.

Das Problem der Statik und Dynamik ist ambivalent. Wir können nicht an einem Ort stehenbleiben, aber auch der Fortschritt ist kein Selbstzweck. Die im Geiste Armen müssen keine Komplexe in Bezug auf die geistlich Begnadeten haben, nicht deren Worte und Gesten nachahmen – dies führt zu nichts Gutem. Wenn Sie Größe 42 tragen, bringt es nichts, um des Wachstums und der Entwicklung willen Größe 43 oder 44 zu tragen. Es besteht keine Notwendigkeit, die Kleidung anderer Leute zu tragen. Es besteht keine Notwendigkeit, sich um jeden Preis zum Voranschreiten zu zwingen, damit das „Voranschreiten" nicht zu einem bedrückenden Idol wird. Das Idol der Selbstvervollkommnung setzt Gläubige und Ungläubige gleichermaßen unter Druck, da es bei beiden Postulate gibt, welche die Selbstvervollkommnung stimulieren und zugleich abwerten (das abwertende Postulat der Christen ist, dass Gott grundsätzlich nicht zwischen Gerechten und Sündern unterscheidet, siehe Mt 5,45).

Das Christentum sollte für einen Gläubigen erträglich und dem Zustand der Seele angemessen sein. Der Seelenzustand ist nicht statisch, und es ist gerade die Orthodoxie, die seine Neuformatierung sicherstellen kann. Der Mensch kann Kleidung ablegen, die für ihn unbequem geworden ist, und eine andere anziehen, und dies wird keine Flucht aus der Orthodoxie in eine Art Nicht-Orthodoxie sein. Es gibt alles in der Orthodoxie, und es macht keinen Sinn, diese auf den eigenen Horizont einzuengen. *Das Christ-sein, die Christlichkeit auf ein Für-wahr-*

*halten, auf eine bloße Bewusstseins-Phänomenalität re-
duzieren heißt die Christlichkeit negieren.*[106]

Orthodoxie ist nicht auf eine einzige Art von Gotteswahrnehmung beschränkt, sie ist eine Melodie verschiedener
Töne und Tempi. Wenn wir wirklich geistlich und begna-
det sind, sollte uns diese Gabe helfen diejenigen zu verstehen, deren Seele eine andere Größe, Form und Sichtweise hat. Jeder besitzt eine natürliche spirituelle Dynamik, aber man muss einen Menschen nicht zwingen,
plötzlich ein anderer zu werden, zu wachsen, sich anzupassen usw. Wenn er aber anfängt, sich zu verändern,
muss man ihn nicht zurück in das Prokrustesbett kanonischer Worte und Gefühle treiben, etwa mit den Worten:
„Du verrätst dich / den Glauben". Und selbst wenn dies
der Fall ist, müssen wir diese Wendung von uns weg genauso hinnehmen wie eine Wendung zu uns hin. Eine
strenge Nackenfixierung ist eine gute Möglichkeit, uns in
der Orthodoxie zu halten, aber wenn wir Kinder der Freiheit sind, dann muss im Verkehr mit uns der Kontext einer möglichen Abwendung – ohne angespuckt zu werden – gewahrt werden. *Lasst uns alle, die wir gereift sind,
so gesinnt sein; und wenn ihr über etwas anders denkt,
so wird euch Gott auch das offenbaren. Doch wozu wir
auch gelangt sein mögen, lasst uns nach derselben Richt-
schnur wandeln und dasselbe erstreben!* (Phil 3,15-16).

Menschen sind verschieden, und sie brauchen auch innerhalb derselben Tradition Unterschiedliches. Wir aber
sind geistlich, weil wir, nachdem wir einmal von Punkt A
zu Punkt B gegangen sind, wissen: Es gibt viele solcher

---

[106] Nietzsche, Friedrich: *Der Antichrist* § 39

Punkte, und der Wechsel zu einer anderen Position bedeutet nicht Verrat oder Überhebung. Wenn jemand erkannt hat, dass er seine christlichen Praktiken diversifi-
zieren muss, braucht er sich nicht schuldig zu fühlen.
Wenn ihm jedoch scheint, dass es ein Schritt hin zum
Verrat an Gott ist, so soll er ihn nicht tun. *Ein jeder
handle gemäß der Gewissheit seines Geistes* (Röm 14,5 russ).

DIE EIGENE MATERIALITÄT ALS GESCHENK DER KOMMUNIKATION BEGREIFEN

Mit der richtigen Vorstellung von Geistlichkeit werden
wir unsere Materialität ausschließlich als kommunikati-
ves Geschenk Gottes verstehen und das Leben als
Chance, uns mit Gott und den Menschen zu vereinen.
Unsere Materialität ist ein Begegnungsraum, den Gott
Selbst schätzt und in der Menschwerdung benutzt.

Während wir im Körper sind, können wir mit anderen
Menschen kommunizieren, die Toten dagegen können
nicht mehr mit uns interagieren (daher, wie es in einem
Lied heißt: „Liebe ihn, solange er lebt!"). Die ganze
Sphäre des Körperlichen ist ein Kommunikationsraum,
und nur dafür existiert sie.

Wenn wir unsere Körperlichkeit auf diese Weise verstehen, werden wir Körper und Geist nicht getrennt kultivie-
ren.

ALLES AUS DER PERSPEKTIVE GOTTES ALS DES BRUDERS ANNEHMEN

Gott lässt zu, dass die Welt genau so ist, wie sie ist. Es scheint, dass Er nicht die gleiche Bewertungsskala hat wie wir. Wir können Gott dem Allmächtigen nicht folgen, weil wir nicht der Allmächtige und keine Götter sind; in Christus aber hat Sich Gott nicht als Allmächtiger, sondern als unser Bruder offenbart. Deshalb nur können wir Ihm folgen und die Welt auf die gleiche Weise sehen.

Sicherlich gefällt auch Ihm vieles nicht, dennoch hat Er Sein irdisches Leben nicht der Ausrottung dessen gewidmet, was Ihm missfällt. Er begann, nach Freunden und Jüngern zu suchen und ihnen beizubringen, andere zu lieben. Er ging durch die Straßen und sagte, dass man eine Samariterin, eine Hure, einen Zöllner und einen Sünder gleichermaßen annehmen soll. Er versuchte, alle eingebildeten Vorzüge und eingebildeten Unzulänglichkeiten zu nivellieren, indem Er sie als ebenbürtig darstellte. Das Wesen Seiner Predigt besteht darin, alles Gegebene darauf zu verwenden, Gemeinschaft zu haben. Und wenn wir die Welt so betrachten, dann werden wir Christen sein.

NACHWORT, AUCH ÜBER PSYCHOLOGIE

Ich danke allen, die auf dieser Seite angelangt sind. Fortsetzung folgt. Die beste Fortsetzung wäre eine freundschaftliche Diskussion über die angesprochenen Themen. Leider ist eine der wesentlichen Unzulänglichkeiten der modernen Kirchlichkeit das weitgehende Fehlen von Dialog. Es wäre vorschnell, hier der Generation moderner orthodoxer Christen und Priester vorzuwerfen, dass sie dialogunfähig sei. Nur gab und gibt es in der russisch-orthodoxen Kirche nicht die Tradition, Gespräche und Diskussionen über Fragen der Askese und der Lehre auf Augenhöhe zu führen.

Hierzu ein paar Schlaglichter aus der Geschichte. Im Jahr 1490 ordnete Erzbischof GENNADIOS VON NOWGOROD (der von der Kirche im Jahr 2016 heiliggesprochen wurde) an, Helme aus Birkenrinde auf den Köpfen mehrerer verurteilter Ketzer zu verbrennen. Zwei der Bestraften wurden wahnsinnig und starben. Nicht wenige Ketzer wurden später auf Empfehlung seines heiligen Zeitgenossen JOSEPH VON WOLOKOLAMSK verbrannt.[107]

Der Schreiber GRIGORIJ KOTOŠICHIN (17. Jh.) belegt in seinem Buch *Über Russland zur Zeit der Zarenschaft von Alexej Michajlovič* ausführlich Todesstrafen und Folter, *für Gotteslästerung ... für die Auslegung der Schriften ganz im diebischen Gegensatz zu den Aposteln und den Propheten und den heiligen Vätern.*[108]

---

[107] Iosif Volockij, hl.: *Der Aufklärer [Prosvetitel']*, Dreizehntes Wort
[108] *O Rossii v carstvovanie Alekseja Michajloviča*, Kap. 7, 9

Es sei hier auch an das berühmten Zwölf-Artikel-Gesetz der Zarentochter SOFIA ALEXEJEWNA (1685) über die Schismatiker erinnert, mit dem Befehl, diese gnadenlos zu verbrennen. Die Artikel wurden auf nachdrücklichen Wunsch von Patriarch JOAKIM angenommen und höchstwahrscheinlich auch von ihm verfasst.

Die Diskussion darüber, ob es notwendig ist, bei der Liturgie niederzuknien, wenn der Ruf „Nehmet, esset...!" ertönt, die mit dem Buch des Mönchs SILVESTR MEDVEDEV begann, endete mit der Definition des Moskauer Konzils von 1689: *Mögen alle Flüche auf ihn kommen, mit denen Moses die Juden verfluchte, die nicht auf die Gebote des Herrn hörten ... Mögen der Wahn des Kain, der Aussatz des Gehasi, der Strick des Judas, der Tod des Magiers Simon, des Hananias und der Saphira plötzliches Ende und die Zerschlagung des Arius über ihn kommen. Möge er exkommuniziert und mit dem Banne belegt sein, jetzt und auch nach dem Tode, ohne Vergebung; möge sein Leib nicht zerfallen zum Zeichen der ewigen Trennung von Gott und die Erde ihn nicht aufnehmen, wie sie orthodoxe Christen aufnimmt, und möge er Tag und Nacht in der Hölle schmoren für immer und ewig ... mögen solche von den gerechten Zaren ihr weltliches Urteil empfangen; unsere geistliche Verurteilung und Hinrichtung aber möge sie im zukünftigen Leben verfolgen.* Am 11. Februar 1691 wurde dem Mönch SILVESTR MEDVEDEV der Kopf abgeschlagen. Vielleicht hatte er wirklich nicht recht.

Auch die Sowjetzeit bot keine Möglichkeit, Fragen der Askese und Theologie umfassend zu diskutieren. Und auch in unseren Tagen lähmt das genetische Gedächtnis und die Angst, wegen Ketzerei oder Abweichung von der allgemeinen Linie der Orthodoxie verurteilt zu werden, weiterhin das Denken – als Folge davon bleiben oft nur fromme Emotionen als Ersatz für eine hochwertige Reflexion. Eine weitere Generation Priester ist alt geworden und in Ehren ergraut, mit denen sich noch nie jemand ernsthaft gestritten, denen nie jemand kompetent und sachlich widersprochen hat. Genauso wie früher hören die Priester meistens: „Vergib mir, Vater, segne, Vater!" – daher ist auch ihre eigene Reaktion auf kirchliche Probleme, auf die Notwendigkeit einer gründlichen Revision der asketischen Prinzipien der Orthodoxie, bestrebt, sich in ein bloßes frommes Gefühl einzupassen. Aber systemische Probleme werden nicht durch einen Willensakt oder einen großen Wurf gelöst. Benötigt wird ein mehrstufiger Neustart der patristischen Prinzipien mit dem Ziel ihrer qualitativen Aktualisierung. Die bloße Wiederholung antiker Zitate und die Treue zu mittelalterlichen Formulierungen funktioniert immer weniger – und immer häufiger gegen uns selbst.

Das Problem der Beziehung zwischen orthodoxer Askese und moderner Denkweise besteht darin, dass die Erben der jahrhundertealten Tradition aufgehört haben, sie vollständig zu lesen. In bevölkerungsreichen Städten mit einer stark veränderten Denkkultur und Wertestaffelung lebend, gelingt es uns auf die eine oder andere Weise lediglich, einen bestimmten Teil des patristischen Erbes zu übernehmen; den Rest lassen wir als unwichtig beiseite. Aber so geht es nicht, schließlich wurden die klösterlichen asketischen Verhaltensweisen und Regeln als integrale Lebenssysteme entwickelt – also kann man nicht beispielsweise die Abkehr vom Weltlichen ablehnen, aber Schemagewand und Mönchskutte behalten.

In einer solchen Situation müssen die Orthodoxen, um die Tradition wahrzunehmen, eine parallele Welt von Gewändern, Gesten, Phraseologie, Architektur usw. errichten. In diesem Bewusstseinsfortsatz existieren die heiligen Väter, die hesychastischen Asketen mit ihren Schülern und mit ihrer Umgebung wie in einem abgeschlossenen Sinnkontinuum. Der Komplex alternativer Parameter organisiert in unseren Köpfen eine parallele Realität, in der man einer geflügelten Schlange begegnen und sie besiegen kann (vgl. die Viten von PETRUS und FEVRONIA, des Großmärtyrers GEORG des Siegreichen usw.) oder auf einem Dämon bis nach Jerusalem fliegt (Vita des Erzbischofs JOHANNES VON NOWGOROD). Heilungen und Wunder sind hier nicht nur für Gerechte üblich, sondern auch für Sünder (Vita der Heiligen CYPRIAN und JUSTINA usw.), die Mutter Gottes oder der Herr Selbst besuchen die Heiligen (SERGIUS VON RADONEZH, SERAFIM VON SAROW, TICHON VON ZADONSK) usw. Die Einordnung der orthodoxen Tradition in ein separates semantisches Kontinuum ist ein Zeichen für eine minderwertige (künstliche) Akzeptanz. Die Erzeugung einer Parallelrealität ist meiner Meinung nach eine Fehlplatzierung religiöser Vorstellungen in unserem Bewusstsein – im Sinne einer gefährlichen Nähe zu Weihnachtsmann und Zahnfee.

Eine qualitativ hochwertige Lektüre und Aufnahme der patristischen Asketik erfordert eine Verwurzelung in der neuplatonischen oder stoischen Ethik, deren Hauptideale Reinheit von allem Körperlichen und Leidenschaftslosigkeit sind. Dem modernen Verehrer antiker Texte fehlen diese beiden wichtigsten Prämissen jedoch zumeist, und er liest nur banalste Plattitüden über Liebe, Unschuld und Sanftmut heraus. Dadurch präsentiert sich die patristische Literatur heute wie für Kinder geschrieben. Aber das war sie in der Geschichte des Christentums keineswegs.

Auf die eine oder andere Weise findet sich unser Zeitgenosse, wenn er sich von der strengen Struktur der neoplatonischen Askese entfernt, im sprachlichen Raum der Psychologie wieder. Diese kann orthodoxe klösterliche Tradition weder ersetzen noch korrigieren. Und so drängt sich die Frage nach ihrem Status in der Orthodoxie und ihrer Beziehung zur patristischen Anthropologie in voller Größe auf.

Diese Frage lässt sich erst lösen, wenn wir entschieden haben, was die klassische Askese der Einsiedlerväter für uns heute ist. Indem wir so tun, als ob wir sie vollständig akzeptieren würden (und das ist bei weitem nicht der Fall), verleihen wir den Begriffen „Mönchtum" und „Askese" eine Ambivalenz in ihrem Verhältnis zur Psychologie. Die Einstellung zu beiden Positionen hat sich in den letzten Jahrzehnten drastisch verändert, und moderne Christen vertreten in der Regel zwei komplexe Aussagen gleichzeitig:

1) „Wir akzeptieren voll und ganz die patristische Lehre vom Menschen, von den Dämonen, den Leidenschaften und dem rächenden Gott."

2) „Diese Lehre besteht in Liebe, Frieden und Verständnis für den Anderen, d. h. in humanistischen Werten."

Bei näherer Betrachtung widersprechen sich die beiden Thesen. Die erste Position ist binär, sie definiert klar Gut und Böse (Gnade, Sünde, Satan, Jungfräulichkeit usw.). Aus dieser Einfachheit rühren die Probleme damit her, die Antike und die orthodoxe Tradition als deren qualitative Repräsentantin zu akzeptieren. Als kritisch erweist sich für viele die Unangepasstheit der alten Lehren an die modernen Lebenskonzepte (die Haltung zur Körperlichkeit, die Normativität, Spiritualität, Ernährung, Kommunikation usw.).

Wichtig ist auch das Problem der Beschreibungssprache. Weder Psychologie noch Theologie können den Kompetenzbereich ihrer Sprache beschränken. Die Sprache, in der sie sich ausdrücken, projiziert ihre je eigene Terminologie und semantische Bewertung jedes Phänomens der Welt: von einem Stofffetzen bis zur Offenbarung von oben. So verband etwa die Sprache von SIGMUND FREUD in der Beschreibung der Phänomene die religiöse Erfahrung mit der Anbetung des Vaters im Kontext kindlicher Hilflosigkeit. Die Väter des Behaviorismus verbanden religiöse Erfahrung mit einem zwanghaften Bedürfnis, die Psychophysiologen verbanden es mit kognitiven Aberrationen usw. Sogar LEW WYGOTSKI, selbst ein Befürworter der Psychoanalyse, bemerkte, dass *die Psychoanalyse die Grenzen der Psychologie überschritten hat: Sexualität wurde zusammen mit anderen metaphysischen Ideen zu einem metaphysischen Prinzip, Psychoanalyse zur Weltanschauung, die Psychologie zur Metapsychologie.*[109] Nicht nur die

---

[109] Lev Vygotskij (1896 - 1934): *Entwicklungspsychologie* [*Psichologija razvitija*] (Moskau 2016, S. 42)

Heilmethoden, sondern auch die Existenz der Dämonen selbst hängt davon ab, welche Beschreibungssprache wir auf die von ihnen Besessenen anwenden.

Wenn wir die Frage stellen: „Gibt es bei den wilden Stämmen Papua-Neuguineas Neurosen?" – dann wäre die richtige Antwort der Hinweis darauf, dass unsere Beschreibungssprache diese Kategorie (Neurose) benötigt, und wir deshalb „ja" sagen. Die Guineer selbst würden dagegen entweder keine Neurosen feststellen können oder aber diese Zustände durch die Wirkung der Waldgeister, Ahnen, Zaubersprüche, Einwirkung von Steinen usw. erklären. Unser Begriff der Neurose (der übrigens nach der internationalen Krankheitenklassifizierung schon wieder veraltet ist) wird ihnen ebenso an den Haaren herbeigezogen vorkommen wie uns ihre Geister und Götter. Es gibt keine Tatsachen und Phänomene an sich, sie existieren in der Sprache und werden von ihr bewertet. Hieraus wird die wichtigste Idee von CARL ROGERS und JAMES BUJENTHAL klar: Menschliches Verhalten lässt sich nur in den Begriffen seiner subjektiven Realitätswahrnehmung verstehen.

Lassen Sie uns einen bildhaften Vergleich anstellen – vergleichen wir die Beschreibungssprachen von Phänomenen (es sind auch die Sprachen der Wahrnehmung) mit Taschenlampen verschiedener Farben. Wenn wir uns in einem dunklen Raum befinden und mit verschiedenen Taschenlampen an den Wänden leuchten, sagen wir: „Die Wand ist rot / blau / gelb", im vollen Bewusstsein, dass wir die Farbe der Wand selbst (ohne Sprachlaterne) nicht beurteilen können; in unseren Augen hängt sie von der Taschenlampe ab. Wenn wir gelernt haben, die Begriffswörterbücher und Diskurse in der Beschreibung (und Wahrnehmung) verschiedener Phänomene umzuschalten, werden wir in der Lage sein, den „Konflikt" von Theologie und Psychologie als sprachliche Differenz zu verstehen. Diese Differenz ist von großer Bedeutung, aber nicht in dem Sinne, um den sich die Vertreter des naiven Realismus beider Lager streiten.

Die produktivste Beziehung zwischen Christentum und Psychologie wäre wohl das gegenseitige Erkennen – da gegenseitige Ergänzung aufgrund der unterschiedlichen anthropologischen Paradigmen unmöglich ist. Beim gegenseitigen Erkennen wird das Christentum in der Psychologie spirituelle Themen entdecken (welche die humanistische, existenzielle und transpersonale Psychologie zu verstehen sucht).

Gleichzeitig gibt es keine reine Askese und kann es keine solche geben, eine also, die nicht mit Psychologie verbunden wäre. Daher haben sich die heiligen Väter mit Psychologie nicht weniger beschäftigt als mit der Erkenntnis Gottes, schon um letzterer willen.

Hier zum Beispiel der Rat des ehrwürdigen BARSANUPHIOS DES GROßEN an Abbas SERIDU: *Wenn du siehst, dass jemand in eine Grube gefallen ist und um Hilfe bittet, reiche ihm nicht die Hand – reiche ihm einen Stock. Wenn er heraussteigen will, so hilf ihm; zieht er dich dagegen zu sich hinunter, lasse den Stab einfach los. Gibst du ihm aber die Hand, zieht er dich leicht ebenfalls in die Grube hinab.* Bekannt sind die Belehrungen der Asketen, die davor warnen, dass sich hinter dem frommen Gedanken, das Kellion zu verlassen, eine Flucht vor sich selbst und die Suche nach Unterhaltung verbergen kann. Im

Allgemeinen ist jede ihrer Anleitungen, die sich auf den Umgang mit Gedanken, die Interaktion mit den Leidenschaften, die Möglichkeiten zu ihrer Beherrschung usw. bezieht, psychologisch. Darin liegt nichts Schlechtes, Überflüssiges oder dem geistlichen Leben Zuwiderlaufendes.

Manchmal ist der Rat der Heiligen gänzlich weltliche Weisheit. Der heilige BASILIUS DER GROßE sagt zum Beispiel in seinem Gespräch in Bezug auf das Ende des 14. (15.) Psalms: *Es ist für den Verstand eines Kindes charakteristisch, dass er seine Bedürfnisse nicht mit dem deckt, was er hat, sondern sich im Vertrauen auf unklare Hoffnungen zu offensichtlichem und unbestreitbarem Schaden hinreißen lässt. Bedenke im Voraus: Womit wirst du bezahlen? Mit dem Geld, das du nimmst? ... Es ist keine Schande, arm zu sein; warum also Schande auf sich bringen, indem man Schulden macht? Niemand heilt Wunden durch Verwundung oder Böses mit Bösem; auch Armut kann nicht beseitigt werden, indem man Zins zahlt. Du bist reich? So leihe dir nichts. Du bist arm? Leihe ebenso nichts.*

Nicht nur die heiligen Väter, sondern auch Christus Selbst hält es für sinnvoll, die psychologische Selbstgenügsamkeit gewisser „geistlicher" Werke aufzudecken: Die auf den Gassen beten, *haben ihren Lohn schon empfangen* (Mt 6,2); *wenn ihr die liebt, die euch lieben, was habt ihr für einen Lohn?* (Mt 5,46).

Das heißt, der Herr verweist auf die psychologische Natur vieler Handlungen, die als religiös angesehen wurden. Hierin liegt eine sehr wichtige Arbeit für den

Psychologen, dank derer das wirklich Religiöse eines Menschen offenbart wird.

Richten wir unsere Aufmerksamkeit auf die doppelten (sich gegenseitig ausschließenden) Botschaften in den traditionellen asketischen Ausgangspositionen. Bei einer monolithischen Sprache der Weltsicht gäbe es eine solche Spaltung nicht; doch wir leben in mehreren Kontexten gleichzeitig, und eine Umkehr ist nur unter sehr künstlichen Bedingungen möglich.

Ich will einige Beispiele für solche binäre Sprachlichkeit geben.

1. In der unbewussten Forderung nach Schmerz sieht eine Reihe von Psychologen das Streben nach Dopamin als eine Möglichkeit, Schmerzen zu überwinden. Existenzialisten sehen einen Wert in der Erfahrung von Schmerz und weisen auf die Entwicklung einer ganzen Industrie hin, die in Kino, Musik, Literatur und Kunst Schmerz verursacht. Die Worte *Tadeln Sie sich, tadeln Sie Ihren schwachen Willen ... Sie werden in Ihrer Selbstanklage Trost finden ...* des heiligen IGNATIJ (BRJANTSCHANINOW) erhalten ihre Bestätigung und werden doch gleichzeitig anders gelesen als im 19. Jahrhundert.

2. Hirten und Abhängigkeit. „Hirte" wird heute als unglückliches Bild wahrgenommen – es gibt darin keine aktive Rolle der „Herde". Der Lehrer muss dem Schüler beibringen, was er weiß, aber er darf den Schüler nicht von sich selbst abhängig machen. Wenn der Lehrer nicht die Fähigkeit dazu hat, den Schüler zum Freund zu machen, ist sein Unterricht pathologisch: Er braucht es mehr,

Lehrer zu sein (Mitabhängigkeit), als etwas zu lehren. In der Orthodoxie gibt es in Bezug auf die Hirten eine doppelte Botschaft. Einerseits: bringe dem Altvater ideales Vertrauen und Gehorsam entgegen, andererseits: Sei wachsam, und lehne einen irrenden Altvater ab. Der heilige IGNATIJ (BRJANTSCHANINOW) schreibt: *Gehorsam, der den Willen bindet und tötet, bindet und tötet zugleich alle Leidenschaften.*[110] *– Wenn der Führer beginnt, Gehorsam sich selbst gegenüber zu fordern und nicht Gott gegenüber, ist er nicht würdig, seinen Nächsten anzuleiten! Er ist kein Diener Gottes! Er ist Diener des Teufels, sein Instrument, ein Fangnetz! „Macht euch nicht zu Sklaven von Menschen!"* (1 Kor 7,23), *gebietet der Apostel.*[111]

Die heiligen Väter haben das Bild vom geistlichen Führer aufs Äußerste romantisiert, wodurch sie ihn in den Bereich der parallelen Realität versetzt haben. Der ehrwürdige JOHANNES KLIMAKOS schreibt: *Der geistliche Arzt muss sich vollkommen der Leidenschaften selbst entledigen.*[112] Daher auch die typischen Klagen der Heiligen über die Armut an Heiligen zu ihrer Zeit; so schrieb etwa der ehrwürdige GREGOR DER SINAITE im 14. Jahrhundert, dass es aufgrund der außergewöhnlichen Entwicklung der Laster zu seiner Zeit

---

[110] *Briefe* Nr. 282
[111] *Briefe* Nr. 159
[112] *Brief an den Hirten* 4,1 (dt. in: *Klimax oder Die Himmelsleiter*, Athos 2000)

überhaupt keine begnadeten Männer mehr gegeben habe.[113]

3. Das Jung-Starzentum[114] ist ein weiteres Beispiel für eine Doppelbotschaft, bei der die Altvaterschaft als unerfüllte Bedingung der Weisheit fungiert. In den 1990er Jahren wurde dieser missglückte Begriff eingeführt, und er verdammte die älteren Sucher des patristischen Geistes dazu, sich selbst als Altväter anzuerkennen. Vergleichen Sie dies mit dem Radikalismus Christi, Der geboten hatte, weder Lehrer noch Väter zu werden oder sich so zu nennen, und die im Volk so geachteten Ältesten als im Gegensatz zur Wahrheit stehend bezeichnete. Im Zusammenhang mit dem kürzlichen Fall des Schema-Abts SERGIJ RO-MANOV im Ural wurden die inneren Widersprüche des Traums vom „Altvater" und vom Gehorsam ihm gegenüber erneut offenbar. Bitteschön: Da ist euer grauhaariger Greis, ein Schemamönch, kanonisch und tadellos in seinem geistlich-asketischen Leben usw. – gehorcht also! ☺ Aber nein, der Widerstand gegen das System erwies sich für diesen „Altvater" als ein viel wichtigerer Faktor

---

[113] Gregor der Sinaite: *175 sehr nützliche Kapitel* Kap. 118, in: *Philokalie* Band 5 (Vgl. Ignatij Brjantschaninow: *Über das Jesusgebet III*, in: *Asketische Erfahrungen*)

[114] Mönche, die ohne die nötige Reife Aufgaben der geistlichen Führung übernehmen; in Russland nach der Wiedereröffnung vieler Klöster ein häufiges Phänomen. Der hier genannte Sergij, charismatischer (mittlerweile entlassener) Mönch, ein ehemaliger Straftäter, Stalin-Verehrer und Corona-Leugner, entzog sich seiner Absetzung als Abt und verbarrikadierte sich mit Kosaken und Anhängern in einem Frauenkloster in Sredneuralsk. (Anm. d. Üb.)

als seine ganze Spiritualität der vergangenen Jahre.

4. Das seit 2010 diskutierte Problem des pastoralen Burnouts hat viele ergebnislose Diskussionen ausgelöst. Auch hier gab es eine terminologische Verwirrung – als Folge eines Paradigmenwechsels. 2017 sagte Patriarch Kirill beim Diözesantreffen des Moskauer Klerus, dass es keinen pastoralen Burnout gibt, lediglich Erschöpfung aufgrund von *Unglauben, falscher Wahrnehmung des eigenen Dienstes, Selbstgewissheit, kurzsichtiger Faszination für die eigenen Talente, Streben nach Macht, sozialem Engagement, Popularität und dem Erwerb von materiellem Reichtum*. Strukturell wurzelt diese Burnout-Interpretation in der orthodoxen asketischen Tradition, die dieses Konzept wahrhaftig nicht kennt. Das bringt uns zurück zum Sprachproblem und zu der Frage: Haben Guineer Neurosen? Kommt es bei guten Priestern zu Burnout?

Der Interpretationsapparat der Psychologie identifiziert für einen Burnout andere Ursachen. Und so können wir nicht feststellen, was tatsächlich passiert, denn ohne eine Begriffssprache ist es unmöglich, „die Sache selbst" zu beschreiben.

Als Grundlage des pastoralen Burnouts wird heute der fehlende Lebensraum für das „Ich" gesehen. Der Burnout tritt aus drei Hauptgründen auf:

a) Atrophie der Wahrnehmung sich wiederholender unfreier Worte und Handlungen (Weihräuchern, Weihwasser, „wieder und wieder" Weihräuchern, Weihwasser …);

b) der Wunsch nach Veränderung und schmerzhafte Frustration auf diesem Weg;

c) Müdigkeit durch die spezifische soziale Rolle. Nicht allein erwarten junge Geistliche dies zunächst nicht, sondern sie spielen anfangs überhaupt keine Rolle. Dann müssen sie „diesen Kleinen zuliebe" immer mehr Strapazen und Einschränkungen ertragen. Diese unerwartete Belastung durch „Vervielfachung des Lebens" ist ein wesentlicher Faktor für den berüchtigten Burnout.

5. Auch die Sündenvergebung liest sich im modernen Kontext als Doppelbotschaft:

Vergebung ist Freiheit von Leidenschaften, und wer nicht durch Gnade von ihnen befreit wurde, dem ist noch keine Vergebung zuteilgeworden (ehrwürdiger THALASSIOS);

Das Zeichen der Erlösung von den Sünden ist, dass der Mensch sich stets als Schuldner vor Gott betrachtet (ehrwürdiger JOHANNES KLIMAKOS). *Das sicherste Zeichen, an dem jeder reumütige Sünder erkennen kann, ob seine Sünden wirklich von Gott vergeben sind, ist es, wenn wir einen solchen Hass und Ekel vor allen Sünden empfinden, dass wir eher sterben würden, als willkürlich vor dem Herrn zu sündigen* (hl. BASILIUS DER GROßE). *Dies ist das Zeichen der Vergebung der Sünden: Wenn du den Hass auf die Sünde erlangt hast, dann hat der Herr dir deine Sünden vergeben* (hl. SILUAN VOM ATHOS).

Die Gewährung von Vergebung wird also durch die gleiche heftige Anspannung signalisiert, von der auch die Bitten um Vergebung motiviert sind. Der Kreis schließt sich: Nach der Vergebung der Sünden verspürt der Christ Hass und Ekel, die ihm die Unruhe, also die Grundlage der Bitte um Vergebung, wieder zurückbringen. So wandelt sich die Sprache durch die verschiedenen Epochen des Christentums.

In der Psychologie gibt es kein Konzept von „Sünde". Das heißt aber nicht, dass der Psychologe Freizügigkeit predigt. Was würde ein Psychologe dem Raskolnikov raten? Er würde raten, nicht zu töten, keine Sünde zu begehen. Die Reduktion des Menschen auf „zulässig / unzulässig" ist aus psychologischer Sicht eine zu einfache Lösung, während religiöse Direktiven oft allein mit diesen Parametern („erlaubt / verboten") operieren.

Die Hauptaufgabe eines Pastors und eines Psychotherapeuten besteht darin, die maximale Verwirklichung des dem Menschen von Gott gegebenen freien Willens zu fördern. Wenn wir mehr Komponenten unseres Denkens und unserer emotionalen Reaktionen berücksichtigen, eröffnen sich uns zusätzliche Möglichkeiten ihrer vielfältigen Analyse. Dann nehmen Umfang und Qualität der Verantwortung der menschlichen Persönlichkeit zu, auch vor Gott.

Resümee

Wir müssen die Freiheit von Psychologie und Askese, aufgefasst als monolithische Idole unseres Wohlbefindens bzw. unserer Spiritualität, verspüren. Wir müssen uns dem Potenzial unseres nicht-entwickelten Glaubens stellen und ihn entfalten, indem wir ihn aus den inneren psychischen Kreislaufprozessen herausführen. Dies ist der Weg eines Orthodoxen, der sich nicht verstecken will: der nicht die Prozesse der Psyche vor sich selbst verbergen oder sich hinter ihnen vor Gott verstecken will.

ÜBER DEN AUTOR

Erzpriester Vjačeslav Rubskij (geb. 1974) ist Vorsteher der Kirche zu Ehren der Märtyrerzarin Alexandra an der Staatlichen Schifffahrts-Universität (Maritime University) Odessa, Philosoph und praktizierender Psychologe, Dozent; Absolvent der Kiewer Geistlichen Akademie. 2019 verteidigte er seine Dissertation in den zwei Fachgebieten Theologie und Religionswissenschaft.